张正耀◎著

语文这样教

基于关键问题的初中语文教学设计60例（全二册）

|下册用|

长江出版传媒　长江文艺出版社

目录 Contents

七年级下册

《孙权劝学》：以一词带动全篇 / 003

《土地的誓言》：土地的力量与悲伤 / 013

《木兰诗》：以声达意，以声传情 / 021

《阿长与〈山海经〉》：永远的旧影像 / 031

《台阶》：父亲的"台阶"情结 / 043

《卖油翁》："手熟"及其他 / 053

《叶圣陶先生二三事》：永远的"先生" / 063

《短文两篇〈陋室铭〉》：何陋之有 / 074

《短文两篇〈爱莲说〉》:"出淤泥而不染"的人生境界 / 081

《伟大的悲剧》:向悲剧英雄致敬 / 091

八年级下册

《社戏》:"好看"的社戏 / 103

《大自然的语言》:围绕"语言"做文章 / 112

《大雁归来》:唱着带有野性的诗歌 / 122

《桃花源记》:"如此"美好的超现实世界 / 133

《最后一次讲演》:民主斗士的"绝唱" / 144

《一滴水经过丽江》:奇幻的生命旅程 / 154

《马说》:此马真的非彼马 / 163

《唐诗三首〈石壕吏〉》:老妇的凄惨哭声 / 174

《唐诗三首〈茅屋为秋风所破歌〉》:博大宽广的胸怀 / 185

《唐诗三首〈卖炭翁〉》:"可怜"的卖炭翁 / 196

九年级下册

《祖国啊,我亲爱的祖国》:我和我的祖国 / 209

《孔乙己》:孔乙己是怎么死的 / 219

《送东阳马生序》:严密的对比,深刻的说理 / 229

《词四首〈渔家傲·秋思〉》：宋代豪放派词作的先声 / 240

《山水画的意境》：胸中有丘壑，笔下见山河 / 253

《屈原》：激荡寰宇、回旋大地的"雷电颂" / 264

《曹刿论战》：选材精当，形象鲜明 / 275

《出师表》：至诚之言，志尽文畅 / 286

《诗词曲五首〈白雪歌送武判官归京〉》：奇气溢出，诗坛独步 / 298

《诗词曲五首〈南乡子·登京口北固亭有怀〉》：悠悠往事奔眼底 / 311

后记： 让好问题活下去 / 320

七年级
下册

《孙权劝学》：以一词带动全篇

◆ **关键问题**

从全文看，课文围绕一个词，讲述了一个与学习有关的故事，你认为是哪一个词呢？

◆ **设计意图**

抓住"劝"这一关键词，就可以串联起全文内容，进而理清行文思路；引导对"劝"进行语言品味，可以让学生体会人物形象的特点；引导探究"劝"的行为所产生的效果，可以让学生把握故事所寓含的深刻道理。

教学过程

一、疏通文句，整体感知

学生自主阅读课文，对照文下注释，并查阅工具书，扫除字词障碍，积累重点字词，尝试翻译全文。

（一）重点解释下列字词

1.（1）辞；（2）但；（3）孰若；（4）乃；（5）过；（6）更；（7）遂。

2.（1）卿；（2）孤；（3）大兄。

（二）翻译下列语句

1. 蒙辞以军中多务。

2. 孤岂欲卿治经为博士邪？

3. 卿今者才略，非复吴下阿蒙！

4. 肃遂拜蒙母，结友而别。

（三）积累下列成语

1. 吴下阿蒙；2. 士别三日；3. 刮目相看。

（四）重点诵读下列语句，注意其中的语气词和句末标点，体会其所表达的语气、语调

1. 卿今当涂掌事，不可不学！

2. 孤岂欲卿治经为博士邪？

3. 但当涉猎，见往事耳。

4. 卿言多务，孰若孤？

5. 卿今者才略，非复吴下阿蒙！

6. 大兄何见事之晚乎！

按：字词积累，可以在疏通文句的过程中进行，也可以在理解文意时穿插进行。同时要能够温故知新，注意与已经学过的课文有机勾连；要设置语言运用情境，让学生举一反三，实现能力迁移。

> **提问**：题目"孙权劝学"告诉了我们哪些信息？你能根据故事内容对题目进行适当扩充吗？

● 预设：

从题目的字面上看，是孙权劝勉一个人学习。

根据故事内容，题目要说的其实是孙权劝勉吕蒙学习。

▶ **追问1**：从全文看，课文围绕一个词，讲述了一个与学习有关的故事，

你认为是哪一个词呢？由此你会想到哪些内容？

预设：

这个词是"劝"。想到的方面可能有：

1. 孙权为什么要劝吕蒙学习？
2. 孙权是怎么劝吕蒙学习的？
3. 孙权劝吕蒙学习的结果怎样？

▶ **追问2**：你能根据这样的理解，给全文划分层次并对内容进行概括吗？

预设：

全文可以分为三层：

第一层（开头第一句）：孙权要求吕蒙学习，因为吕蒙正当权一方，需要学习；交代了孙权劝学的原因。

第二层（从"蒙辞以军中多务"到"自以为大有所益"）：孙权劝吕蒙学习的过程。

第三层（从"蒙乃始就学"到结尾）：孙权劝吕蒙学习的结果。

围绕"劝"字展开故事，具体情节可以概括为：孙权劝学——吕蒙就学——鲁肃赞学。

● **归纳：**

孙权之"劝"带动全文，吕蒙就学是"劝"的结果，鲁肃赞学是"劝"的成效。

二、研读课文，把握特色

🔍 **提问**：围绕一个"劝"字，作者侧重叙述了什么内容？为什么要这样写？请说说你的理解。

学生阅读思考，合作交流。

● 预设：

故事侧重写的内容是"孙权劝学"和"鲁肃赞学"，对吕蒙接受孙权劝勉之后的行动只用"乃始就学"一笔带过，关于他是怎么学的，并没有具体展开。

这说明文中详写的是孙权"劝学"，略写了吕蒙"就学"。这体现了详略得当、中心明确、生动曲折的行文特点。

既然是写孙权之"劝"，就要通过他的语言来表现其"劝"的艺术，故而以孙权的语言为主。

在详写孙权的话语时，作者没有再写吕蒙的话；对孙权话语的叙述，也基本没有使用什么修饰词语，但读者仍可闻其声，想见其人其景，这给读者的再造想象提供了很大的空间。

▶ **追问 1**：作者对孙权劝学的结果，是通过怎样的叙述方式表现出来的？这样的叙述有什么好处？

预设：

作者没有正面直接叙述劝学的结果，如表现吕蒙如何用功读书，表现他因为读书学习而在文韬武略上有飞跃发展等，而是用第三只眼睛观察吕蒙，用鲁肃的感受表现吕蒙读书学习之效。这一间接描写的手法，使行文有实有虚，曲折变化，摇曳多姿。

判断一个人的水平、能力如何，同行评价是一个很重要的方面，尤其是像鲁肃这样的前辈。无论是资历、地位，还是实际水平和能力，鲁肃都是吕蒙学习的榜样。

此次鲁肃"过寻阳"，也不是随意而为，应该是应孙权的布置和要求，替孙权考察一下吕蒙的情况，特别是学习情况，看他到底学习了没有，学习得怎么样等。

写鲁肃的感觉、印象和赞叹的话语，以及他最后特地"拜蒙母"并与吕蒙"结友而别"的行为，就更能表现出"孙权劝学"的效果。这样的写法确实要比直接、正面写吕蒙的学习情况，来得更加高明和精妙。

▶ 追问2：作者为什么这样写？

预设：

这是由文章的写作意图决定的，所传递的是这样一个道理：作为一国之君，除了自己学习，掌握必要的治国本领之外，还要引导下属热爱学习、加强修养，锻炼才干，特别是一些不爱学习的领兵将领。这样一来，"劝"就显得尤为重要了，所以要重点、详细地写"劝"。

出示1：

《资治通鉴》的编写意图：

资：资助，指导。治：治理，管理。通：总的，广博的。鉴：镜子，借鉴。资治通鉴：帮助（统治者）治理（国家）的历史之镜子。

《资治通鉴》编者对孙权的言行倡导给予了充分肯定与高度赞赏。教材编者以"孙权劝学"为题，可谓深得《资治通鉴》之旨。

出示2：

唐太宗："以铜为鉴，可以正衣冠；以古为鉴，可以知兴替；以人为鉴，可以明得失。朕尝保此三鉴，内防己过。今魏徵逝，一鉴亡矣。"

"孙权劝学"的基本理念：读书是"以古为鉴，可以知兴替"，治国必须读书，读书是为了治国，读书能够治国。

▶ 追问3：从故事的结尾看，鲁肃原来与吕蒙的关系怎么样？背后的原因是什么？这一结尾，与孙权劝吕蒙学习又有什么关系？

学生阅读，思考，探究。

预设：

"肃遂拜蒙母，结友而别。"这一补笔看似与孙权劝学无关，但其实是一以贯之的。从中我们不难得知，鲁肃原来与吕蒙的关系并不怎么样，虽然同为朝廷命官，且都承担着国家重任，但他们的交往实在不多，甚至都不是朋友。

这肯定与吕蒙原来不爱学习、知识有限、见识浅薄等有关；"吴下阿蒙"绝不是什么好的称呼，听上去好像很亲昵，其实不是尊称，可见鲁肃不可能会高看他。这又呼应了孙权之"劝"的必要性和重要性。

孙权之劝学，不仅改变了吕蒙，而且改变了同僚对吕蒙的看法——由鄙视到敬重；改善了吕蒙与同僚的关系，连其母也因此得到了尊重。无疑，这对治理国家是有好处的，这也许正是孙权劝学的又一个用意。所以，这仍然是在写孙权。

孙权劝学还营造了官场的新风气，改变了官场文化，这使国家治理更有章法。这不能不说是其能够"坐断东南战未休"的一个重要原因。

● **归纳：**

孙权劝学——具体写"劝"；吕蒙就学——简略写"劝"；鲁肃赞学——侧面写"劝"。

孙权劝学的背后是治理国家的政治考量，是《资治通鉴》编写意图的充分体现。

三、揣摩语言，体会意蕴

> **提问**：这一故事主要是通过什么方式叙述出来的？请结合具体语句做简要分析。

学生阅读思考，讨论交流。

● **预设：**

故事主要是通过人物对话叙述出来的。用人物对话推动故事发展，这是本文的一个特色。

按：文中值得品味的语言点不少，在此仅举几例。

（一）孤岂欲卿治经为博士邪！

▶ **追问1**：这是一个什么样的句式？

预设：

文言文反问句式，"岂……邪"是固定结构，表示"难道……吗？"但同时又是感叹语气，所以文句后用的是感叹号，所表达的不仅是质问，还有不满的情绪，是对吕蒙的严厉批评。

严厉、急切的语气，对于对学习的作用和意义尚缺乏基本认识的吕蒙，无异于一记当头棒喝。

▶ **追问2**：这句话是在什么情境下说的？

预设：

是在吕蒙"今当涂掌事"之后说的。

既然"当涂掌事"就"不可不学"，否则就难以胜任这份职务，这是其一。

其二是孙权为什么要跟他提这个要求呢？这基于孙权对他原本不爱读书学习的情况的了解。

其三是孙权明确要求他"不可不学"，可是他"辞以军中多务"，也就是为自己不学习找客观理由，这让孙权非常警惕，也使孙权很不开心，于是孙权毫不客气地批评了他，且没有给他留任何情面。

▶ **追问3**：孙权说这句话的逻辑是什么？

预设：

我们可以这样还原：

大前提:"当涂掌事"者必须学习,否则难以胜任。

小前提1:吕蒙以前很不重视学习,而现在又正"当涂掌事",亟须学习。

小前提2:吕蒙现在仍不重视学习,对孙权的"劝学"竟"辞以军中多务",这使孙权很担心,也很着急。

结论:1.吕蒙需要学习;2.吕蒙必须学习。

▶ **追问4**:这句话与后面的接续语句有什么关联?

预设:

一是晓之以理,严正告诫:"卿今当涂掌事,不可不学!"这是职责、使命所系。(学习的必要性)

二是严词反击,堵住借口:"孤岂欲卿治经为博士邪!""孤"提出的并非过分要求。(学习的目的)

三是明之以义,耐心诱导:"但当涉猎,见往事耳。"鉴古知今,也是提高执政能力的有效途径。(学习的方法)

四是动之以情,语重心长:"卿言多务,孰若孤?孤常读书,自以为大有所益。""多务"不能成为不读书的借口,你的所谓"多务"不能与"孤"相比,但"孤常读书",因为可以"大有所益";你有什么理由不读书呢?(学习的作用)

(二)及鲁肃过寻阳,与蒙论议,大惊曰:"卿今者才略,非复吴下阿蒙!"

▶ **追问1**:写鲁肃经过寻阳,其实是写什么?

预设:

这是宕开一笔,不写吕蒙如何学习,而写他学习的成果;写这一成果又不是直接叙述,而是通过另一个人的行为与语言来表现:由"大惊"一词,可见吕蒙读书进步之快、见识之广、悟理之透、才略之多。

▶ **追问2**：为什么要写鲁肃的反应？

预设：

鲁肃的地位比吕蒙高，学识也远比吕蒙渊博，原来一直轻视吕蒙，现在却被他的"才略""大惊"，由此可见他的变化之大、进步之快、才略之高，确实出人意料。

> 鲁肃代周瑜，当之陆口，过蒙屯下。肃意尚轻蒙……
> 酒酣，蒙问肃曰："君受重任，与关羽为邻，将何计略，以备不虞？"肃造次应曰："临时施宜。"蒙曰："今东西虽为一家，而关羽实虎熊也，计安可不豫定？"因为肃画五策。肃于是越席就之，拊其背曰："吕子明，吾不知卿才略所及乃至于此也。"
>
> ——魏晋·陈寿《三国志》

鲁肃的反应也验证了孙权之前对吕蒙的判断，证明了孙权所劝之正确与有效。看似写吕蒙，其实仍是写孙权。

（三）士别三日，即更刮目相待，大兄何见事之晚乎！

吕蒙对待学习的思想认识也与之前有很大区别。这与他尝到了学习的甜头有关。不难想象，吕蒙的管理水平、处理事务的能力也得到了相应提高。

听到鲁肃的夸奖，他颇为自得："士别三日，即更刮目相待，大兄何见事之晚乎！"这是对鲁肃之惊的巧妙接应。

其实，得意的又何止他一个？孙权得知这样的情况，肯定也会非常得意，这正是他所期望的结果，也是他"劝导"行为的结果。所以，这还是从侧面写孙权。

四、读写融合，重构文本

任务一："蒙辞以军中多务"，吕蒙是怎样"辞"的呢？请展开想象，将他

"辞"的话语、神态写出来,并在课上与同学分享交流。

任务二:吕蒙听了孙权的话后,又会怎么说?请在吕蒙说的话语前加上一些修饰词语,表现出人物的心理、神情等。请将完整的话语写出来,与原文连起来多读几遍。

任务三:裴松之注引《江表传》中说:"蒙始就学,笃志不倦,其所览见,旧儒不胜。"请补写出"蒙始就学"之后的具体行为,把隐去的内容正面、直接地表现出来。写好后在小组内分享交流。

任务四:请尝试将这篇短小的故事改编为课本剧,在课上表演。

按:上列语言训练题不一定都要作为课后练笔,也可以课上与阅读理解同时进行。

《土地的誓言》：土地的力量与悲伤

◆ **关键问题**

课文题目是"土地的誓言"，那么作者发出了怎样的"誓言"？他又是怎么表达"誓言"的呢？

◆ **设计意图**

本设计旨在引导学生从题目出发，品味关键词语，努力挖掘其中的意蕴：由"誓言"的内容去体会作者情感；由"誓言"的独特抒发，把握行文特点。

教学过程

一、初读课文，整体感知

学生自由朗读课文，圈画出重要词句。

提问 1：由"土地的誓言"这个题目你想到了什么？"誓言"这个词语在文中直接出现了吗？

● 预设：

从题目看，可以想到两点："土地发出的誓言"和"我对土地发出的誓言"。

从内容看，作者表达的显然是"我对土地发出的誓言"。

文中没有直接出现"誓言"这个词语，但在文章的最后部分用充满感情而又态度坚决的语言，发出了誓言。

> 🔍 **提问 2**：作者对土地发出了怎样的"誓言"呢？请找出来，重点朗读，并进行简要分析。

● 预设：

> 我永不能忘记，因为我答应过她，我要回到她的身边，我答应过我一定会回去。为了她，我愿付出一切。我必须看见一个更美丽的故乡出现在我的面前——或者我的坟前。而我将用我的泪水，洗去她一切的污秽和耻辱。

这段"誓言"有两层意思：

第一层："我永不能忘记，因为我答应过她，我要回到她的身边，我答应过我一定会回去。"表明自己的一种坚决态度——一定要回到土地的身边。

第二层："为了她，我愿付出一切。……洗去她一切的污秽和耻辱。"表明自己要为了保卫土地、收回土地而勇敢战斗、无私奉献、英勇献身，哪怕牺牲自己的一切也心甘情愿。

前一句表明自己坚决的态度，后一句是对前一句的展开。为土地牺牲一切的目的是让"更美丽的故乡出现"，并能够"用我的泪水""洗去她一切的污秽和耻辱"，让土地母亲重新焕发荣光，重新美丽富饶。

二、再读课文，深入研讨

> 🔍 **提问 1**：作者对土地的誓言是因为什么而引发出来的呢？

学生朗读第 1 段，先找出作者对土地的"誓言"，再找出能够引发作者发出誓言的词语或句子，并加以体会。

请用"当_____的时候，我听见她在呼唤我的名字，召唤我回去"的句式回答。

学生自由朗读，思考交流。

● 预设：

作者对土地的誓言："我必须回去，我从来没想过离开她。"

——当我躺在土地上的时候，我听见她在呼唤我的名字，召唤我回去。

——当我仰望天上的星星的时候，我听见她在呼唤我的名字，召唤我回去。

——当我手里握着一把泥土的时候，我听见她在呼唤我的名字，召唤我回去。

——当我回想起儿时的往事的时候，我听见她在呼唤我的名字，召唤我回去。

——当我想起故乡的那些事物的时候，我听见她在呼唤我的名字，召唤我回去。

"呼唤""召唤""我"的是各种各样的"声音"，是故乡的种种事物所发出的"声音"在对"我"做出深情的呼唤和召唤，也就是说作者对土地发出的誓言是由独特的声音引发出来的。

▶ **追问**：那么文中写到了哪些"声音"呢？请在文中圈画，反复朗读。在此基础上，做理解性分析。

预设：

1. 土地对"我"的呼唤声：

我无时无刻不听见她呼唤我的名字，我无时无刻不听见她召唤我回去。

这时我听到故乡在召唤我，故乡有一种声音在召唤着我。她低低地呼唤着我的名字，声音是那样的急切，使我不得不回去。我总是被这种声音所缠绕，不管我走到哪里，即使我睡得很沉，或者在睡梦中突然惊醒的时候，我都会突然想到是我应该回去的时候了。

这种声音是不可阻止的，是不能选择的。这种声音已经和我的心取得了永远的沟通。

2. 土地自身所发出的声音：

白桦林在原野上的"呻吟"；马群如奔流似的声响；蒙古狗的深夜嗥鸣；皮鞭的脆响；高粱、豆粒、土地、脸庞、眼睛、山雕、鹿群、煤块、足金发出的自然的声响；幽远的车铃；狐仙姑深夜的谰语；原野上怪诞的狂风……

3. 理解性分析：

土地就是这样，用她独特的声调，用她华丽的色彩，用她美丽的嗓音，时刻呼唤着"我"回去。

这些声音，是自然界的声响，更是作者的感受，它们经常回响于耳畔，虽作者离乡千里，虽相隔十年，但一直印刻在作者的脑海里，融注于作者的血液中，成为生命中不可或缺的组成部分。

所谓土地的呼唤，其实是作者内心的呼唤，是他对故乡的思念。这是移情于物的写法。

🔍 提问2：作者为什么要写土地对"我"的呼唤呢？当时发生了什么？

1. 适当补充背景知识，播放和介绍歌曲《松花江上》。

2. 介绍时代背景：

1931年9月18日夜，盘踞在中国东北的日本关东军按照精心策划的阴谋，由铁道"守备队"炸毁沈阳柳条湖附近日本修筑的南满铁路路轨，并嫁祸给中国军队，日军以此为借口，炮轰中国东北军北大营，制造了震惊中外的"九一八事变"。次日，日军侵占沈阳，又陆续侵占了东北三省。1932年2月，东北全境沦陷。此后，日本在中国东北建立了伪满洲国傀儡政权，开始了对东北人民长达14年之久的奴役和殖民统治，使东北3000多万同胞饱受亡国奴的痛苦滋味。

3.介绍创作背景：

此文写于 1941 年 9 月 18 日，"九一八"事变爆发 10 周年之际，原载于 1941 年 9 月 18 日《华商报》。

作者 19 岁时经历了"九一八"事变。1941 年，作者 29 岁时，"九一八"事变已经过去整整十年，东北三省沦陷近十年，抗日战争正处于十分艰苦的阶段，流亡在关内的东北人依然无家可归，作者于是怀着难以遏制的感情写下了这篇文章。

● 预设：

作者"怀着挚痛的热爱"所眷念的关东原野，是自己的故乡，是美好的家园，却被日本侵略者的铁蹄蹂躏了十年之久，他内心的悲痛极大。

作者流亡关内，不知何时才能回到那可爱的家乡。

正是对故土的强烈眷念，对祖国山河沦丧感到的巨大耻辱，才使得他的内心始终有一个声音在呼喊，呼喊他回去。

所以，作者对魂牵梦萦的土地，才会发出这样的誓言。

"哪年哪月，才能够回到我那可爱的故乡；哪年哪月，才能够收回我那无尽的宝藏；爹娘啊，爹娘啊，什么时候才能欢聚在一堂？"（《松花江上》）同样是作者的心声，是所有流亡的东北青年的心声！

三、探究问题，体悟情感

> 🔍 **提问**：既然第 1 段已经写到了土地对"我"的呼唤，"我"也表明了"我必须回去，我从来没想过离开她"的坚决态度，也就是说"誓言"已经出现，意思已经表达出来了，那为什么还要写第 2 段呢？请做简要分析。

学生阅读思考，讨论交流。

● 预设：

第1段写的是土地对"我"的呼唤，是用她所独有的方式在不断地发出呼唤，使"我"热血沸腾。这是一种情感的"外力"。

第2段则是写"我和我的土地"之间难以割舍的感情："土地是我的母亲，我的每一寸皮肤，都有着土粒；我的手掌一接近土地，心就变得平静。我是土地的族系，我不能离开她。在故乡的土地上，我印下我无数的脚印。"这是"我"发誓要为她去战斗的真正原因，是作者对土地产生情感的"内力"。

其实，在第1段里，作者已经说到了自己与土地的这份紧密联系："我常常把手放在大地上，我会感到她在跳跃，和我的心的跳跃是一样的。它们从来没有停息，它们的热血一直在流，在热情的默契里它们彼此呼唤着，终有一天它们要汇合在一起。"土地与"我"，"我"与土地，就这样密不可分，"一刻也不能分割"。

正因为这样，所以作者才会说"我必定为她而战斗到底。土地，原野，我的家乡，你必须被解放！你必须站立！"才会对土地母亲发出坚定而铿锵的誓言。

● 出示：

　　稻草的气息便永远徘徊在我的前面。在沉睡的梦里，甚至在离开了土地的海洋漂泊的途中，我仍然能闻到土地里的气息和泥土的芳香。

　　当野草在西风里瑟瑟作响的时候，我蹀躞地在路上走，感到土地泛滥出一种熟识的热度，在我们脚底。土地使我有一种力量，也使我有一种悲伤。我不能理解这是为什么，总之，我是负载了它。而且，我常常想，假如我死了，埋在土里了，这并不是一件可悲的事，我可以常常亲尝着。我活着好像是专门为了写出土地的历史而来。

——端木蕻良

● 归纳：

文章的两个段落，紧密相连，一气呵成，任由情感的激流倾泻；有如双峰对峙，相辅相成，相得益彰。

▶ **追问**：从以上理解与欣赏中，你能概括出这篇文章的主要特色吗？

学生尝试概括，并与同伴交流。

预设：

——丰沛奔涌的情感。

——富有气势的语言。

——有鲜明地域特色的意象。

四、拓展阅读，丰富积累

阅读艾青《我爱这土地》、秦牧《土地》，体会其中的感情。

五、读写融合，表达交流

任务一：本文是抒情散文，但更是一首散文诗。请自由选择某一片段，将其改写为诗歌形式，并在课上朗诵。

示例：

　　我想起

　　那参天碧绿的白桦林，

　　标直漂亮的白桦树在原野上呻吟；

　　我看见

　　奔流似的马群，

　　深夜嗥鸣的蒙古狗，

　　我听见

　　皮鞭滚落在山涧里的脆响；

　　我想起

　　红布似的高粱，

金黄的豆粒,

黑色的土地,

红玉的脸庞,

黑玉的眼睛,

斑斓的山雕,

奔驰的鹿群,

带着松香气味的煤块,

带着赤色的足金;

我想起

幽远的车铃,

晴天里马儿戴着串铃在溜直的大道上跑着,

狐仙姑深夜的谰语,

原野上怪诞的狂风……

任务二:请自由选择写作对象,仿照文中运用排比、呼告等表达情感的方式,写一两段话。写好后与同学分享交流,并相互评价。

按:第1题也可以与课文研习结合起来进行,可以适当添加或删减一些词语,对语言形式进行改造,从而创新表达。这道练习题有助于加强学生对内容的理解、对情感的体会和对抒情方式的把握。

《木兰诗》：以声达意，以声传情

◆ **关键问题**

诗中有很多声音描写，你知道它们都是什么声音吗？从这些声音中我们读出了什么？

◆ **设计意图**

这首诗中对"声音"的描写特别多，几乎可以说全诗就是由"声音"串联起来的。引导学生理解与"声音"相关的高频词，有助于他们捕捉文本的重要信息，梳理故事情节，并以此延伸开去，把握人物形象，体会诗歌的语言特点。

教学过程

一、预学课文，疏通文句

（一）学生根据所布置的预学任务，预学课文，疏通文句，并提出自己的疑问，准备课上交流

课上通过检查预习、展示预习成果的方式，了解学生的预学情况，并做必要的点拨和指导。根据学生的预学情况，及时调整教学任务和内容。

（二）积累文言知识

1. 积累重点实词

（1）当户（门当户对）;（2）忆;（3）可汗;（4）爷（阿爷）;（5）旦暮;（6）戎机（戎马）;（7）朔;（8）强;（9）驰;（10）郭;（11）红妆;（12）霍霍;（13）著;（14）火伴。

2. 积累重点虚词

（1）唯;（2）何所;（3）但;（4）相;（5）安能。

3. 理解与翻译重点语句

（1）东市买骏马，西市买鞍鞯，南市买辔头，北市买长鞭。

（2）将军百战死，壮士十年归。

（3）开我东阁门，坐我西阁床。

（4）当窗理云鬓，对镜贴花黄。

（5）雄兔脚扑朔，雌兔眼迷离。

4. 积累成语

（1）磨刀霍霍;（2）扑朔迷离。

按：字词积累要情境化，要将其放在一定的语言环境中，在理解的基础上积累，不能静态抽象地学习。一是放置于课文的语境中，二是与已经学过的课文有机勾连，三是能够与现代汉语相机联系，四是在语言实践中运用。

二、初读诗歌，整体感知

> **提问1**："木兰诗"这一诗题，告诉了我们哪些信息？你还想了解哪些信息？

● 预设：

这是一首写木兰的诗。"诗"是体裁，"木兰"是写作对象，这是一首以刻画人物为主的叙事诗。

还想了解的信息：
——为什么要为木兰写这样一首诗呢？
——木兰是一个什么样的人？她有什么特别之处？
——在木兰身上，发生了怎样的故事？
——诗歌是怎么描写这个故事的？

提问2：阅读诗歌，你能用自己的话概括诗歌的主要内容吗？

● 预设：

这是一位奇女子，她女扮男装，替父从军，立下赫赫战功，成为了不起的英雄，但她又抛弃一切功名利禄，依旧回到自己父母身边。

提问3：根据初步理解，你能用小标题的形式概括出故事的主要情节吗？

请以"木兰"开头，力求语言整齐。
学生自主完成，并与同伴交流。
● 预设：
1. 木兰停机频叹息——木兰决意替父征——木兰紧张备战装——木兰远征思爷娘——木兰万里赴戎机——木兰建立大功勋——木兰坚辞高官职——木兰快马回故乡——木兰原来是女郎。
● 出示：
展示《木兰从军》特种邮票，进一步让学生简要概括。
按：也可以将展示安排在概括主要内容的环节。将四张邮票的顺序打乱，让学生根据诗歌内容排序。
2. 木兰纺织——木兰从军——木兰征战——木兰还乡

🔍 **提问 4**：从所概括的情节看，有的地方叙述比较详细，有的地方叙述比较简略。它们的具体情形是怎样的？有什么特点？为什么要这样写？请完成下表。

学生自主完成，分享交流。

● 预设：

详略安排	特点	具体情形	特点	原因
详写	木兰当户织时心事重重的情景	主要着墨于生活场景和儿女情态，反映美好心灵，富于生活气息。	详略得当。详写：铺陈排比。略写：适度夸张。	1.突出对木兰孝敬父母、勇于担当重任的颂扬。2.表达对美好生活的向往和祝福，对战争的冷淡和疏远。
略写	木兰准备行装时的活动情况			
	木兰奔赴战场时的心理活动			
	得知木兰回家消息后家人的欢乐			
	木兰恢复女儿装束时的欣喜之情			
	木兰从征途中所遇到的艰难险阻			
	木兰军旅生涯中的种种情形			
	木兰参加的大大小小的战斗			
	木兰经历过的战争残酷景象			
	木兰建功立业的具体情景			
	木兰所得到的赏赐			

> **提问 5**:"愿为市鞍马,从此替爷征"和"愿驰千里足,送儿还故乡"两句中都有一个"愿"字,表达的意思一样吗?从中我们能看出它在诗歌结构上有什么作用?

学生阅读思考,合作交流。

● 预设:

"愿为市鞍马,从此替爷征"中的"愿"是"愿意"的意思,写出了木兰替父从军的坚定态度,刻画了木兰敢于担当、坚毅勇敢的形象。

"愿驰千里足,送儿还故乡"中的"愿"是"希望""恳求"的意思,写出了木兰对家中亲人的热切思念、对家庭生活的渴求向往,刻画了木兰不慕高官厚禄而热爱和平生活的形象。

两个"愿"字既从不同方面刻画了木兰的形象,又串联起了全诗的内容,使诗歌得以前后贯通、自然顺畅。

按:指导学生反复读这两句诗,让学生感受和体会木兰的精神。

三、研读诗歌,深入品味

> **提问 1**:诗中有很多声音描写,你知道它们都是什么声音吗?从这些声音中我们读出了什么?

学生深入阅读诗歌,筛选诗歌信息,填写表格中有关"声音"的内容(要能说出是什么声音)。

● 预设:

诗句	声音	手法	作用或表达的内容
唧唧复唧唧,木兰当户织。	木兰织布声	起兴 反复	未见其人,先闻其声。

续表

诗句	声音	手法	作用或表达的内容
不闻机杼声,惟闻女叹息。	木兰叹息声	对比	停机长叹,忧思之深。
问女何所思,问女何所忆。女亦无所思,女亦无所忆。	父女问答声（作者发问声）（自言自语声）	反复	关切的询问,心绪的难平。
不闻爷娘唤女声,但闻黄河流水鸣溅溅。	黄河流水声	对比	思念父母,战事紧迫,马不停蹄。
不闻爷娘唤女声,但闻燕山胡骑鸣啾啾。	胡马鸣叫声	对比	思念父母,行军辛劳,金戈铁马。
朔气传金柝,寒光照铁衣。	寒风呼啸声 边关金柝声	并举	生活艰难,枕戈待旦,严守岗位。
可汗问所欲,木兰不用尚书郎,愿驰千里足,送儿还故乡。	木兰应答声	对话	不爱功名富贵,归心似箭。
小弟闻姊来,磨刀霍霍向猪羊。	杀猪宰羊声 猪羊嘶叫声	拟声	辞官还家,欢乐喜庆,其乐融融。
出门看火伴,火伴皆惊惶。同行十二年,不知木兰是女郎。	伙伴惊讶声	顶真 反衬	无比自豪、得意,有喜剧效果。
雄兔脚扑朔,雌兔眼迷离;双兔傍地走,安能辨我是雄雌?	木兰应答声	比拟 反问	风趣横生,聪明机智;不拘一格,豪迈有力。

▶ **追问**:除了这些直接写到的声音,你还能从哪些语句中读到"声音"呢?

学生阅读思考,合作交流。

预设:

——东市买骏马……买长鞭。

木兰匆忙的脚步声,市场的喧嚣声,购买东西、物件时的交谈声……

——万里赴戎机……壮士十年归。

战场上的马蹄声、喊杀声,战伤时的呻吟声,胜利时的欢呼声……

——爷娘闻女来……向猪羊。

家人惊喜的笑声、相互说话声,爷娘彼此的关照声,阿姊、小弟的奔走声和忙碌声……

归纳:

虽然从字面上,我们读不到"声音",但又有哪一句不让我们感受到声音的存在呢?这些间接描写,给我们留下了充分想象的空间。

> 🔍 **提问2**:这些"声音"可谓声声相闻,声声表意,声声传情,它们贯穿全诗,好似故事情节的线索。你能从对"声音"的直接描写中发现它们的共同特点吗?

师生共同探讨,形成新的认识。

● **预设:**

这些"声音"大部分都是人物之间的问答,口语化色彩非常鲜明;人物的口语化问答,又刻画出了人物的心理状态,使人物形象更加真切细致、栩栩如生。

这些"声音"不断出现,成了故事的有机组成部分,丰富了故事内容,推动了情节发展。

▶ **追问**:从这些"声音"中,你读出了一个怎样的木兰?

请用这样的句式回答:从_____声中,我读到了一个_____的木兰。

学生自主完成,合作交流。

预设:

——从木兰织布声中,我读到了一个勤劳能干的木兰。

——从木兰叹息声中,我读到了一个深明大义的木兰。

——从父女问答声中,我读到了一个孝敬父母、勇担重任的木兰。

——从黄河流水、胡马鸣叫声中，我读到了一个情感丰富、多愁善感的木兰。

——从寒风呼啸、边关金柝声中，我读到了一个不畏艰难、英勇作战的木兰。

——从木兰对话天子声中，我读到了一个不慕虚荣、淡泊名利的木兰。

——从杀猪宰羊声中，我读到了一个享受天伦之乐的木兰。

——从伙伴惊讶声中，我读到了一个美丽漂亮的木兰。

——从木兰得意回答伙伴声中，我读到了一个聪明机智、活泼俏皮的木兰。

四、深入研读，探究问题

> **提问**：《木兰诗》叙述了一个传奇故事，它奇就奇在木兰女扮男装，替父从军这一罕见事情。其实，诗中一直在强调和突出她的女子身份，你能发现吗？

学生继续朗读诗歌，找出直接描写其为女子的词语和句子，并讨论交流。

● 预设：

——在第1诗节中，出现得最多的是"女"子织布动作（古代劳动分工是男耕女织）；男子出征理所当然，不足为怪，只有女子才会为此焦虑不安、长叹不已。

——在第2诗节中，连续两句"不闻爷娘唤女声"，突出了其女子身份。

——在第3诗节中，写木兰回家的情景，不仅出现了"女""妹""姊""女郎"等称呼词语，而且出现了"红妆""云鬓""花黄"等女子专用词语，更加突出和强调了其女子身份。

▶ **追问1**：她辞却高官厚禄的行为，与她的女子身份有没有关联？

重点读：

归来见天子，天子坐明堂。策勋十二转，赏赐百千强。可汗问所欲，木兰不用尚书郎，愿驰千里足，送儿还故乡。

预设：

　　虽然建立了丰功伟绩，却不愿在朝为官，而是归心似箭，这不符合男子身份，只有女子才会有这样的想法和举动。特别是在游牧民族中，男子都会为了财产、身份和荣誉而走上战场，做英雄，立功劳。

　　由于社会分工不同，女子基本没有什么社会、经济、政治地位，甚至难有独立的人格尊严。木兰很清楚这样的现实，所以"不用尚书郎，愿驰千里足，送儿还故乡"。

　　这是间接叙述她的身份。由此可见，诗歌在人物形象的刻画上灵活运用了直接描写和间接描写的手法。

▶ **追问2：**既然如此，为什么"同行十二年，不知木兰是女郎"？

预设：

　　——木兰非常机灵，能够把自己的身份隐藏起来，会掩饰自己的性别行为，从来不表现出自己的女子身份，甚至在"可汗问所欲"时，也只是回答"送儿还故乡"，而不说"送女还故乡"，既不让同伴战友，也不让高坐明堂的天子有丝毫的怀疑。

　　——作为北方女子，木兰的生活能力极强，她天生带有勇猛、泼辣甚至彪悍的性格特点，加之身材高大，与男子无太大区别，所以难以从外表上看出其性别。

　　——木兰非常勇敢，行军驻营、站岗放哨、冲锋陷阵，做什么事情都与同伴一样。"万里赴戎机，关山度若飞。"她是军中的壮士。

　　——行军打仗时，衣不卸甲、马不解鞍的情况比较普遍，这十分便于其女扮男装。

　　——木兰生活在我国北方地区，"可汗"一词就透露出这一故事发生在我国古代西北地区，而"旦辞黄河去，暮至黑山头""但闻燕山胡骑鸣啾啾"等，都说明战事主要发生在较为寒冷的北方，所以即使是夏天，气温也不会很高，这样木兰就更不容易暴露身份。

——这一奇人奇事以前在军中从来没有发生过，无论是同伴，还是将军乃至可汗，都根本不会想到竟然有人女扮男装，替父从军，一贯的认识、既有的经验蒙蔽了他们的眼睛。也正因如此，所以有了这样一首叙事诗，记载和歌颂这样的故事、这样的人物。

五、读写融合，能力迁移

任务一：仔细阅读，体会"旦辞爷娘去……但闻燕山胡骑鸣啾啾"中的人物心情，写一段文字，描述一下木兰的心理状态，并在课上交流。

任务二："万里赴戎机，关山度若飞。朔气传金柝，寒光照铁衣。将军百战死，壮士十年归。"这段文字概略写出了木兰在军中的征战生活。请发挥想象，将之扩充为一段话，力求具体、生动地表现出木兰的形象特点，并在课上交流。

任务三：请仿照"万里赴戎机……壮士十年归"的表述方式，把"唧唧复唧唧，木兰当户织。……从此替爷征"或"东市买骏马，……但闻燕山胡骑鸣啾啾"以及"爷娘闻女来，出郭相扶将……不知木兰是女郎"等详写的部分，概略地写出来。体会详写与略写的不同特点及其表达效果。在小组内分享交流，并根据小组内同学的意见做适当修改。

任务四：请用文言文对本诗进行缩写，150字以内。

按：上列练笔可以选择运用，也可以贯穿在文本研习过程中，还可以作为课后作业。

《阿长与〈山海经〉》：永远的旧影像

> ◆ **关键问题**
>
> 长妈妈究竟有怎样"伟大的神力"，让童年的鲁迅心生敬意并成为他心中永远的影像呢？
>
> ◆ **设计意图**
>
> "神力"一词在文中出现了两次，在内容转换和情感变化上有着极为重要的作用。抓住这一关键词语，就可以帮助学生串联起全文内容，认识其在行文结构上的地位与作用；在此基础上，还可以引导学生把握人物形象的特征，体悟作者的情感。由此，学生可以了解和初步掌握梳理、概括文意与行文结构的一种新的阅读方法——抓关键词法。

教学过程

一、温故导入，初识阿长

● 出示：

不知从那里听来的，东方朔也很渊博，他认识一种虫，名曰"怪哉"，冤气所化，用酒一浇，就消释了。我很想详细地知道这故事，但阿长是不知道的，因为她毕竟不渊博。

——鲁迅《从百草园到三味书屋》

这虽然不过薄薄的一本书,但是下图上说,鬼少人多,又为我一人所独有,使我高兴极了。那里面的故事,似乎是谁都知道的;便是不识字的人,例如阿长,也只要一看图画便能够滔滔地讲出这一段的事迹。

——鲁迅《二十四孝图》

长妈妈,一个一向带领着我的女工,……轻轻地来告诉我一句话:隐鼠是昨天晚上被猫吃去了!……但许多天之后,也许是已经经过了大半年,我竟偶然得到一个意外的消息:那隐鼠其实并非被猫所害,倒是它缘着长妈妈的腿要爬上去,被她一脚踏死了。

——鲁迅《狗·猫·鼠》

母亲,工人,长妈妈即阿长,都无法营救,只默默地静候着我读熟,而且背出来。

——鲁迅《五猖会》

> 🔍 **提问**:这些片段中都提到了一个人:长妈妈(阿长)。她是干什么的?她与"我"和"我们家"的关系是什么呢?

● 预设:

她是"我"小时候家里的一个女工,是"我"的保姆,常给"我"讲故事。(参见课文注释)

学生齐读课文第1段第1句话:

长妈妈,已经说过,是一个一向带领着我的女工,说得阔气一点,就是我的保姆。

从这些文字中可以看出,"我"小时候家里的这样一个女工,或者说"我"的保姆,在"我"后来的生活中是经常被记起的。那在作者心中,这位"阿长"有哪些值得"我"记忆的故事呢?她与《山海经》这本书又有怎样的关系?要想一探究竟,最好的方法就是走进这篇课文。

二、浏览课文,感知"神力"

> 🔍 **提问 1**:在"我"看来,这位"长妈妈"值得写的事情有很多,但有两件事令人印象特别深刻,因为在她的身上显示出了"伟大的神力",这使"我"对她有了"敬意"。"伟大的神力"这一关键词语出现在了文中哪些地方?请将其找出来,并说说分别是就什么而说的。

学生阅读思考,合作交流。

● 预设:

"伟大的神力"在文中出现了两次:

(一)第一处出现在第 17 自然段

这实在是出于意想之外的,不能不惊异。我一向只以为她满肚子是麻烦的礼节罢了,却不料她还有这样伟大的神力。从此,对于她就有了特别的敬意。

她讲"长毛"的故事时,说长毛攻城时妇女可以抵挡大炮的神力。这样的故事,使"我""一时"对她产生了"空前的敬意",因为"我"根本"不料她还有这样伟大的神力",这多少改变了"我"以前对她的"不大佩服"。

▶ **追问 1**:前文中有一个句子也表达了类似的意思,是哪一句?请找出来,并说说它在行文中的作用。

预设:

第 13 段开头:

然而我有一时也对她发生过空前的敬意。

"然而"一词表示意思的转折,说明"我"之前对她是没有什么"敬意"的,"空前"一词更说明这是从来没有过的事。从行文思路看,这是意思的转折。

▶ **追问 2**：在这之前，阿长有哪些事情让"我"对她没有什么"敬意"呢？

学生快速浏览第 3~12 段，找出相关内容，完成下表。

预设：

段落	让"我"对她缺乏"敬意"的事情
第 3~5 段	她粗俗率性的行为习惯
第 6~12 段	她的令"我"很不耐烦的礼节规矩

▶ **追问 3**：第 17 段与前文又有什么关联？你是从哪些词语中读出来的？

预设：

与第 13 段一气贯通，且又紧相呼应。"实在是""不能不惊异""却不料""特别"等词语都充分说明了"我"对她竟有"这样伟大的神力"的"空前的敬意"。

（二）第二处出现在第 26 自然段

没有文化的阿长竟然帮"我"买来了"我"朝思暮想、极为"渴慕"的绘图版《山海经》。

先读第 19 段开头：

　　但当我哀悼隐鼠，给它复仇的时候，一面又在渴慕着绘图的《山海经》。

再读第 26 段：

　　这又使我产生新的敬意了，别人不肯做，或不能做的事，她却能够做成功。她确有伟大的神力。

不难看出，两处写阿长的"神力"，都是文意的转折。据此我们可以对全文的结构有清晰的认识。

▶ **追问 4**：在第二次写阿长"确有伟大的神力"后，作者又写了什么内容？

● 预设：

写"我"对阿长的感激与怀念，主要体现在她为"我"买《山海经》上。

> **提问 2**：由此可见，"神力"之说在行文思路上起到了什么作用？请根据交流内容，完成下表。

学生思考，分享交流。

● 预设：

两次"神力"之说在行文思路上起到了承上启下的作用，串起了主要内容。围绕"神力"，我们可以明确这篇文章的主体结构。

行文结构		主要内容		详略安排
第一部分（第1~2段）		"我"所知道及不知道的阿长——身份、名字（暗示其卑微的地位）		略写
第二部分（第3~18段）	第一层（第3~5段）	阿长的日常言行——粗俗率性	喜欢切切察察	略写
			睡相粗俗	详写
	第二层（第6~12段）	阿长令"我"很不耐烦的礼节规矩	元旦古怪仪式	略写
			各种礼仪禁忌	
	第三层（第13~18段）	阿长"伟大的神力"之一——她所讲述的"长毛的故事"		详写
第三部分（第19~31段）		阿长"伟大的神力"之二——为"我"买《山海经》的前后经过"我"对她的情感		详写

● 阅读方法归纳：

我们刚才运用了一种新的阅读方法梳理和概括文章的主要内容，就是"抓关键词"。"伟大的神力"就是这里的关键词，不难看出，它在文中无论是对内容还是对结构都起到了牵一发而动全身的作用。

三、研习课文，品味"神力"

> 🔍 **提问1**："我"对她第一次产生"敬意",为什么是"空前"的? 请到前面找原因,并完成下表。

● 预设:

以前对她没有"敬意"的原因	
段落	事情
第3段	常喜欢切切察察,向人们低声絮说些什么事(背地里说人长短);睡相不好,"挤得我没有余地翻身",我即使"多回诉苦",也"无法可想"。
第6~11段	懂得许多"我所不耐烦"的规矩,即使过年也要让"我"忍受那些规矩的"磨难"。
第12段	教给"我"很多"烦琐之至"的道理、到今天"还觉得非常麻烦的事情"。

▶ **追问**：在第一次对她产生"敬意"之后,"我"有没有一直把这种"敬意"保持下去?

预设：

没有。这主要体现在第18段中：这种"敬意",时间不长就"逐渐淡薄起来";在知道她"谋害了我的隐鼠"之后,敬意就"完全消失"了;"我"不但"严重地诘问"她,"而且当面叫她阿长",对有"神力"的她一点也不"惧惮"。

> 🔍 **提问2**：第二次的"敬意"与第一次的"敬意"有没有不同?

学生思考交流。

● **预设：**

前后两次的"敬意"是不同的：

前一次的"特别的敬意"，源于她的讲述。那么神奇而又惊悚，是幼小的"我"根本意想不到的，"我"不能不感到非常"惊异"。但毕竟她所描述的情况在"我"的生活中不会出现，所以，敬意时间不长也就"逐渐淡薄"了，更何况，耳听为虚，真实情况到底如何，难以证明。

后一次的"新的敬意"，则来自她的举动。那是"别人不肯做，或不能做的事"，可是她却"做成功"了，且是在"我"朝思暮想而不得的时候，这在"我"幼年读书生活中留下了极为深刻的印象。

▶ **追问：**"别人不肯做，或不能做的事"，在文中是如何体现出来的？

预设：

在第 19、20 两段中，作者有具体的叙述。

"不肯做"：

远房的叔祖，他有绘图的《山海经》，但他"不知道放在那里了"，"我"虽然很愿意看，但"不好意思力逼他去寻找"，因为他是"很疏懒"的；而别人呢，谁也不肯真实地回答"我"。

"不能做"：

"我"有压岁钱，却没有机会去买；"有书买的大街"，距离"我"家"远得很"，"我"平时根本去不了；"我"只有在一年中的正月间，才能去，但那时，"两家书店都紧紧地关着门"。

作者为写阿长的"神力"做足了铺垫，使"我"对她由衷产生"敬意"显得极其自然。

> 🔍 **提问 3：**"神力"之说，自然是对阿长的敬佩与赞扬，但这种温情的宣示是一直体现在字里行间的吗？作者的感情发生了怎样的变化？

请找出文中的相关表述,完成下表。

学生阅读思考,自主完成,分享交流。

● 预设:

阿长给"我"的感受		
事情	感受	情感变化
大家称呼她长妈妈。	似乎略带些客气的意思	客观、平和
知道是她谋死"我"的隐鼠时,"我"叫她阿长。	憎恶	贬斥、怀疑、讨厌、厌烦
阿长背地里说人长短。	实在不大佩服,疑心	
阿长不许"我"走动,睡相不好。	诉苦,无法可想	
阿长懂得许多规矩。	不耐烦,视为"磨难"	
阿长教给"我"很多道理。	认为烦琐之至,非常麻烦	
阿长讲长毛攻城时妇女可以抵挡大炮的故事。	产生空前的敬意,不料她竟有"伟大的神力"	敬佩
阿长谋害了"我"的隐鼠。	敬意逐渐淡薄,直至完全消失	不再敬佩
阿长帮"我"买来了《山海经》。	全体震悚,发生新的敬意,认为她"确有伟大的神力"	由衷敬佩
阿长辞世,"我"不知道她的姓名和经历。	怀念与赞美,感激与敬重,同情与愧疚	深情祝祷

● 归纳:

从"我"对阿长前后不同的感受中,可以体会到"我"对阿长的感情有一个曲折变化的过程:先抑后扬,再抑再扬,越抑越扬,曲折有致,摇曳多姿。

▶ **追问**:文中的"我"就是童年的"我"吗?(结合"思考探究二")请找出相关语句,细加体会,说说自己的理解。

学生阅读思考，自主完成，分享交流。

预设：

作为一篇回忆性散文，文中有两个"我"：一个是童年时的"我"，写"我"当时对长妈妈的感受；一个是写作时的"我"，站在成人的立场上来回忆、怀念长妈妈。这是两种不同的叙述视角，其所表达的情感也是不一样的。

提问 4：至此，我们对这位有如此"神力"的阿长应该有比较具体的了解了，那么，她究竟是一个怎样的人呢？

请用"从_____中，可知这是一个_____的人"的句式对阿长的形象进行概括。

学生自主完成，分享交流。

● **预设：**

——从她的身份和姓名中，可知这是一个<u>地位卑微</u>的人。

——从她所从事的职业、她的家庭状况中，可知这是一个<u>身世不幸</u>的人。

——从她让"我"说"恭喜恭喜"和吃福橘中，可知这是一个<u>乐天知命、热爱生活</u>的人。

——从她所讲的故事、所懂得的许多规矩、所教给"我"的道理中，可知这是一个<u>没有文化、讲究迷信</u>的人。

——从她喜欢"切切察察"搬弄是非、睡相不好中，可知这是一个<u>比较粗俗</u>的人。

——从她谨守元旦古怪仪式、帮"我"买《山海经》中，可知这是一个<u>天性纯朴善良、喜欢多事</u>的人。

——从她从不计较"我"对她的各种不屑和无礼中，可知这是一个<u>宽厚仁慈</u>的人。

——从"我"对她的追怀与祝祷中，可知这是一个<u>给"我"留下深刻印象、带来巨大影响</u>的人。

四、拓展延伸，探究"神力"

> 🔍**提问**：长妈妈这样一位具有如此"伟大神力"的人，在"我"的记忆中永存影像的人，可"我"为什么"终于不知道"她到底姓甚名谁，有哪些经历呢？对此，我们怎样认识？

学生重点阅读第1、2、30、31段，思考。

● 预设：

1. "我"应该知道：

她是"我"儿时的保姆，曾经陪伴"我"度过童年时光，"我"对她记忆犹新；

在她与"我"的交往中，发生过许多故事，至今难忘；

特别是她帮"我"做了"别人不肯做，或不能做的事，她却能够做成功"——买到了"我"渴慕已久、"太过于念念不忘""最初得到，最为心爱"的"宝书"《山海经》，令"我"陡生敬意。

2. 但"我"不知道：

这样一位充满"神力"的人，"我"却连她的真实姓名也不知道，以讹传讹地叫她"长妈妈"，甚至在对她心生不满时，直呼其为"阿长"；

"我"对她给予的真心实意的关心和爱护，也不是一直充满敬意，而有很多的不屑和无礼；

"我"不知道她的经历，对她的人生遭遇乃至她的辞世时间多是听说和估猜；

即如"我"对她所讲的故事，说妇女打仗时竟有"伟大的神力"，也只是有幼时的直观认识和评价，既无法证明，也觉得荒诞可笑。

3. 这使"我"的内心充满了惭愧和歉疚。

作者用深情的笔墨、幽默的语言、温情的描述来赞扬她、歌颂她，表达了对这位保姆身上所显现出来的母爱的依恋之情。

▶ **追问1**：“我”的种种"不知道"传递了怎样的情感？怎样读才能把这些情感传递出来呢？

预设：

"我"的种种"不知道"中，有无尽的伤感，有沉痛的悲哀，有深沉的悲愤，有深切的同情，有深情的悲悯，有无法排解的不平，更有惭怍歉疚与深深怀念。

所以，在诵读时，要用舒缓且沉郁的语气语调，读出"我"对长妈妈无尽的思念、由衷的感佩和深深的尊敬。

▶ **追问2**：这些"不知道"，既有客观原因，也有主观原因，其深层原因是什么呢？

出示：

大家都叫她祥林嫂；没问她姓什么，但中人是卫家山人，既说是邻居，那大概也就姓卫了。……（几年后）大家仍然叫她祥林嫂。……镇上的人们也仍然叫她祥林嫂。

——鲁迅《祝福》

他对人说话，总是满口之乎者也，教人半懂不懂的。因为他姓孔，别人便从描红纸上的"上大人孔乙己"这半懂不懂的话里，替他取下一个绰号，叫作孔乙己。

——鲁迅《孔乙己》

立传的通例，开首大抵该是"某，字某，某地人也"，而我并不知道阿Q姓什么。有一回，他似乎是姓赵，但第二日便模糊了。

——鲁迅《阿Q正传》

说起我的母亲，我只知道她是"浙江海宁查氏"，至今不知道她有什么名字！

——邹韬奋《我的母亲》

大堰河,是我的保姆。

她的名字就是生她的村庄的名字,

她是童养媳,

大堰河,是我的保姆。

——艾青《大堰河——我的保姆》

预设:

1. 生活在社会底层的人们,身份卑微,地位低下,命运坎坷,遭遇惨痛。他们身上也许不乏优良的品质,也不缺少聪明与智慧,更常见有"伟大的神力",但在一个封闭落后、等级森严、人际关系极度冷漠的社会环境里,他们的生活处境极端艰难,只能匍匐于地下,如蝼蚁一般,无名无姓,自生自灭。

2. 从这些伤感、悲哀、深沉乃至痛彻心扉的叙述中,我们不难读出其中的同情悲悯、愤郁不平、愧怍歉疚与深切怀念。

3. 长妈妈这样一个身份低贱、地位卑微的人,一个在"我"眼里有着种种缺点的人,却有着"伟大的神力"。她虽辞世大概"三十年"了,却永远留存在"我"的记忆中,成为永不磨灭的影像。

五、读写融合,重构文本

请根据文中所写关于阿长的内容,以第三人称的手法,将本文改写成一篇"阿长的故事",并在班级分享交流。

要求:

1. 详略结合,对原文有适当的取舍;

2. 欲扬先抑,写出曲折;

3. 转换人称,文中不要出现"我"字。

《台阶》：父亲的"台阶"情结

◆ **关键问题**

小说开头说"父亲总觉得我们家的台阶低",父亲为什么这样说? 这句话在文中有什么作用呢?

◆ **设计意图**

抓住这篇小说的关键语句，可以带动对小说主题的理解。对父亲这样说的原因进行探究，可以帮助学生揣摩人物心理，把握形象特征；对关键语言进行细致品味，可以引导学生深入文本的细部，体会其深刻的意蕴。

教学过程

一、速读全文，整体感知

提问：父亲与"台阶"有什么样的纠葛？如果用一句话来表示，题目可以怎么说？

● 预设：

1. 通过梳理小说情节，发现父亲与"台阶"的纠葛呈现如下轨迹：

父亲感慨我们家的台阶低——父亲想造高台阶——父亲为造高台阶做准备——父亲造高台阶——父亲造了高台阶之后很失落。

2. 如果用一句话来表达，题目可以表述为：

——父亲造高台阶

——父亲造高台阶新屋的故事

——父亲想造一栋高台阶的新屋

▶ **追问**："台阶"一词在文中有什么作用？

预设：

"台阶"是行文的线索，全文围绕"父亲造高台阶"来展开，这样的行为贯穿了父亲的一生。

由此，可以归纳出小说在叙述上的一个特点：线索明朗，中心突出。

二、深入阅读，研讨问题

🔍 **提问 1**："父亲总觉得我们家的台阶低"，这是为什么？从中反映了他怎样的内心世界？

学生深入阅读课文，圈画出写父亲对"台阶低"有想法的语句，探寻父亲的心理状态，分享交流。

● 预设：

——"乡邻们在一起常常戏称：你们家的台阶高！言外之意，就是你们家有地位啊。"

——"父亲老实厚道低眉顺眼累了一辈子，没人说过他有地位，父亲也从没觉得自己有地位。"

——"他日夜盼着，准备着要造一栋有高台阶的新屋"，因为"台阶高，屋主人的地位就相应高"。

在他心目中，形成了一个非常直接的认识：台阶高——地位高，台阶低——地位低；"我们家的台阶低"——我们家的地位低。

所以，父亲要造高台阶的房屋，是为了提高自己的地位。

▶ **追问1**：这样的理想，应该有一个目标轨迹，是怎样的呢？

预设：

改变现有的居住状况——改变他的生活状态——得到别人的奉承、捧场的笑脸——得到与众不同的待遇与注目——以此证明他不是一个现实世界中的"失败者"。

比较品味：

> 父亲总觉得我们家的台阶低。
>
> 父亲觉得我们家的台阶低。

"总觉得"三个字说明他对"台阶低"的现状产生了强烈的不满情绪，而且这种不满情绪还长期困扰着他、折磨着他，因而他不知多少遍地发出感叹："我们家的台阶低！"

这样的表述方式在其他作品中也有，如：

> 可是每星期日，我们都要衣冠整齐地到海边栈桥上去散步。那时候，只要一看见从远方回来的大海船开进港口来，父亲总要说他那句永不变更的话：
>
> "唉！如果于勒竟在这只船上，那会叫人多么惊喜呀！"
>
> ——莫泊桑《我的叔叔于勒》

"总要"的说话方式，"永不变更"的话题，可见其在父亲心中是多么重要，他又是多么地期盼于勒回来！

归纳：

起笔突兀，设置悬念，引起下文，意味深长。

▶ **追问2**：父亲造高台阶房屋的想法，与他原有的生活状态有没有矛盾？

学生浏览课文，深入思考。

预设：

原有的三级台阶是他磨破了一双麻筋草鞋，用自己如牛一样的力气背回来的。他付出了艰苦劳动的同时，必然会对它倾注情感。

虽然那是"地位低"的某种标志，但他"觉得坐在台阶上很舒服"，特别是他坐在台阶上洗脚的细节，充分反映了他原有生活的舒适与安逸。

那三级台阶还见证了孩子的成长，伴随了一家人虽贫穷却安逸、虽卑微却舒适的生活。

这与他新产生的焦虑、郁闷、痛苦的情绪很不协调，形成了某种矛盾："父亲"其实已经习惯了住有低台阶的房屋，也就是已经习惯了"没有地位"的生活。他的感叹与羡慕可能会使他原有的生活平衡状态受到破坏。

这种用新的希望去打破曾经的美好的行为，必然会为他的人生悲剧埋下伏笔，这也是他后来会发出"这人怎么了"人生疑问的症结所在。

出示：

> 我们给自己增多一份期望，就是增多一份负担，虽然这也可能给自己增多一份自豪。
>
> ——〔英〕阿兰·德波顿《身份的焦虑》

🔍 **提问2**：为了实现这样一个比较宏大的目标，父亲是怎么做准备的呢？从中我们可以发现父亲是一个怎样的人？

学生重点阅读课文第10~15段，先找出相关词句，再表达阅读感受。

● **预设**：

为了造一栋高台阶的新屋，父亲开始了十分漫长的准备："今天从地里捡回一块砖，明天可能又捡进一片瓦，再就是往一个黑瓦罐里塞角票。"

有如燕子垒窝，有如蚂蚁搬家，有如愚公移山，"虽然这些都很微不足道，但他做得很认真"，就这样准备了大半辈子。

由此可见，父亲是一个不知疲倦的人，一个吃苦耐劳的人，一个生活节俭的人，一个极为执着的人，一个坚忍不拔的人，一个不知艰辛为何物的人！……这正是中国传统农民的形象写照。

● **出示：**

以下是课文删掉的部分文字，让学生阅读体会：

> 父亲光着很宽大的背脊，一个夏天就这样光着背脊。太阳把他的皮肤烧磨得如牛皮般厚实，油腻腻的，仿佛是涂了一层蜡。然而，却并不光滑，上面结满了芝麻般的痱子。痒起来时父亲就把光背靠在门框上擦，啵、啵、啵，父亲一下下擦得很有力很响。结果把那些痱子都擦破了，痱子便淌着黄水，也流着汗。黄水与汗流到他那块洗白了的围腰上，围腰很宽很长，手摸着，竟能触摸到一粒粒的汗斑。那汗斑仿佛是用油漆刷上去的，很硬实。父亲说是菜油汗，菜油吃多了的缘故。可我们家为了造屋，经常空锅子烧菜，哪有多少菜油好吃。

▶ **追问：** 除此之外，父亲还给你留下了怎样的印象？

预设：

父亲还是一个有着坚定信念的人。他在做着这一切的时候，始终有一份信念：我要造一座有高台阶的新屋，我能造出一座有高台阶的新屋！

学生重点读下列语段，品味其中的意蕴：

> 台阶旁栽着一棵桃树，桃树为台阶遮出一片绿荫。父亲坐在绿荫里，能看见别人家高高的台阶，那里栽着几棵柳树，柳树枝老是摇来摇去，却摇不散父亲那专注的目光。这时，一片片旱烟雾在父亲头上飘来飘去。

父亲"专注"的目光中，有羡慕，有向往，有攀比，甚至有几分嫉妒。"摇来摇去"的不仅是柳树枝，还是他的复杂内心；"飘来飘去"的也不仅仅是那一片片旱烟雾，更是他难以排解的心绪。

他的内心躁动不安，意念难平，每次看到人家高高的台阶，对他来说都是一次精神的折磨，但也是一种精神的提振。

他知道人生在世，要想赢得高地位，就应该时时督策自己守望生活理想，并为理想而付诸行动。

这样的情绪长久地包围着他，促使他不停地谋划怎样加快准备，争取早日造起高台阶的新屋，像人家一样气派，教人羡慕，也能改变一下"低眉顺眼"的状况。

> 提问3：父亲在建高台阶新屋时，又有怎样的行为表现呢？

学生重点阅读第16~22段，圈画相关描写，仔细品味写父亲动作、心理的语句。

● 预设：

——在造屋的过程中，他好像有使不完的劲：搬砖头、担泥、筹划材料，精力旺盛到一天只需睡三四个钟头。

——他成天乐呵呵的，跟每个人都很客气，不停地递烟、端茶。他的这一行为不是简单表达"对农民兄弟劳动的尊重"，他在用自己的热情宣示着一种情绪：你们看，我终于造新屋了，我马上就要有地位啦！

——他天不亮就起床忙碌，因为他唯恐台阶基础不牢。

——要放鞭炮向乡亲们"报喜"了，他却因为情绪太紧张"居然不敢放"。

——他极不自然，"两手没处放似的，抄着不是，贴在胯骨上也不是"，因为在他的人生字典中恐怕还从来没有出现过"喜悦"的字眼。

——在许多人的目光注视下，他是那样忐忑与可笑，他"尽力把胸挺得高些，无奈，他的背是驼惯了的，胸无法挺得高"，正因如此，"明明该高兴"的他"却露出些尴尬的笑"。

▶ **追问 1**：造高台阶房屋是值得骄傲和自豪的事情，可他为什么会不合时宜地"露出些尴尬的笑"呢？

预设：

因为他从来没有被人关注过，也从来没有被人尊重过，他已经完全适应了作为"失败者""低贱者"的角色与形象。

他完全没有任何的思想准备，尽管他期盼这一天已经很久很久了，甚至为此损耗了他大半辈子的人生。

这是他"老实厚道低眉顺眼累了一辈子，没人说过他有地位，父亲也从没觉得自己有地位"的最生动的写照。哪怕他已经造起了象征身份与地位的"高台阶"，也无法使他驼惯了的背和低惯了的胸能够挺直起来、抬高起来，这为表现他后来的人生悲剧埋下了伏笔。

别人关切的眼神，自己尴尬的微笑，手足无措的行为，无不显示着他内心的情绪状态。

▶ **追问 2**：我们怎样认识他的"背是驼惯了的，胸无法挺得高"呢？

预设：

表层意思：父亲的驼背与低胸是物质生活重负下的必然结果，是长期劳作、岁月磨难的外在表现。

深层意思：是他的人格尊严长期受到压抑的形象标志。

在带有调侃意味的语言背后，潜藏着的是浓浓的酸楚与深深的悲悯之情。

🔍 **提问 4**：高台阶的新屋终于建成了，父亲的人生理想实现了吗？

学生阅读第 23~32 段，重点品味写父亲动作、心理的语句。

● 预设：

表面上看，他建高台阶房屋的人生理想实现了，但事实并不完全如此，比如：

——曾经他能独自背回来的石板，却仅仅用手去托了一下，竟然就闪了腰。这是因为长年劳累，使他的精力受到了严重的损耗，体力受到了极大的透支。

——对新砌好的台阶，他除了每天浇水，还不时地去"按一按""敲了敲""踩了踩"。那"硬了硬了""实了实了""全冻牢了"的话语，倾注着无尽的担心，充满了"发现"的欣喜，弥漫着"成功"的快乐。

——新造的高台阶并没有带来他所期盼的生活，反而使他有了许多的"不对劲"：他坐不惯那高高的台阶，因为再也不能在上面随便地磕烟灰了；从不习惯俯视别人的他，在回答别人的招呼时，却显得慌张而答错了；长期以来卑微的生存状态使"他总觉得坐太高了和人打招呼有些不自在"，而竟然冒着被人家嗤笑的危险，坐到了台阶的最低一级，甚至门槛上；因台阶太高，他在挑水时竟然扭伤了腰；因为闲着没什么事可干，他"又觉得很烦躁"；他失去了在台阶上闲坐的兴趣，也不愿找别人闲聊，更很少跨出台阶，有时出去一趟，还露出"一副若有所失的模样"。

▶ **追问1**：父亲到底为什么会"若有所失"？

预设：

"父亲"已觉察到了别人并不因为他造了高台阶就喜爱或尊敬他，他甚至对自己失去了信心，没有了良好的自我感觉。

在现实面前，他的"'自我'或自我形象就像一个漏气的气球，需要不断充入他人的爱戴才能保持形状，而他人对他的忽略则会轻而易举地把它扎破"（阿兰·德波顿语）。这是他为之苦恼、烦躁的根源。

"父亲"好似明白也似没有明白这一点，在残酷的打击面前，他只得把一颗倔强的头颅埋在自己的膝盖里，除了留给我们他那"高低不齐，灰白而失去了生机"的头发剪影之外，他还发出了自己的人生之问："这人怎么了？"

▶ **追问 2**：如果你是这位"父亲"，此时你会想些什么呢？

通过想象，再造形象，丰富内容。

预设：
——我明明造起了高台阶，但为什么没有获得人家的尊重呢？
——我的地位为什么没有得到应有的改变呢？
——我的努力目标难道错了吗？
——为什么我的生活没有以前那么自在了呢？
——我今后的生活还有什么追求呢？

归纳：
这都是一些非常发人深省的大问题。这一切的疑问父亲自己无法找到答案，所以他显得无比失落和无奈。

三、归纳小结，形成认识

🔍 **提问**：由此可见，"父亲总觉得我们家的台阶低"这句话在文中有什么作用呢？

学生自主归纳，分享交流。

● **预设：**
——小说开头所说的"父亲总觉得我们家的台阶低"这句话，既是行文的线索，也是全文的眼睛。
——它统摄全篇，是故事的核心，又前后呼应，体现矛盾冲突。
——这一句话是人物行动的心理基础，也是人物命运的形象体现。
——这句话是作者着力表现的主题所在：从物质条件改善看，父亲终于从低台阶到了高台阶，但他所追求的精神生活，仍然处于"低台阶"状态，这一对比令人深思。

——不难看出，这句话可以串起全文内容，带动对小说情节的概括、对人物形象的分析、对作品主题的认识。

四、推荐阅读，拓展延伸

课后阅读：1.李森祥小说集《台阶》；2.高晓声《李顺大造屋》。

五、读写融合，表达交流

任务一：通过想象，对课文第 10~11 两段文字进行改写，使其内容更加具体、丰富、细致，力求生动形象地写出人物的动作、神态、语言、心理等。将改写的内容在课上分享交流。

任务二：在作者的小说集《台阶》中没有"怎么了呢，父亲老了"这句话，原文到"这人怎么了"就结束了，这句话是有人加上去的。你认为，这句话加得好不好呢？请结合全文，特别是父亲的形象特点，谈一谈你的看法，并将之写下来，与同学分享交流。

《卖油翁》:"手熟"及其他

> ◆ **关键问题**
>
> 陈尧咨箭术高超,卖油翁认为"无他,但手熟尔",并以自己酌油的娴熟技巧予以证明,这两者真的是一回事吗?
>
> ◆ **设计意图**
>
> 卖油翁对待陈尧咨射箭的态度,激起了两人的矛盾。抓住其矛盾冲突的焦点问题,就可以带动学生对课文大意的了解和对故事情节的把握,并在此过程中,引导学生感知人物形象,探究作者的写作意图。

教学过程

一、初读课文,疏通文句

检查预习,疏通文句,正确停顿,翻译语句,解决疑难。

(一)积累重点实词

1. 自矜;2. 睨;3. 颔;4. 轻;5. 遣。

(二)积累重点虚词

1. 安;2. 以;3. 但(但……尔)。

(三)翻译重点句子

1. 公亦以此自矜。

2. 有卖油翁释担而立，睨之久而不去。

3. 无他，但手熟尔。

4. 尔安敢轻吾射？

5. 康肃笑而遣之。

按：上列文言文知识，要在语言运用的情境中让学生理解并掌握，不能静止、抽象地学习。

二、复述故事，概括情节

（一）自由读课文，复述故事
要求能够贴近原文，并尽量用生动形象的语言复述。

（二）分角色朗读，体会人物的语气、态度

（三）概括故事情节

1. 请用"卖油翁与＿＿＿"的方式将题目扩充为一个短语或一句话

学生自主完成，合作交流。

● 预设：

——卖油翁与陈尧咨

——卖油翁与陈尧咨射箭

——卖油翁酌油与陈尧咨射箭

2. 请用短语概括故事情节

学生自主完成，合作交流。

● 预设：

陈尧咨射箭：矛盾的开端。

卖油翁评价：矛盾的形成。

卖油翁酌油：矛盾的发展。

陈尧咨认可：矛盾的解决。

● 归纳：

故事中的矛盾冲突是围绕如何看待陈尧咨的射箭技艺展开的。

三、细读文本，深入理解

一个射箭，一个卖油；一个是上层社会的翘楚，一个是底层社会的平民，他们之间是怎么产生矛盾的呢？这个矛盾又是如何得到化解的呢？

学生阅读思考，讨论交流。

（一）陈康肃公善射，当世无双，公亦以此自矜。

> 🔍 **提问**：这句话告诉了我们哪些信息？在故事中起了什么作用？

● 预设：

陈尧咨的射箭技术怎么样？——"善射"。

"善射"到什么程度？——"当世无双"。

他怎么看待自己的射术？——"以此自矜"，自我感觉很好，就难免炫耀与自夸。

这为后面的矛盾冲突埋下了伏笔。

（二）有卖油翁释担而立，睨之久而不去。见其发矢十中八九，但微颔之。

> 🔍 **提问**：卖油翁欣赏陈尧咨如此高超的射术吗？从哪些方面能看出来？

卖油翁并不欣赏陈尧咨如此高超的射术。

1. 从神情看："睨之"，就是不正眼瞧人家，显示自己的不屑一顾，可能还会发出冷笑。

● 比较阅读：

睨之久而不去。

盯之久而不去。

瞥之久而不去。

问：将"睨之"换为"盯之"或"瞥之"可以吗？

答：不可以。"盯"是全神贯注地看，且时间比较长，这与卖油翁轻视陈尧咨的箭术不吻合；"瞥"是短时间大略看看，与前面的"久而不去"有矛盾。

2. 从动作看：他特地"释担而立"，不做生意，专门来看陈尧咨如何表现，但可能早就对其"自矜"不满意了，所以是来"找茬"的。人家"发矢十中八九"，他"但微颔之"，虽然点点头表示赞许，但态度明显不够积极与热烈，只是应付而已。

▶ **追问**：设想一下，当时围观的人看到陈尧咨的射术会有哪些表现？

学生思考，揣摩，再造想象。

预设：

射之前：兴奋异常，屏气凝神，目不转睛。

射之中：视线随箭的方向转移，生怕失去对精彩一刻的见证，嘴巴大张，大气不敢出。

射之后：掌声雷动，欢呼雀跃，啧啧称赞，一个个竖起了大拇指。

● 归纳：

卖油翁的表现，使得他与陈尧咨必然会发生矛盾冲突。

（三）康肃问曰："汝亦知射乎？吾射不亦精乎？"翁曰："无他，但手熟尔。"康肃忿然曰："尔安敢轻吾射！"

🔍 **提问**：相对于卖油翁的冷静、淡定、不屑一顾，陈尧咨是怎么表现的呢？

● 预设：

卖油翁如此另类的态度，陈尧咨肯定注意到了，也许卖油翁就是用这样的方式引起陈尧咨注意的。

陈尧咨有点气愤不过："汝亦知射乎？吾射不亦精乎？"连续两个问句，有如连珠炮，说明他根本没有把一个卖油的老头子放在眼里，对卖油翁充满不满和不屑。

在得到卖油翁"无他，但手熟尔"的回答后，陈尧咨再也压制不住自己的怒火了，"忿然"大怒："尔安敢轻吾射！"

这使两人的矛盾冲突一下子爆发了出来，在场的所有人都为卖油翁捏着一把汗。

▶ **追问**：再设想一下，这时围观的人会有哪些表现？

学生思考，揣摩，再造想象。

预设：

——对卖油翁很生气，一致指责他的"傲慢"与"无礼"。

——怂恿陈尧咨对他做出进一步的举动，借以惩戒他的不屑与"狂妄"。

——带着看热闹的心理："这下有好戏看了！"

——陈尧咨愤怒的情绪爆发，其他人都不敢吭声，唯恐殃及自己。

（四）翁曰："以我酌油知之。"乃取一葫芦置于地，以钱覆其口，徐以杓酌油沥之，自钱孔入，而钱不湿。因曰："我亦无他，惟手熟尔。"

🔍 **提问**：面对陈尧咨的咄咄逼人、有失风度，卖油翁又是怎么表现的呢？

● 预设：

1.四两拨千斤：

卖油翁没有正面回答他对射术的了解情况，而是轻描淡写地回了一句："无他，但手熟尔。"这是一种结论性评价，并没有论证的过程。

当然，他的这一回答，只会激怒对方，激化矛盾。

2.用事实说话：

他先说"以我酌油知之"，继而现场演示，证明"手熟"，让陈尧咨无话可说，心生佩服。

这使矛盾冲突得到了缓解。

▶ **追问**：在这一过程中，作者对卖油翁的话语只用了三个"曰"提起，你能在它们的前面分别加上一个词语吗？

学生思考，再造想象，使理解丰富、深入。

预设：

——翁（淡然）曰："无他，但手熟尔。"

——翁（轻轻一笑）曰："以我酌油知之。"

——翁（欣然）曰："我亦无他，惟手熟尔。"

按：添加的词语要能够体现出卖油翁的不慌不忙、不卑不亢、富有智慧，但也不要强求统一，言之成理即可。

（五）康肃笑而遣之。

提问：在事实面前，陈尧咨的"笑"说明了什么？

学生思考交流。

● 预设：

这里的"笑"是认可的笑，说明他怒气顿消、心悦诚服，承认卖油翁的说法有道理，认识到自己的浅薄与浮躁，这表现出了他通达爽快的一面，显示了他的自觉、自省能力。

同时，也说明矛盾冲突顺利地得到了解决。

▶ **追问1**：此时的陈尧咨又将会有怎样的表现？

学生思考，再造想象。
> **预设**：

语言表现，动作表现，神态表现，心理表现……

▶ **追问2**：故事中的陈尧咨经历了怎样的变化过程？由此可见他是一个怎样的人？

鼓励学生积极主动思考，避免思维定型化。
> **预设**：

他经历了这样的变化过程：从开始时的志得意满、自我炫耀，到后来的傲慢无礼、目中无人、恼羞成怒，再到最后在事实面前，勇于承认自己的不足，并宽容了卖油翁的有意冒犯。他的品质难能可贵，值得赞赏。

四、深入探究，提升思维

🔍 **提问1**：卖油翁善酌与陈尧咨善射真的是一回事吗？

学生深入探究，激活思维。
● **预设**：

两者不可相提并论、同日而语。

卖油翁所为只是生活小技巧、小绝活，难登大雅之堂，也无法以此立身，更不可能因此而载入史册。陈尧咨射箭则不同，它是立身、卫国大艺术，是建功立业的坚实基础，是国家栋梁之必备本领；当然，它还是古代士大夫借此加强身心修养，以培养出立身立国、尽职尽责的道德的方式。

卖油翁酌油只需要"手熟"，熟能生巧，不需要经过艰苦的训练。陈尧咨射箭则不仅要"手熟"，更要有力量、有心智、有意志，需要经过长期艰苦的训练，需要顽强的意志和精神，需要心无旁骛、气定神闲的心态。

● 出示：

1. 古代"六艺"知识：

"六艺"指古代儒家所推崇的学识技术：礼、乐、射、御、书、数。具体内容包括五礼、六乐、五射、五御、六书、九数。

其中的"射"指射箭，它可以培养人的意志力。

2. 百步穿杨的故事：

《史记·周本纪》："楚有养由基者，善射者也，去柳叶百步而射之，百发而百中之。"

《战国策·西周策》："楚有养由基者，善射。去柳叶者百步而射之，百发百中。"

3. 《三国演义》中吕布辕门射戟的故事：

公元198年，刘备军队与袁术军正要激起一场战争，吕布得知后，请刘备与上将纪灵说："刘备乃吾之弟，不可打，袁术乃吾之同盟不可打，如果我能在百步之内射中我的方天画戟的话，你们就此罢战。"刘备与纪灵都同意了。结果，吕布真的射中了。就这样，吕布让一场战争结束了。

4. 李广射虎的故事：

《史记·李将军列传》："广出猎，见草中石，以为虎而射之，中石没镞，视之石也。因复更射之，终不能复入石矣。广所居郡闻有虎，尝自射之。及居右北平射虎，虎腾伤广，广亦竟射杀之。"

按：这些链接材料不必具体展开，让学生感受一下即可。

▶ 追问：作者应该也是懂得这个道理的，但他为什么要写这样的故事呢？

学生深入探究写作意图，了解其文化意蕴。

出示：

《宋史·陈尧咨传》中对陈尧咨的介绍：

尧咨字嘉谟，举进士第一，……然豪侈不循法度，……用刑惨急，数有仗死者。

尧咨性刚戾，数被挫，忽忽不自乐。……然须索烦扰，多暴怒，列军士持大梃侍前，吏民语不中意，立至困仆。

已而卒，赠太尉，谥曰康肃。尧咨于兄弟中最为少文，然以气节自任。工隶书。善射，尝以钱为的，一发贯其中。

预设：

——宋代有重文轻武的思想，而陈尧咨是朝廷高官，作者以此文来讽喻当时的现实。（"尧咨于兄弟中最为少文。"）

——卖油翁的性格与陈尧咨形成了鲜明的对比，文中陈尧咨的个性与史载中的是高度一致的。作者或许认为，文人（陈尧咨是状元）也好，武将也罢，都要注意自己的为人修养，不可自矜骄人，不可恃才傲物，不可盛气凌人，而要沉静、内敛、有风度，要含蓄、低调、不张扬。

> 🔍 **提问 2**：这个故事所讲的道理后来被人们提炼成一个成语，就是"熟能生巧"。除了这一点，你还能从中读到什么？

学生思考探究，分享交流。

● **预设：**

——"熟能生巧"的关键是"熟"，也就是"熟练""娴熟"。而要达到"熟"的程度，对自己所做的事必须要积极投入、充满热情，要持之以恒、坚持不懈。

——任何时候都不要轻视你身边的人，都不能因为自己有了一点本领，就沾沾自喜，就不可一世。保持低调，虚心学习，终究会有真正成功的那一天。

——要正确面对别人的评价，特别是要经受得起批评。"良药苦口利于病，忠言逆耳利于行。"批评的意见虽然会让人不舒服,但对我们正确认识自己有好处,能够让我们更加清醒,也更加睿智。

五、读写融合,表达交流

任务一:请运用课上学到的方法,用自己的语言扩写这篇短文,要增加一些细节性描写,尽量写得生动形象一些。写好后与同学分享交流,并相互给出评价。

任务二:请将文本改编为课本剧,在课上表演。

《叶圣陶先生二三事》：永远的"先生"

◆ **关键问题**

文章开头说叶圣陶先生的逝世，在作者的心里"立即罩上双层的悲哀"，他为什么这样说呢？

◆ **设计意图**

作者的情感比较克制内敛，但字里行间透露出了对叶圣陶先生的尊敬、怀念与哀悼。本设计旨在引导学生关注作者的情感基调，进而探求作者情感抒发的密钥，并在这样的前提下指导学生学习略读的方法，通过略读得观文章大略，粗知文章大意，把握文章的主体内容，突出阅读重点；品味语言，感知人物精神，了解表达特色。

教学过程

一、理解题意，问题激趣

提问：你从课文题目中读到了哪些信息？

学生阅读思考。

● 预设：

（一）写作对象：**叶圣陶先生**

▶ **追问1**：“先生”一词有什么意味？

> 预设：
> 表达对叶圣陶的尊敬和爱戴，奠定全文的情感基调。

（二）写作内容：**有关叶圣陶先生的一些事**

▶ **追问2**："二三事"就是"二三件事"吗？

> 预设：
> 不是。"二三"不是确数，而是概数，表示"一些"的意思，说明写到了叶圣陶先生的好多事，而且都是一些日常琐事。

▶ **追问3**：从课文内容看，这个题目其实告诉了我们一个选取材料上的特点，是什么？

> 预设：
> 所选取的都是叶圣陶先生工作、生活中的日常小事，借以表现出叶圣陶的伟大人格。此种写法叫"以小见大"（小中见大）。

二、略读课文，整体把握

> **提问**：围绕这样的题目，作者写到的"二三事"是哪些事呢？分别体现了叶圣陶先生的哪些品质呢？请略读课文，快速找出文中的相关语段，完成下列表格。

学生阅读思考，自主完成，分享交流。

● 预设：

段落	事情	行文标志	体现品格
第3段	描标点，修润文章	第3段："凡是同叶圣陶先生有些交往的，无不为他的待人厚而深受感动。" 第4段："文字之外，日常交往，他同样是一以贯之，宽厚待人。" 第6段："以上说待人厚，是叶圣陶先生为人的宽的一面。"	待人厚： 细致认真 谦虚好学 热情周到 关爱朋友 富有同情心
第4段	真诚送客，及时复信		
第5段	为"我"感到悲伤		
第6段	谈写文章	第6段："他还有严的一面，是律己，这包括正心修身和'己欲立而立人，己欲达而达人'。" 第7段："在文风方面，叶圣陶先生还特别重视'简洁'。" 第8段："在我认识的……叶圣陶先生应该说是第一位。"	律己严： 严于律己 追求完美 认真负责
第7段	重视"简洁"，删除废字		
第8段	规范"做"和"作"的用法		

▌按：表格中的四项内容要逐次、分步骤展开，必要时，要有一些辅助性问题，不能一股脑儿地抛出。涉及对人物的评价时，要重视学生的阅读体验，不能以教师的理解代替学生的思考。教师主要负责做引导和点拨工作，让学生的思维得到训练。

▶ 追问1：由此我们可以看出，这篇文章在写法上有哪些值得我们学习之处？

预设：

——撷取片段，凸显精神，以小见大。

——结构严密，前后呼应，承上启下，自然顺畅。

——段首概括，提纲挈领，主题鲜明。

▶ **追问2：**这与开头所说的"悲哀"有什么关系呢？

预设：

——这都是作者心情"悲哀"之下对叶圣陶先生往事的回忆，"悲哀"起到了引领全文的作用。

——这些事情虽然都是一些小事，却反映出一位伟人的崇高品格，而这样的人却越来越少了，这怎么能不让作者感到"悲哀"呢？

——曾经发生的事情还历历在目，但斯人已逝，也确实令人感到"悲哀"。

三、重点阅读，把握情感

> 🔍 **提问1：**文章开头说叶圣陶先生的逝世，在作者的心里"立即罩上双层的悲哀"，他为什么这样说呢？

学生重点阅读第1段，思考：作者表达了怎样的情感？你是从哪些语言中读出来的？

> 叶圣陶先生于1988年2月16日逝世。记得那是旧历丁卯年除夕，晚上得知这消息，外面正响着鞭炮，万想不到这繁碎而响亮的声音也把他送走了，心里立即罩上双层的悲哀。

● **预设：**

（一）内容理解

开头的这段文字由两句话组成。

第1句"叶圣陶先生于1988年2月16日逝世",叙述了叶圣陶先生逝世的"悲哀"事实以及他逝世的具体时间。

第2句,又有几个小的层次:

先叙述这一"悲哀"事实在时间上的特殊之处——"旧历丁卯年除夕";接着用"记得""得知"这样的词语予以强化,既点出这一时间的特别之处,又强调这一消息给自己带来的深刻印象和巨大震惊;再回忆当时的情景——"外面正响着鞭炮",这给自己带来了异乎强烈的感受;最后表达深深的感伤——"万想不到这繁碎而响亮的声音也把他送走了,心里立即罩上双层的悲哀。"

(二)揣摩体会

● 比较阅读1:

> 万想不到这繁碎而响亮的声音也把他送走了,心里立即罩上双层的悲哀。
>
> 这繁碎而响亮的声音也把他送走了,心里立即罩上双层的悲哀。

"万想不到"是怎么想也想不到,却竟然发生了的意思,写出了无比痛惜之情。

● 比较阅读2:

> 万想不到这繁碎而响亮的声音也把他送走了。
>
> 万想不到这鞭炮声音也把他送走了。

形容鞭炮声的"繁碎"与"响亮"二词,显然不能被视为赞美之词,它们是对自己独特心理的强力干扰,也自然不会让人心情好。

● 比较阅读3:

> 心里立即罩上双层的悲哀。
>
> 心里罩上双层的悲哀。

"立即"写出了"悲哀"之情的自然发生与突如其来,明确表现了自己在惊闻这一噩耗时的愕然、惊呆与沉浸在巨大悲痛之中的情景。

(三)重点探究

▶ **追问1**:你怎样理解"双层的悲哀"?

预设：

这段话主要是围绕"逝世""鞭炮""悲哀"这三个关键词来叙述的，其思维逻辑与行文走向是：听到叶圣陶先生逝世的消息——那一天正是除夕——当时外面响着鞭炮——油然而生双层的悲哀。

作者的"悲哀"之情，一层来自叶圣陶先生的"逝世"，一层来自除夕夜的"鞭炮"声。

按：第一层很好理解，理解有难度的是第二层。

▶ **追问2**："鞭炮"又为什么让他感到"悲哀"呢？

比较阅读1：

万想不到这繁碎而响亮的声音也把他送走了。

万想不到这繁碎而响亮的声音把他送走了。

"也"与"同样"是同义词，"也"所表达的意思是：鞭炮在"送走"其他的同时，送走了叶先生，两件事同时、同频、同步发生。

那鞭炮"送走"的是什么呢？

> 神州大地到处响着鞭炮声，所有的人送旧年，一部分人兼送神，也把他送走了。
>
> ——张中行《叶圣陶》
>
> 岁暮阴阳催短景。
>
> ——唐·杜甫《阁夜》
>
> 白发又新岁。
>
> ——宋·王十朋《元日》
>
> 老去光阴速可惊。
>
> ——宋·欧阳修《采桑子》

> 乡心新岁切，天畔独潸然。
>
> ——唐·刘长卿《新年作》
>
> 此生此夜不长好，明月明年何处看。
>
> ——宋·苏轼《阳关曲》

岁月无情流逝，生命不断老去，这正是人生的"悲哀"之处，此为又一层。

而在这样的情境下，鞭炮声竟然又"送走"了一位最不应该"送走"的人，作者怎能不生出极大的"悲哀"？

比较阅读2：

（鞭炮声）也把他送走了。

（鞭炮声）却把他送走了。

如果用"却"字句，表达的就是与前面所说相反的情况。人们"送旧年""送神"之后，会迎来新年，送走代表凶兆与灾祸的神灵之后，也会迎来幸福吉祥的神灵；可叶先生被"送走"了，永远不会回来了，这是极为"悲哀"的事情。这是一种"反衬"，可以理解为"乐景反衬哀情，倍增其哀"。

而用"也"字句则完全不同，它是"正衬"。在作者眼里，"繁碎而响亮"的鞭炮声是一种"哀景"，因为它是惊扰和纷乱的，已经给自己带来了烦忧的心事；而这样的鞭炮声又把叶先生"送走"了。两者叠加，正可谓"哀景正衬哀情，哀上加哀"。

强烈表达了对叶圣陶先生不幸逝世的沉痛之情、惋惜之情、难舍之情，这样的情感源自对他的无比崇敬。

🔍 提问2： 对叶圣陶先生的崇敬之情，除了借由"双层的悲哀"直接表达之外，在文中还有哪些体现？

学生重点阅读第9段，品味其中所传递的情感。

叶圣陶先生，人，往矣，我常常想到他的业绩。凡是拿笔的人，尤其或有意或无意而写得不像话的人，都要常常想想叶圣陶先生的写话的主张，以及提出这种主张的深重的苦心。

学生阅读思考，讨论交流。

▶ 追问1：该段中有两个"常常"，我们怎样理解？

预设：

（1）叶圣陶先生，人，往矣，我常常想到他的业绩。

叶圣陶先生的业绩举世公认，且会彪炳史册，他对我国近代教育、文化事业影响极大。作者对此感受很深，所以他会"常常想到"。这是对叶圣陶先生非凡业绩的高度肯定和赞扬。

（2）都要常常想想叶圣陶先生的写话的主张。

叶圣陶先生特别"重视语文"，在语言表达上"努力求完美"。他不但是这样说的，也是这样做的，"以身作则，鞠躬尽瘁"，所做出的努力无出其右；有时哪怕是一个标点、一个字、一个词语，他也"不做到完全妥帖决不放松"。

他的言行，他的"深重的苦心"，给所有"拿笔的人"尤其是语言表达有问题的人做出了杰出的榜样。"常常想想"也就是要"常常去反思""常常去努力"，这是对先生最好的纪念。

▶ 追问2："提出这种主张的深重的苦心"中"深重的苦心"是什么意思？文中是通过哪些内容表达这一意思的？

出示：

叶圣陶先生，人，往矣，我常常想到他的业绩。仍以《左传》的三不朽为标准，"立德"是"太上"的事，就理说应该受到尊重，没有问题。问题是行方面的如何效法。两个时代有距离，相通的可能究竟有多大呢？

不过无论如何，悲观总是不可取的，要知难而不畏难，办法是长记于心，学。语文方面也是这样，——不，是困难比较多，因为理的方面也不是人人都首肯。不人人首肯，乐观的空话就不大有什么用。但希望，即使不是很大的，总不当因不乐观而放弃。这希望就是，凡是拿笔的人，尤其或有意或无意而写得不像话的人，都要常常想想叶圣陶先生的写话的主张，以及提出这种主张的深重的苦心。

——张中行《叶圣陶先生二三事》（未删节）

另一类是关于行文应该求简的，他说："你写成文章，给人家看，人家给你删去一两个字，意思没变，就证明你不行。"这与用什么语言相比，像是小节，只是求干净利落，不拖泥带水。但是做到也大不易，因为时下的文风是乐于拖泥带水。比如你写"我们应该注意"，也许多数人会认为你错了，因为流行的说法是"我们应该引起注意"。同类的情况无限之多，从略。这情况表明，时下的文里有不少废话废字，而有不少人偏偏欣赏，因而就成为文病。对于文病，叶老是深恶痛绝的。这，有的人也许会说是小题大作。大也罢，小也罢，我觉得，这种恨铁不成钢的苦心总是值得偏爱"引起"的诸君深思的。

——张中行《叶圣陶》

学生阅读思考，分享交流。

预设：

叶圣陶先生不仅提出了"写话"主张，认为行文用语要简明如话、简明自然、简洁合理，而且严于律己，做出表率，更对"累赘又别扭""拖沓无理"的表述坚决反对，对不肯删改"废话废字"的行为"感慨系之"。

作者赞扬叶圣陶先生的"深重的苦心"，不仅仅是赞扬他在"写话的主张"上的大力倡导和身体力行，而且是高度认同他对"废话废字"较多、"拖泥带水"这一"文病"深恶痛绝和"恨铁不成钢"的情感态度。

作者对"拿笔的人"的谆谆告诫与对"写话主张"的深情呼唤，是对叶圣陶先生最好、最为"深重"的纪念。

比较阅读：

提出这种主张的深重的苦心。

提出这种主张的苦心。

唯其"深重",更见"苦心","深重"一词充分彰显了叶圣陶先生在"言教"方面严肃认真、严正告诫、严厉批评的可贵精神品格。

● **归纳：**

第9段紧接上文写叶圣陶先生对用语的努力追求,收束全文,高度赞扬了叶圣陶先生的伟大业绩,表达了对先生的无限崇敬之情。

▶ **追问3：** 文中还有不少表达自己情感的话,你能找出来并做简析吗?请完成下表。

预设：

段落	"我"的评价	"我"的情感	表达特点
第2段	我常常跟别人说:"叶老既是躬行君子,又能学而不厌,诲人不倦,所以确是人之师表。"	感同身受 高度赞扬 无比崇敬 由衷敬佩 受益良多	1.记叙、描写与抒情、议论相结合:叙中有议,叙中有情。 2.表意含蓄,内涵深刻。
第3段	凡是同叶圣陶先生有些交往的,无不为他的待人厚而深受感动。		
第4段	文字之外,日常交往,他同样是一以贯之,宽厚待人。		

续表

段落	"我"的评价	"我"的情感	表达特点
第5段	我看了信,也很悲伤,不是为自己的颠沛流离,是想到十年来的社会现象,像叶圣陶先生这样的人竟越来越少了。		
第6段	以上说待人厚,是叶圣陶先生为人的宽的一面。他还有严的一面,是律己,这包括正心修身和"己欲立而立人,己欲达而达人"。	(同上)	(同上)
第8段	在我认识的一些前辈和同辈里,重视语文,努力求完美,并且以身作则,鞠躬尽瘁,叶圣陶先生应该说是第一位。		

四、读写融合,方法迁移

任务一:教师准备一篇文章或片段,最好是学生所写的,让学生阅读思考,看其中有没有不够简洁的地方,如有,请修改。修改好后在小组内分享交流,并形成比较一致的意见。

任务二:学生对自己最近的习作进行修改,主要是删减一些累赘的文字,使文字更加简练明了。将自己修改好的文章与同学交流,在听取同学意见的基础上,再修改完善。

按:在学生自我修改时,可以让学生先读给自己听,再读给同学听;先把那些"不像话"的词语或句子找出来,再修改。

此环节参见课文"积累拓展四"以及《教师教学用书》相关内容,目的是让学生学以致用,培养良好的语用习惯,将学到的阅读方法迁移到课外阅读与习作训练中,进而深入理解与体会叶圣陶先生可贵的精神品格与"深重的苦心"。

《短文两篇〈陋室铭〉》：何陋之有

◆ **关键问题**

刘禹锡笔下的"陋室"到底是"陋"，还是"不陋"？

◆ **设计意图**

"陋室"是作者着力要歌颂的对象，但对"陋"与"不陋"的哲理思考，是学生所缺乏的。以此切入，可以引导学生完整把握文意，体会作者所表达的旨趣；同时，在辩证理解之中，把握"陋"在行文结构上的作用。

教学过程

一、疏通文意，整体感知

（一）疏通文意

1. 学生对照注释，自主阅读课文，尝试理解和翻译全文

2. 积累文言文知识

（1）重点积累下列实词

①陋；②名；③馨；④鸿儒；⑤白丁；⑥调；⑦丝竹；⑧案牍；⑨形。

（2）重点积累下列虚词

①则；②惟；③之。

（3）重点掌握一个特殊句式

何陋之有？

3. 翻译重点语句

（1）山不在高，有仙则名。水不在深，有龙则灵。

（2）谈笑有鸿儒，往来无白丁。

（3）孔子云：何陋之有？

按：此环节以学生自我阅读、梳理为主，可以借助适当的小练习，检验学生预习和自读的成果。字词学习要适当进行有机勾连，如"陋"可联系成语"孤陋寡闻"，"馨"可联系"德艺双馨"等，不能孤立、抽象地积累。

（二）整体感知

> **提问**：作者笔下的"陋室"，"陋"在何处？（或：作者围绕"陋室"写了它的哪些方面？）

请用"陋在_____"的句式表达，并用文中的语句佐证。

学生阅读思考，自主完成，分享交流。

● **预设**：

——"陋"在居室环境的简朴、幽静："苔痕上阶绿，草色入帘青。"

——"陋"在人际交往的简单、高雅："谈笑有鸿儒，往来无白丁。"

——"陋"在日常生活的清闲、雅致："可以调素琴，阅金经。"

——"陋"在生活方式的清静、无为："无丝竹之乱耳，无案牍之劳形。"

学生反复读这些语句，并尝试背诵与默写。

二、研习课文，深入理解

> **提问1**：对如此"简陋"的居室，作者是怎么认为的呢？

请以"作者认为，如此'陋室'并不'陋'，虽然_____，但是_____"

的句式回答。

学生阅读思考，合作交流。

● 预设：

——作者认为，如此"陋室"并不"陋"，虽然环境简朴，但是从"苔痕"与"草色"中，我们读出了清幽宁静、娴雅别致；从"绿""青"二字中，我们看到了勃勃生机、盎然春意，这是环境的适宜。

——作者认为，如此"陋室"并不"陋"，虽然人际交往简单，但是所交往的都是有学问的人，而非凡夫俗子，我们看出了居室主人身份的高贵、性情的高雅，说明了他清高孤傲的为人品性。

——作者认为，如此"陋室"并不"陋"，虽然日常生活清闲，但是我们看到了主人的自在悠闲、充满雅趣，可见其行事之不陋。

——作者认为，如此"陋室"并不"陋"，虽然生活方式清静，但是我们看到了主人生活的清雅与安适，足见其是一个超然物外、体静心闲的高人雅士。

● 出示下列诗句，让学生阅读感受：

暑服宜秋著，清琴入夜弹。

——刘禹锡《秋中暑退赠乐天》

案头开缥帙，肘后检青囊。

——刘禹锡《闲坐忆乐天以诗问酒熟未》

▶ **追问**：除了用这些话语直接表明作者对"陋室"的态度之外，文中对"陋室"还有没有相关的表述？

预设：

——"斯是陋室，惟吾德馨。"意思是虽然身处陋室，但因为主人有美好的品德，所以也就不觉得它有什么"陋"的地方了。这是强调以德自励，为全篇之主旨与警策。

——"南阳诸葛庐，西蜀子云亭。"意思是自己的"陋室"与这两者一样，正是因为主人"德馨",所以不显其陋。这是自慰,也是自勉。

——"孔子云:何陋之有?"意思是连孔子都认为,这样的居室是没有什么"陋"可言的,是以"不陋"。言下之意是,自身的志趣与圣人之道完全符合。

出示:

子欲居九夷。或曰:"陋,如之何?"子曰:"君子居之,何陋之有?"

——《论语·子罕》

室雅何须大,花香不在多。

——清·郑板桥

🔍 **提问2:**"陋室"不"陋"的根本原因是什么?从中你能发现这则铭文的写作意图吗?这是什么手法?

● **预设:**

陋室不陋,其根本原因在于主人"德馨",也就是说只要主人有高尚的志趣,有美好的品格,有崇高的追求,即使身处陋室,也不显其陋。作者写陋室之陋,是为了衬托室中主人之贤;而写室中主人之贤,正好说明陋室不陋。作者写室中之人心闲体静,衬托出他的勤于修德;而写他的勤于修德,则揭示了陋室不陋、声名远播的原委。

作者写这篇铭文的意图,是借对陋室的描写与赞美,说明自己的生活态度和志趣与古人之道是相符合的。

由此可见,本文运用了托物言志的手法。写室内外之景,写室中人和室中事,句句扣住"陋"字,而又不离"德"字。

▶ **追问:**由此,在物质生活非常丰富的今天,我们怎样看待作者所说的"惟吾德馨"?(参见课后"思考探究二")

引导学生思考并自由交流,探讨精神追求和物质满足之间的关系。教师不要过度展开，更不能代替学生思考。

按：这个环节，应该围绕对重点语句的品味展开，让学生理解作者的志向与抱负。同时，要引导学生思考中华传统美德在现今社会的意义和作用。

三、再读课文，探究问题

> **提问**：为了说明"陋室"不"陋"，作者运用了哪些手法来论述？

学生阅读思考，尝试探究，合作交流。

● 预设：

（一）手法一：运用类比手法

1. 山不在高，有仙则名。水不在深，有龙则灵。

▶ **追问 1**：作者真正要说的是"山""水"吗？它们与作者要说的"陋室"有什么关系呢？

预设：

不是说"山""水"如何如何，而是以"山""水"之出名和神异，类比人的居室之美也不求富丽堂皇，即使"陋"极无比，只要居室主人"德馨"，也能同样有名和神奇。

山不在高，水不在深——比兴陋室；有仙则名，有龙则灵——比兴陋室之德。

比较阅读：

山不高则不灵，渊不深则不清。

——《世说新语·排调》

山不在高，有仙则名。水不在深，有龙则灵。

2. 南阳诸葛庐，西蜀子云亭。

▶ **追问 2**：作者为什么要提这两个人？他们所居住的"庐""亭"与作者笔下的"陋室"又有什么关联呢？

预设：

作者认为，南阳诸葛庐、西蜀子云亭之所以"名""灵"，是因为其主人。前者是三国时代著名政治家、军事家诸葛亮居住的地方，后者是西汉时代著名文学家扬雄居住的地方，他们正是山中之"仙"、水中之"龙"，所以，他们曾经居住的茅庐、屋舍也就显得很不一般，甚至受人瞻仰，得人膜拜。

作者以此证明"陋室"不"陋"，是因为主人有"德"，而自己正是与诸葛亮、扬雄一样的人，是有"德"之人。

这一类比，是自慰、自勉，也是自信的表现。既表达了作者的生活认识、人生态度，也显示了他的充分自信、价值追求。这是作者的胸襟和理想的鲜明体现。

（二）手法二：引用经典名言

> 孔子云："何陋之有？"

孔子原话是："君子居之，何陋之有？"作者只引下句，既呼应上文"惟吾德馨"，又隐含君子居住其内之意；既鲜明地表达了自己高洁傲岸的节操和质朴高雅的情趣，又机趣横生，有不露自"炫"之妙。

上下古今，浑然一体，包含着无限的情兴和深长的韵味。（参见《古文鉴赏辞典》）

四、拓展阅读，比较异同

阅读佘树森的《旧居赋》，比较在思想主题的表达上和写法上，其与《陋室铭》有什么异同。

● **预设：**

1. 与《陋室铭》的相同点：

（1）内容上：表达了对旧居的喜爱、赞美之情；看上去是抒发对旧居的感情,其实是表明一种生活态度。

（2）写法上：通过对景物的描写，传达自己的情感；运用欲扬先抑的手法，表达对旧居的感情；运用对比的方法，突出旧居的特点。

2. 与《陋室铭》的不同点：

（1）文体不同：《陋室铭》的文体是"铭"，篇幅简短，重在以说理来"明理""言志"；《旧居赋》的文体是"赋"，重在铺陈、描写。

（2）《旧居赋》具体描写了旧居生活的情景，而《陋室铭》的描写则比较概括。

（3）《旧居赋》多了具有"自我"色彩的生活，而《陋室铭》则主要传达某种生活理念，更多地具有共性特点。

（4）《陋室铭》还运用了对偶、类比、引用的写法，而《旧居赋》更多的是描写。

按：比较的点还有一些，不必完全展开，有所侧重即可。

五、读写融合，能力迁移

任务一：阅读明代作家归有光《项脊轩志》的第1段，与课文做比较，写一篇300字左右的阅读笔记，在阅读分享会上交流。

项脊轩，旧南阁子也。室仅方丈，可容一人居。百年老屋，尘泥渗漉，雨泽下注；每移案，顾视，无可置者。又北向，不能得日，日过午已昏。余稍为修葺，使不上漏。前辟四窗，垣墙周庭，以当南日，日影反照，室始洞然。又杂植兰桂竹木于庭，旧时栏楯，亦遂增胜。借书满架，偃仰啸歌，冥然兀坐，万籁有声；而庭阶寂寂，小鸟时来啄食，人至不去。三五之夜，明月半墙，桂影斑驳，风移影动，珊珊可爱。

任务二：请模仿《陋室铭》托物言志的写法，写一篇关于教室，或者你的书房的文章。写好后在小组内分享交流，并修改完善。可以运用的手法有：类比、比较和引用。可以运用的表达方式有：描写、议论和抒情。

《短文两篇〈爱莲说〉》："出淤泥而不染"的人生境界

◆ **关键问题**

按照作者的说法，莲既然是"花之君子"，理应"可爱者甚蕃"，但为什么成了他的"独爱"？

◆ **设计意图**

"予独爱莲"既是文章结构上的锁钥，又是作者情感表达的焦点，抓住这一关键语句，可以带动对全篇的理解。学生通过对"独爱"进行深究，可以揣摩作者的情感，认识其人生境界；而从"独爱莲"出发，还能够把握托物言志的艺术表现手法。

教学过程

一、温故知新，疏通文意

（一）温故知新

上小学时，我们读过好几首写"莲"的古代诗歌，大家还有印象吗？请一起温故一下。

江南可采莲，莲叶何田田。鱼戏莲叶间，鱼戏莲叶东，鱼戏莲叶西，鱼戏莲叶南,鱼戏莲叶北。

——汉乐府《江南》

荷叶罗裙一色裁,芙蓉向脸两边开。乱入池中看不见,闻歌始觉有人来。

——唐·王昌龄《采莲曲》

泉眼无声惜细流,树阴照水爱晴柔。小荷才露尖尖角,早有蜻蜓立上头。

——宋·杨万里《小池》

毕竟西湖六月中,风光不与四时同。接天莲叶无穷碧,映日荷花别样红。

——宋·杨万里《晓出净慈寺送林子方》

北宋时有一位哲学家,他写了一篇与"莲"有关的文章,传诵至今,这就是我们今天要学习的周敦颐的《爱莲说》。

(二)疏通文意

学生对照注释,自由朗读课文,尝试翻译,并提出疑难问题。

1. 重点积累下列实词

(1)可爱;(2)蕃;(3)染;(4)濯;(5)妖;(6)中;(7)外;(8)蔓;(9)枝;(10)益;(11)亵;(12)鲜;(13)宜。

2. 重点积累下列虚词

(1)则;(2)惟;(3)之。

3. 重点掌握下列语句(翻译)

(1)予独爱莲之出淤泥而不染。

(2)莲,花之君子者也。

(3)莲之爱,同予者何人?

按:以学生自我阅读、梳理为主,可以借助适当的小练习,检验学生预习和自读的成果。

在检查或讲解字词时,可以采取温故知新的方式,如"益"(成语"精益求精")"鲜"(成语"鲜为人知");也可以采用与现代汉语对照理解的方式,如"可爱""中外"等的古今异义等,让学生在语言运用的情境中学习并积累。

二、初读课文,整体感知

> 🔍 **提问**:"爱莲说"这三个字中,中心字(词)是哪一个?请说说你的阅读发现,并结合文意做适当分析。

学生阅读思考,合作交流。

● 预设:

——中心字是"爱":

全文所表达的都是自己的一种人生态度,传递的是对"莲"的喜爱之情,抓住了"爱",就抓住了作者的情感。

——中心字是"莲":

这是写作对象,也是写作重点。作者的目的就是要刻画出"莲"的形象及其特征,关注了"莲",就关注了文章的重点。

——中心词是"爱莲":

既表明了作者的情感态度,也交代了是对"莲"这一事物有这样的态度,可以帮助我们更加完整地理解文意。

——中心字是"说":

古代的"说"是一种议论性文体,说明这是一篇以议论为主的文章。"说"的话题是"爱莲",也就是要"说一说或谈一谈(议一议)'爱莲'的道理(理由、原因)",顺带也"说一说对别人'爱'其他花的看法"。明白了这一点,我们也就懂得了文意。

> **按**:要提醒学生结合自己的阅读感受来谈。学生的"答案"可能是多种多样的,不必强求统一,只要言之成理,能够达到了解文意的目的就行。

三、研读课文,重点突破

> 🔍 **提问**:那么,作者究竟"爱"莲的什么呢?

学生自由读课文，圈画出集中写"莲"的语句：

予独爱莲之出淤泥而不染，濯清涟而不妖，中通外直，不蔓不枝，香远益清，亭亭净植，可远观而不可亵玩焉。

▶ **追问1**：这段话可以分为几个层次？

预设：

这段话可以分为三个层次：

第一层："出淤泥而不染，濯清涟而不妖"。

第二层："中通外直，不蔓不枝"。

第三层："香远益清，亭亭净植，可远观而不可亵玩焉"。

▶ **追问2**：这三个层次，是分别从哪个角度刻画"莲"的形象的？

请以"语句＋角度"的方式回答。

预设：

1."出淤泥而不染，濯清涟而不妖"（语句）：从生长环境的角度刻画了莲花的形象（角度）。

2."中通外直，不蔓不枝"（语句）：从外形特征的角度刻画了莲花的形象（角度）。

3."香远益清，亭亭净植，可远观而不可亵玩焉"（语句）：从姿态和气质的角度刻画了莲花的形象（角度）。

▶ **追问3**：作者在后面一段文字里说"莲，花之君子者也"，这透露了作者"爱莲"的真正原因。那么具体来说，莲的"君子"特征有哪些呢？

请以这样的句式回答：从_____（原句）中，我读到了"莲"的_____特征。

预设：

——从"出淤泥而不染"中，我读到了"莲"的高洁、不同流合污、不随俗浮沉的特征。

——从"濯清涟而不妖"中，我读到了"莲"的庄重、质朴、不哗众取宠、不炫耀自己的特征。

——从"中通外直，不蔓不枝"中，我读到了"莲"的方正不苟、豁达大度的特征。

——从"香远益清，亭亭净植，可远观而不可亵玩焉"中，我读到了"莲"的芬芳宜人、正直清高的特征。

按：这个环节的难点在于，学生不易读出"莲"的品质特点。教师要适当引导与点拨，要让学生结合关键、重点词句去理解，切忌直接灌输，所概括、提炼出来的"品格"，一定要是学生能理解的，也是他们能感知的。

四、再读课文，探究问题

提问："爱"这个词语在文中反复出现了很多次，其所表达的意思都是一样的吗？

学生再读课文，圈画出与"爱"有关的词句，完成下表。

● 预设：

与"爱"有关的词句	解释
可爱者甚蕃	值得喜爱
陶渊明独爱菊	唯独喜爱
世人甚爱牡丹	非常喜爱
予独爱莲之出淤泥而不染	唯独喜爱

续表

与"爱"有关的词句	解释
菊之爱，莲之爱，牡丹之爱	喜爱

▶ **追问1**：在这些"爱"中，哪种"爱"最为特别？显示了作者怎样的追求？

预设：

"独爱"最为特别。显得与众不同、很不一般，这是作者特立独行的行为和人格追求的外在表现："不戚戚于贫贱，不汲汲于富贵"，充分享有人格独立和精神自由。

这是作者的人生态度：爱君子之德，做君子一样的人。

▶ **追问2**：作者既然"独爱莲"，那为什么还要写其他人的种种"爱"呢？这运用了什么手法？

预设：

作者不仅写了自己的"独爱"，还写到了世人、大众之"爱"，写到了陶渊明之"爱"，这是为了衬托自己所"独爱"的非凡。

用世人"甚爱"牡丹，从反面衬托出自己"独爱莲"，并形成强烈对比，显示出人格的独立；用陶渊明"独爱菊"，从正面衬托出自己"独爱莲"，显示出自己与先贤雅致芬芳、傲然物外的人格一致，充分显示精神的自信。

▶ **追问3**：从哪些词语和句子中，我们读出了作者的情感？

预设：

——作者将"隐逸者""富贵者""君子者"三者进行对比，揭示了莲、菊、牡丹各自不同的形态与气质，并以菊为陪衬，以牡丹为反衬，使莲花挺拔超群的高洁形象矗立于读者心中。从中可以看出作者对莲的独爱。

——从"噫"这一感叹词中，可以看出作者对世人"甚爱"牡丹的不满，对陶渊明之后很少有人"爱菊"的慨叹，对自己"独爱莲"却少有知音感到的悲哀。

——从"同予者何人"的问句中，可以看出作者的寂寞之情。

——从"宜乎众矣"的感叹中，可以看出作者的鄙夷与不屑。

从作者对莲花的爱慕与礼赞中，可以看出他对美好理想的憧憬，对高尚情操的崇奉，对庸劣世态的憎恶，其懿德高行与美学情趣，在当时具有现实意义，在今天也不失其思想价值。

出示：

1. 关于"自李唐来，世人甚爱牡丹"：

> 京城贵游，尚牡丹，三十余年矣。每春暮，车马若狂，以不耽乐为耻。执金吾铺官围外寺观，种以求利，一本有值数万者。
>
> ——唐·李肇《国史补》

> 庭前芍药妖无格，池上芙蕖净少情。唯有牡丹真国色，花开时节动京城。
>
> ——唐·刘禹锡《赏牡丹》

> 帝城春欲暮，喧喧车马度。共道牡丹时，相随买花去。贵贱无常价，酬直看花数。灼灼百朵红，戋戋五束素。上张幄幕庇，旁织巴篱护。水洒复泥封，移来色如故。家家习为俗，人人迷不悟。有一田舍翁，偶来买花处。低头独长叹，此叹无人喻。一丛深色花，十户中人赋。
>
> ——唐·白居易《买花》

2. 关于莲的资料：

> 故十方诸佛，同出于淤泥之浊；三身正觉，俱坐于莲台之上。
>
> ——唐·释道世《三宝敬佛》

> 佛爱我亦爱，清香蝶不偷。一般清意味，不上美人头。
>
> ——宋·周敦颐《题莲》

▶ **追问 4**：作者既然要表达的是一种人生境界和精神追求，那为什么要通过表明自己"独爱莲"来表达呢？

预设：

这是一种写作手法，叫"托物言志"，也就是说通过某一事物，表达自己的某种感受或思想。

作者精心选择了"莲"这一事物，通过对"莲"的形象特征（外在和内在特征）进行刻画，类比或折射出自己的精神、灵魂。

这是一个由实到虚的过程，也是一个从具体到抽象的过程。（参见《教师教学用书》）

需要提醒学生注意的是，所"托"之物与所表达的"志"要能够达到完全一致：某一"物"能够反映出这样的"志"，这样的"志"就来自某一"物"；"物"只是某种外壳和表象，"志"才是内核和本质。只有"物"的外在形象特征与内在精神特征统一了起来，才算是"托物言志"。

五、对比阅读，拓展延伸

阅读下文，与课文进行比较，看看在莲的形象刻画和情感抒发方面有什么不同。你更喜欢哪一篇？

芙蕖[①]

清·李渔

以芙蕖之可人，其事不一而足，请备述之。

群葩当令时，只在花开之数日，前此后此皆属过而不问之秋矣。芙蕖则不然：自荷钱出水之日，便为点缀绿波；及其茎叶既生，则又日高日上，日上日妍。有风既作飘飘之态，无风亦呈袅娜之姿，是我于花之未开，先享无穷逸致矣。迨至菡萏成花，娇姿欲滴，后先相继，自夏徂秋，此则在花为分内之事，在人为应得之资者也。及花之既谢，亦可告无罪于主人矣；乃复蒂下生蓬，蓬中结实，亭亭独立，犹似未开之花，与翠叶并擎，不至白露为霜而能事不已。此皆言其可目者也。

可鼻，则有荷叶之清香，荷花之异馥；避暑而暑为之退，纳凉而凉逐之生。

至其可人之口者，则莲实与藕皆并列盘餐而互芬齿颊者也。

只有霜中败叶，零落难堪，似成弃物矣；乃摘而藏之，又备经年裹物之用。

是芙蕖也者，无一时一刻不适耳目之观，无一物一丝不备家常之用者也。有五谷之实而不有其名，兼百花之长而各去其短，种植之利有大于此者乎？

予四命②之中，此命为最。无如酷好一生。

（选自清·李渔《闲情偶寄》，有删节）

注释：

①芙蕖，即莲。

②四命：作者说："予有四命，各司一时：春以水仙、兰花为命，夏以莲为命，秋以秋海棠为命，冬以腊梅为命。无此四花，是无命也。"

预设：

该文分别从"可目""可鼻""可口""可用"等几个方面，说明了莲的观赏价值和实用价值，表达了对莲的欣赏、喜爱和赞美之情。

与《爱莲说》不同的是，李渔只写了莲的美好与实用，没有关注到莲"出淤泥而不染"的精神品质，更没有借此表达出洁身自好、不慕富贵、不与世俗同流合污的思想情感。

两篇文章虽取材相同，但思想性和艺术性的高下之别还是非常明显的。

六、读写融合，学以致用

生活中，有许多花花草草、虫鱼鸟兽，常常能够给我们一些人生启示。请你选择某一事物，试着模仿《爱莲说》托物言志的写法，写一篇文章。写好后在班级交流，并根据同学的评价意见，修改完善。

《伟大的悲剧》：向悲剧英雄致敬

◆ **关键问题**

作者说斯科特等人的南极探险是一个"伟大的悲剧"，他为什么这么说呢？从"伟大"与"悲剧"的表述中，你有哪些认识和体会？

◆ **设计意图**

"伟大"与"悲剧"看似有点冲突，其实正揭示了这一"悲剧"的意义。"悲剧将人生的有价值的东西毁灭给人看"，这正是学生需要理解的，也是他们较难理解的。本设计旨在引导学生体会与揣摩题目的含义，借以贯通对全文的理解，明白其在内容和结构上的作用；抓住关键词语，并结合具体描写体会，形象感知文中所传递的精神力量，以此揣摩作者的情感。

教学过程

一、快速浏览，概括文意

（一）提问导入

"课文中有一幅插图，从中你读到了哪些信息？它所对应的是文中的哪些内容？"

学生看插图，说发现，重点朗读。

● **预设：**

图中有三个人在雪地上行走，所对应的文字是：

  现在只有三个疲惫、羸弱的人吃力地拖着自己的脚步，穿过那茫茫无际、像铁一般坚硬的冰雪荒原。他们疲倦已极，已不再抱任何希望，只是靠着迷迷糊糊的直觉支撑着身体，迈着蹒跚的步履。

那么，他们原来有几个人？他们又经历了什么事呢？带着这样的疑问，我们一起走进奥地利作家茨威格的《伟大的悲剧》一探究竟。

（二）概括文意

学生快速浏览课文，梳理主要信息，完成下表。

● **预设：**

时间	人物	事件
1912年1月16日	斯科特一行五人	1.到达南极；2.梦想破灭。
1月18日	斯科特一行五人	1.到达南极极点；2.履行职责，为别人的业绩做证。
回程的几个星期	斯科特一行五人	1.精力不足；2.困难重重，艰难行走；3.脚早已冻烂，食物越来越少，身体非常虚弱。
	威尔逊博士	负责科学研究，在离死只有寸步之遥时，还在进行科学考察；拖着16公斤的珍贵岩石样品。
2月17日夜里1点钟	埃文斯	因摔了一跤或是巨大的痛苦而疯了，不幸死去。
3月2日后的一天早晨	斯科特等四人	继续走路，拖着疲惫的身子。
	奥茨	向死神走去。
3月2日到3月29日	斯科特等三人	1.疲惫、羸弱，吃力地拖着脚步向前走，任何希望都破灭了；2.爬进睡袋，等待死神；3.悲壮、悲惨地死去。
	斯科特	1.日记一直记到生命的最后一息；2.死时搂着威尔逊。

填写完上表内容后,可以让学生口头叙述课文大意,说清主要人物和事件。

归纳写作特点:线索清晰,引人入胜。

二、研读课文,把握主题

🔍 提问 1:第 11 段最后一句话说:"他们爬进各自的睡袋,却始终没有向世界哀叹过一声自己最后遭遇到的种种苦难。"从全文看,他们遭遇到了哪些"苦难"(痛苦和灾难)?这些"苦难"的实质是什么?

学生继续浏览课文,寻找与"苦难"有关的语言信息,以这样的句式回答:斯科特等五位探险家,遭遇到的苦难是_____。

● 预设:

——斯科特等五位探险家,遭遇到的苦难是历尽艰险到达极点,等待他们的却是别人的足迹。

——斯科特等五位探险家,遭遇到的苦难是他们不但没有享有那份荣光,而且要为他人的业绩做证。

——斯科特等五位探险家,遭遇到的苦难是在返回途中,他们遇到了空前变化无常的寒冷天气。

——斯科特等五位探险家,遭遇到的苦难是他们再也没有了初来时的充沛精力和超人的力量,勇气被大自然的巨大威力所销蚀。

——斯科特等五位探险家,遭遇到的苦难是他们严重缺少食物、燃料,身体都严重冻坏了。

——斯科特等五位探险家,遭遇到的苦难是有的人因为绝望而精神失常,有的人因为不想拖累同伴而走向死亡。

——斯科特等五位探险家,遭遇到的苦难是英雄的生命全部被严酷的冰雪所吞噬,人们发现的只是英雄冻僵的遗体。

——斯科特等五位探险家,遭遇到的苦难是他们很希望能够回到自己的家,见到自己的亲人，但他们永远回不了家了。

——斯科特等五位探险家，遭遇到的苦难是基地的伙伴们虽然努力去接应和营救他们，却被恶劣天气挡回。

🔘 按：对这些"苦难"，文中用了许多词语进行修饰，可以让学生找出一部分，朗读品味。

可怕，战栗，严酷，徒劳，可笑，伤心，冷酷无情，吞噬，疲惫不堪，阴森森，非常虚弱，惊慌，恐惧，绝望，厄运，不可战胜，悲惨……

● 归纳：

种种"苦难"正是种种"悲剧"的代名词。

每一个"苦难"和"悲剧"，都是对他们的严峻考验，都是对他们的精神意志、身体状态的巨大折磨，都会给他们带来最致命的打击和对未来的绝望。

这样的"苦难"和"悲剧"，既是他们个人的，也是他们的家庭的、朋友的，更是他们所在的民族和国家的，还是全人类历史上前所未有的科学事业的。

> 悲剧将人生的有价值的东西毁灭给人看。
> ——鲁迅《再论雷峰塔的倒掉》

🔘 按：这一环节，不宜限制学生的阅读发现、思考归纳，只要言之成理即可。但要能够把课文中的主要信息筛选出来，以加深对文意的理解。

🔍 **提问2**：课文最后一句说："所有这些在一切时代都是最伟大的悲剧。""最伟大"在文中是怎样体现的呢？

学生继续浏览课文，从中寻找与"伟大"有关的语言信息，以这样的句式回答：从_____中，我读到了"伟大"。

● 预设：

——从他们热情高涨、坚持不懈地完成探险南极这一人类不朽事业的壮举中，我读到了"伟大"。

——从斯科特忠实履行"最冷酷无情的职责"中，我读到了"伟大"。

——从他们身上所体现出来的英雄气概中，我读到了"伟大"。

——从负责科学研究的威尔逊博士在离死只有寸步之遥时，仍进行科学考察，还要拖着16公斤的珍贵岩石样品这一行为中，我读到了"伟大"。

——从他们虽然遭受冷酷无情的寒冷、冰冻、飞雪、风暴，没有食物，没有燃料，但仍然没有放弃继续前进中，我读到了"伟大"。

——从他们虽然因饥饿、羸弱而疲惫不堪，却仍然拖着身子穿过荒原，虽不抱任何希望，却仍然向前走中，我读到了"伟大"。

——从虽然埃文斯疯了，劳伦斯·奥茨走不动了，但其他人坚决拒绝抛弃他们这件事中，我读到了"伟大"。

——从劳伦斯·奥茨坚决不给同伴带来负担，英雄似的向死神走去中，我读到了"伟大"。

——从他们的任何希望都破灭了，决定不再迈步向厄运走去，骄傲地在帐篷里等待死神的来临，始终没有向世界哀叹过一声自己最后遭遇到的种种苦难中，我读到了"伟大"。

——从斯科特在死神悄悄走近时，他却悲壮地意识到自己对祖国、对全人类的亲密情谊，用冻僵的手指给他所爱的一切写了书信中，我读到了"伟大"。

——从斯科特日记一直记到生命最后一息，记到手指完全冻住，笔从僵硬的手中滑下来为止，以证明自己和英国民族的勇气中，我读到了"伟大"。

——从斯科特用冻伤的手指哆哆嗦嗦写下最后一篇日记、写下愿望，悲伤、坚决地把"妻子"改为"遗孀"中，我读到了"伟大"。

——从死去的斯科特像亲兄弟似的搂着威尔逊的姿势中，我读到了"伟大"。

——从英国国王在国家主教堂里，跪下来悼念这几位英雄中，我读到了"伟大"。

——从作者对他们虽然在同不可战胜的厄运的搏斗中毁灭了自己，但心灵却因此变得无比高尚的赞扬中，我读到了"伟大"。

归纳写作特点：细节描写，生动传神。

按：这一环节，重在让学生阅读、品味文中的细节描写，感受人物的伟大精神。教师不宜直接讲解，要通过对细节的反复朗读，让学生自我感悟。

三、细读课文，体会情感

> **提问**：文中出现得较多的一个词是"可怕"，那么"可怕"是怎样体现出来的？包含了作者怎样的情感？

学生细读课文，圈画出刻画人物心理情绪状态的词语和直接抒情、议论的语句，体会其所表达的情感，完成下表。

● 预设：

"可怕"既是人物的一种心理状态和情绪，也是人物对残酷的客观现实的一种感觉，还是作者对人物所处的困境以及在困境中所表现出来的行为举止、精神意志的一种评判。最后一种"可怕"，给人带来的是"伟大"的震撼。

描写人物情绪状态的词语	抒情、议论的语句	作者的情感
不安，可怕，战栗，严酷，闷闷不乐，伤心，快快不乐	第1段：就像鲁滨逊……脚印一样。 第2段："千万年来人迹未至……可以说是癫狂。"	万分惋惜，高度赞美
忧心忡忡，害怕，可怕，畏缩不前，寂寞	第5段："当初，他们一想到……更害怕回家。" 第6段："在阴森森的一片寂寞之中，始终只有这么几个人在行走，他们的英雄气概不能不令人敬佩。"	惋惜，体谅，担忧 赞扬，敬佩
精神失常，不停抱怨，语无伦次	第7段："人的勇气终于渐渐地被大自然的巨大威力所销蚀。""使用这一切足以毁灭人的法术来对付这五个鲁莽大胆的勇敢者。"	悲伤，担心，忧虑

续表

描写人物情绪状态的词语	抒情、议论的语句	作者的情感
可怕的绝望,惊慌到极点,恐惧,绝不拖累朋友们,怀着敬畏的心情	第16段:"一个人虽然在同不可战胜的厄运的搏斗中毁灭了自己,但他的心灵却因此变得无比高尚,所有这些在一切时代都是最伟大的悲剧。"	由衷赞叹,高度赞美
不抱任何希望,骄傲,没有过一声哀叹		
悲壮,毅力,悲伤,坚决		

● 归纳:

"课文颂扬的是一种人类勇于探索的精神、为事业而献身的崇高精神和强烈的集体主义精神。作者所描绘的五位探险者,是英国的英雄,也是全人类的英雄,让所有人仰慕。"作者"倾注了他的全部感情来写这一场悲剧","对英雄的赞叹溢于言表"。(参见《教师教学用书》)

归纳写作特点:综合运用多种表达方式,叙议结合,情感充沛。

四、探究问题,拓展延伸

提问1:我们怎样认识斯科特一行的探险意义?请结合你的所见所闻,谈一谈自己的看法。

学生思考,探究。

● 预设:

1. 认识自然,开拓人类的生存空间。

2. 挑战人类自我,尝试生命体验,追求生命意义,实现生命价值。

3. 探险中所体现出来的精神、意志、品质,如战胜一切困难险阻的无比勇气,"科学有险阻,苦战能过关"的自信与豪迈,相互勉励、全力支持的友爱情谊,严谨、细致、规范的工作作风等,都给人以精神的鼓舞。(参见《教师教学用书》)

> **提问 2**：认真阅读下面的文字，结合课文相关内容，请说一说：斯科特是一个怎样的人？

从照片上看，他（斯科特）的脸同成千上万的英国人一样，冷峻、刚毅。脸部没有表情，仿佛肌肉被内在的力量凝住了似的。青灰色的眼睛，闭得紧紧的嘴巴。面容上没有任何浪漫主义的线条和一丝轻松愉快的色彩，只看到他的意志和考虑世界实际的思想。

他出征到过印度，征服过许多星罗棋布的岛屿，他随同殖民者到过非洲，参加过无数次世界性的战役。但不论到哪里，他都是一副同样冷冰冰的、矜持的面孔，带着同样刚强的毅力和集体意识。

——《教师教学用书》

世界上绝对不会再有比我们遭到的最后这个打击更不幸的遭遇了。我们来到离我们所熟悉的"一吨营"只有11英里路的地方时，剩下的只有煮最后一顿饭的燃料和两天的粮食。

四天来我们无法离开帐篷——狂风在我们四周乱吼。我们身体虚弱，写字很困难。但就我个人来说，我对这次探险毫无悔意，因为它显示出英国人吃苦耐劳，互相帮助，并一如既往那样，能以坚忍不拔的伟大毅力去面对死亡的精神。我们明明知道有风险，但还是顶着风险干。是情况发生了逆转，因此我们没有理由怨天尤人，只有顺从天命；但还是决心尽力而为，至死方休。然而，既然我们是为了祖国的光荣而自愿献身于这项事业，我在这里向我们的同胞们呼吁，请大家对我们的遗孤加以适当照拂。

如果我们能够活下来，我本来想把我的伙伴们坚忍不拔、勇往直前的事迹讲给大家听。它一定会深深打动每一个英国人的心。如今不得不让这些潦草的札记和我们的遗体来讲这些事迹了。

——课文后"积累拓展四"

● 预设：

从这段文字中可以看出：

斯科特是一个冷峻、刚毅的人，一个非常坚定的人，一个心怀世界的人，一个战功显赫的人，一个有集体意识、集体主义精神的人。

从课文中还可以看出：

斯科特是一个具有绅士风度的人，一个为事业勇于献身的人，一个具有非凡英勇气概的人，一个对朋友、同伴、家人、祖国和人民充满热爱的人。

五、读写融合，表达交流

请从下列三个写作任务中，任选其中一个完成。内容一定要紧扣课文，与实际情形相符合。

1. 请为五位探险家，或者选择其中一位如斯科特，写一份颁奖词，并在班级读书交流活动中展示出来。

2. 请设想一下：如果挪威的哈康国王接到阿蒙森委托人送回的信，他会怎么想，又会说些什么呢？请将你的设想与小组内同学分享交流，并说明你这样说的依据。

3. 如果你是英国国王，参加国家主教堂所举行的斯科特等五位英雄的葬礼，那么你会在葬礼上讲些什么呢？请将你所写的悼词在课上交流。

八年级
下册

《社戏》:"好看"的社戏

◆ **关键问题**

"真的,一直到现在,我实在再没吃到那夜似的好豆——也不再看到那夜似的好戏了。"作者为什么要这么说?对此,你是怎么理解的?

◆ **设计意图**

这句话是全文的中心所在,既是叙述某种事实,又是表达对"那夜似的好豆"和"那夜似的好戏"的美好回忆和由衷赞美,还是对全文的归纳与总结。抓住小说的文眼引领学生展开学习,可以让他们体会小说的结构布局特点,了解其主要内容,理解文章主题。

教学过程

一、整体感知,把握文意

学生自由、快速阅读课文,筛选故事的主要情节,概括文章大意。

> **提问**:小说题目"社戏",告诉我们它是以"社戏"为写作对象的。围绕这一点,小说中写了哪些事情呢?

请先在课文中圈画出所写的事情，再用四字短语对事情进行概括。

按：可以参考课文后面的"思考练习一"，但学生在概括时一定要用四字或五字短语，以求语言的整齐、规范、准确。

学生自主完成，分享交流。

● **预设**：

粗略划分，作者是按照故事发生的先后顺序展开的，大体可以概括为三个部分：看社戏前——看社戏中——看社戏后。

每一部分又可以细分为几个层次，可以用这样的四字短语概括：平桥乐土——同伴游戏——渴望看戏——无船可去——找到航船——月夜航行——赵庄看戏——船上谈戏——回程偷豆——夜深返航——吃豆后续。

按：可以参考《教师教学用书》中的相关表述，但对学生不必强求答案一致，只要言之成理就行。

▶ **追问**：可以看出，作者所写的事情都是与"社戏"有关联的。这样的笔法给你带来怎样的启发？

学生思考，讨论，交流。

预设：

——紧扣"社戏"这一中心，尺水兴波，曲径通幽，能够引人入胜。

——心理刻画细腻，充满生活情味。

启示：

——写故事要写出波澜，写出曲折，不能平铺直叙。

——要写出心理变化，要有浓郁的生活气息。

二、研讨问题，深入文本

🔍 **提问**：这出"好戏"到底好不好看？

学生重点阅读第13~23段，圈画出写所看到的戏的情景，"我"和小伙伴们看戏时的语言、动作、神情等的语句，重点品味和赏析，形成认识，分享交流。

● **预设**：

不好看。具体表现在：

1. 航船"近不得台旁"，远离戏台，"我"看不清楚台上演员的表演情况。

2. 白天"连翻八十四个筋斗"的铁头老生一直没有翻。

3. 小旦、老生、老旦一直咿呀呀地唱，特别是老旦，是"我所最怕的东西，尤其是怕他坐下了唱"。

4. "我最愿意看的"的蛇精和"套了黄布衣跳老虎"一直没有出现。

5. 那好喝的豆浆，晚上却没有了，"卖豆浆的聋子也回去了"。

6. 伙伴中小的渐渐地打起了呵欠，大的"各管自己谈话"。"我"虽然"支撑着仍然看，也说不出见了些什么"，渐至看那戏子的脸都有些稀奇而模糊了。

7. 老旦终于坐下来没完没了地唱起来，这引来了伙伴们的"破口喃喃的骂"。

8. 小伙伴们都熬不住了，大家"不住地吁气"，纷纷"打起呵欠来"。

9. 回航途中，大家仍在"议论着戏子，或骂，或笑"。

▶ **追问1**：那为什么还要说是"好戏"？

请在文中找依据，并用"_____好（认识）：_____（原因）"的句式回答。学生自主完成，分享交流。

预设：
——戏的生活背景好（认识）：社戏在美好的乡村上演，乡村虽然极为偏僻，"但在我是乐土"，可以免念难懂的书（原因）。

朗读品味第1段：

> 那地方叫平桥村，是一个离海边不远，极偏僻的，临河的小村庄；住户不满三十家，都种田，打鱼，只有一家很小的杂货店。但在我是乐土：

105

因为我在这里不但得到优待，又可以免念"秩秩斯干幽幽南山"了。

——一同看戏的伙伴好（认识）：他们都是普通的乡下孩子，但热情、可爱、乐观、能干、无私，给"我"很多"礼遇"，给"我"带来了许多欢乐（原因）。

朗读品味第2、3段。

——期盼看戏的感觉好（认识）：那是"我""所第一期盼的"，一想到看戏的情景，就充满了美好的向往；而看戏一波三折的过程，又充满了戏剧效果，令人难忘（原因）。

朗读品味第5~9段中的语句：

不料这一年真可惜，在早上就叫不到船。

总之，是完了。到下午，我的朋友都去了，戏已经开场了，我似乎听到锣鼓的声音，而且知道他们在戏台下买豆浆喝。

这一天我不钓虾，东西也少吃。

吃饭之后，看过戏的少年们也都聚拢来了，高高兴兴的来讲戏。只有我不开口；他们都叹息而且表同情。

我们立刻一哄的出了门。

我的很重的心忽而轻松了，身体也似乎舒展到说不出的大。

于是架起两支橹，一支两人，一里一换，有说笑的，有嚷的，夹着潺潺的船头激水的声音，在左右都是碧绿的豆麦田地的河流中，飞一般径向赵庄前进了。

——看戏途中的夜景好（认识）：美丽的田园风光，恬静淡雅的夜景，清新悠远，如梦如幻，散发着泥土的芬芳（原因）。

重点朗读品味第11段：

两岸的豆麦和河底的水草所发散出来的清香，夹杂在水气中扑面的吹来；月色便朦胧在这水气里。淡黑的起伏的连山，仿佛是踊跃的铁的兽脊似的，都远远地向船尾跑去了，但我却还以为船慢。他们换了四回手，渐望见依稀的赵庄，而且似乎听到歌吹了，还有几点火，料想便是戏台，但或者也许是渔火。

——看戏回航时偷豆吃的感觉好（认识）：充满情趣，体会到孩童的天真可爱、活泼顽皮，感受到那份亲密与和谐（原因）。

朗读品味第25~27段。

——看戏的习俗风情好（认识）：自然、淳朴、浓郁的民风，小伙伴们对"我"的种种关照，六一公公等乡亲的憨厚、开朗、热情都是那样美好（原因）。

按：在讨论上述原因时，都要结合具体的语言文字来展开，让学生反复读，采用多种形式读，引导他们感受、品味和体验，不能空洞抽象地下结论、贴标签。

重点朗读品味第34~37段：

六一公公看见我，便停了楫，笑道，"请客？——这是应该的。"于是对我说，"迅哥儿，昨天的戏可好么？"

我点一点头，说道，"好。"

"豆可中吃呢？"

我又点一点头，说道，"很好。"

归纳：

"好戏"以乡村生活为背景，以普通乡下人为演员，以他们对"我"的种种"礼遇"为情节。那恬静淡雅的夜景，那演社戏、看社戏的浓郁的习俗风情，那热情、可爱、能干的玩伴，那自然、淳朴的民风，确实就是一幕幕的"好戏"。

"好戏"之好，在人，在景，在事，在那一片片浓烈的情与意；"好戏"之好，在乡村生活的温馨、透明、沁人心脾，充满了田园牧歌般的温情；"好戏"之好，在人际关系的质朴淳厚、水乳交融。

一幕幕的"好戏"，令"我"回味至今，永生难忘。

▶ **追问2**："好戏"之说，在文中有什么作用？

预设：

——结构上前后呼应，首尾相连。

——对全文内容进行高度概括，使文本情感得到了升华。

三、拓展延伸，归纳小结

其实，说"我实在再没吃到那夜似的好豆——也不再看到那夜似的好戏了"这句话是有现实背景的，我们来看看他为什么这么说。

● 出示：

《社戏》原文的开头（被删节部分）：

我在倒数上去的二十年中，只看过两回中国戏，前十年是绝不看，因为没有看戏的意思和机会，那两回全在后十年，然而都没有看出什么来就走了。

第一回是民国元年我初到北京的时候，当时一个朋友对我说，北京戏最好，你不去见见世面么？我想，看戏是有味的，而况在北京呢。于是都兴致勃勃的跑到什么园，戏文已经开场了，在外面也早听到冬冬地响。我们挨进门，几个红的绿的在我的眼前一闪烁，便又看见戏台下满是许多头，再定神四面看，却见中间也还有几个空座，挤过去要坐时，又有人对我发议论，我因为耳朵已经喤喤的响着了，用了心，才听到他是说"有人，不行！"

我们退到后面，一个辫子很光的却来领我们到了侧面，指出一个地位来。这所谓地位者，原来是一条长凳，然而他那坐板比我的上腿要狭到四分之三，他的脚比我的下腿要长过三分之二。我先是没有爬上去的勇气，接着便联想到私刑拷打的刑具，不由的毛骨悚然的走出了。

走了许多路，忽听得我的朋友的声音道，"究竟怎的？"我回过脸去，原来他也被我带出来了。他很诧异的说，"怎么总是走，不答应？"我说，"朋友，对不起，我耳朵只在冬冬喤喤的响，并没有听到你的话。"

后来我每一想到，便很以为奇怪，似乎这戏太不好，——否则便是我近来在戏台下不适于生存了。

第二回忘记了那一年，总之是募集湖北水灾捐而谭叫天还没有死。捐法是两元钱买一张戏票，可以到第一舞台去看戏，扮演的多是名角，其一就是小叫天。我买了一张票，本是对于劝募人聊以塞责的，然而似乎又有好事家乘机对我说了些叫天不可不看的大法要了。我于是忘了前几年的冬冬喤喤之灾，竟到第一舞台去了，但大约一半也因为重价购来的宝票，总得使用了才舒服。我打听得叫天出台是迟的，而第一舞台却是新式构造，用不着争座位，便放了心，延宕到九点钟才出去，谁料照例，人都满了，连立足也难，我只得挤在远处的人丛中看一个老旦在台上唱。那老旦嘴边插着两个点火的纸捻子，旁边有一个鬼卒，我费尽思量，才疑心他或者是目连的母亲，因为后来又出来了一个和尚。然而我又不知道那名角是谁，就去问挤小在我的左边的一位胖绅士。他很看不起似的斜瞥了我一眼，说道，"龚云甫！"我深愧浅陋而且粗疏，脸上一热，同时脑里也制出了决不再问的定章，于是看小旦唱，看花旦唱，看老生唱，看不知什么角色唱，看一大班人乱打，看两三个人互打，从九点多到十点，从十点到十一点，从十一点到十一点半，从十一点半到十二点，——然而叫天竟还没有来。

我向来没有这样忍耐的等候过什么事物，而况这身边的胖绅士的吁吁的喘气，这台上的冬冬喤喤的敲打，红红绿绿的晃荡，加之以十二点，忽而使我省悟到在这里不适于生存了。我同时便机械的拧转身子，用力往外只一挤，觉得背后便已满满的，大约那弹性的胖绅士早在我的空处胖开了他的右半身了。我后无回路，自然挤而又挤，终于出了大门。街上除了专等看客的车辆之外，几乎没有什么行人了，大门口却还有十几个人昂着头看戏目，别有一堆人站着并不看什么，我想：他们大概是看散戏之后出来的女人们的，而叫天却还没有来……

然而夜气很清爽，真所谓"沁人心脾"，我在北京遇着这样的好空气，仿佛这是第一遭了。

这一夜，就是我对于中国戏告了别的一夜，此后再没有想到他，即使偶而经过戏园，我们也漠不相关，精神上早已一在天之南一在地之北了。

但是前几天，我忽在无意之中看到一本日本文的书，可惜忘记了书名和著者，总之是关于中国戏的。其中有一篇，大意仿佛说，中国戏是大敲，大叫，大跳，使看客头昏脑眩，很不适于剧场，但若在野外散漫的所在，远远的看起来，也自有他的风致。我当时觉着这正是说了在我意中而未曾想到的话，因为我确记得在野外看过很好的好戏，到北京以后的连进两回戏园去，也许还是受了那时的影响哩。可惜我不知道怎么一来，竟将书名忘却了。

至于我看那好戏的时候，却实在已经是"远哉遥遥"的了，其时恐怕我还不过十一二岁。

按：以上文字不必全部呈现，简略介绍即可。

思考："至于我看好戏的时候，却实在已经是'远哉遥遥'的了"这句话在全文中有什么作用？

● 预设：

——既是对前面两次看戏经历的总结，又是为下文叙写年少时"在野外看过很好的好戏"的情景张本，有开启，有绾结，有延展。

——立足于现在，表达了对中国戏的不满情绪：与它在"精神上早已一在天之南一在地之北了"，因为实在没有看出什么来，竟至感觉到"在戏台下不适于生存"。但又关顾了以往，用回忆的方式，叙述了一段美好的记忆。

——巧妙地交代了写作的缘起。一本关于中国戏的日本文的书，书中说："中国戏是大敲，大叫，大跳，使看客头昏脑眩，很不适于剧场，但若在野外散漫的所在，远远的看起来，也自有他的风致。"这让"我""觉着这正是说了在我意中而未曾想到的话"。年少时看过的社戏正是上演于"野外散漫的所在"，那是"很好的好戏"。

提问：由此可见，结尾的"好戏"之说在行文结构上有什么作用呢？

启发与引导学生把握其在文中的作用，从而体会鲁迅先生在构思上的独具匠心。

● 预设：

——"好戏"之说与以往的生活经历形成了鲜明的对比，表达了强烈的爱憎之情。

——"好戏"之说在文章结构上起到了前后呼应、首尾相连的作用。

——"好戏"之说既是对全文内容的高度概括,又是主题与情感的升华。

四、读写融合,表达交流

你在看电影、电视或戏剧(戏曲)的过程中,有没有类似的经历?请将其写下来,注意运用《社戏》中写"我"心理活动的方法,写出心理起伏的波澜,力求写得曲折生动。写好后与同学们分享交流。

如果是写自己看电影、电视或戏剧(戏曲)时所发生的故事,你会确定一个怎样的中心?围绕中心,你将选取哪些素材?请列出一份比较具体的写作提纲,在课上与同学讨论,并据此写成一篇文章。

《大自然的语言》：围绕"语言"做文章

◆ **关键问题**

在"大自然的语言"这一题目中，"语言"是中心，那文章内容都只是写"语言"吗？所写的这些"语言"又有什么特点呢？

◆ **设计意图**

就"语言"的本义而言，它是人类所特有的用来表达意思、交流思想的工具，是一种特殊的社会现象。作者却巧妙地把它移用到大自然中，显得新颖而别致。从题目的这一中心词出发，能引导学生理清文章顺序，理解文意，明白"语言"背后的事理；而通过品味"语言"，自然就能把握该文的语言特点。

教学过程

一、情境导入，激发兴趣

学生阅读课文前面"预习"的第 1 段文字，初步了解什么叫"大自然的语言"。

学生分享交流一些"大自然的语言"，教师做适当补充：

青蛙叫，大雨到。

燕子低飞要落雨。

蚂蚁搬家，早晚要下。

雨中闻蝉叫，预告晴天到。

天上鱼鳞斑，晒谷不用翻。

惊蛰春分万物生，鱼儿开口食量增。

大雁不过九月九，小燕不过三月三。

　　大自然的这些"语言"，跟气候有什么关系？对劳动人民安排农事活动有什么影响呢？要了解这些知识，我们就要学习著名气象学家、地理学家竺可桢的这篇科普文章——《大自然的语言》。

二、整体感知，理解"语言"

> **提问**：通观全文，作者介绍了"大自然的语言"的哪些内容？它们在行文上有标志性语句吗？

学生自主阅读课文，圈画出相关语句或段落，完成下列表格，分享交流。

● 预设：

段落	行文标志	主要内容
1	在地球上温带和亚热带区域里，年年如是，周而复始。	引出什么叫物候和物候学。
2	花香鸟语，草长莺飞，都是大自然的语言。	
3	这些自然现象，我国古代劳动人民称它为物候。	
4	物候对于农业的重要性就在这里。下面是一个例子。	说明物候观测对于农业的重要性。
5	北京的物候记录，	

113

续表

段落	行文标志	主要内容
6	物候现象的来临决定于哪些因素呢?	说明决定物候现象来临的因素。
7	首先是维度。	
8	经度的差异是影响物候的第二个因素。	
9	影响物候的第三个因素是高下的差异。	
10	此外,物候现象来临的迟早还有古今的差异。	
11	物候学这门科学接近生物学中的生态学和气象学中的农业气象学。 此外还有多方面的意义。	说明研究物候学的意义。
12	物候学是关系到农业丰产的科学,我们要进一步加强物候观测,懂得大自然的语言,争取农业更大的丰收。	

● 归纳:

上列四个部分,紧紧围绕什么是"物候"与"物候学"这一中心内容进行说明,条理清晰,层次分明。

说明顺序:从现象介绍到事理阐释,严格按照逻辑顺序安排行文。

▶ **追问 1**:上列四个部分的内容,与"大自然的语言"有着怎样的关联?

请根据四个部分的内容,将题目扩充为一句话。

预设:

第一部分:"大自然的语言"就是物候,研究大自然语言的学问就是物候学。

第二部分:观测"大自然的语言"对农业有很重要的意义。

第三部分:决定"大自然的语言"现象来临的主要因素。

第四部分:研究"大自然的语言"的意义。

归纳:

作者所说的"大自然的语言",其实就是"物候";这些"语言"都跟农业生产有关,也就是与"物候学"所要研究的问题有关。

▶ **追问 2**：既然作者要介绍的是"物候""物候学",那么题目可以改为"物候与物候学"吗?请说说你的理解。

预设：

——可以。因为课文要说明的事理就是有关"物候"与"物候学"的。用它作题目,可以突出说明对象,也很符合科学说明文的一般写法。

——不可以。虽然可以突出说明对象,也符合科学说明文的一般写法,但比较抽象难懂,没有考虑到读者对象。用"大自然的语言"更加生动、形象,有吸引力,容易理解,可读性更强。这与全文的语言特点也是一致的。

三、细读课文,品味"语言"

(一)重点读第 1~3 段

🔍 **提问 1**：第 1 段的最后一句话说"年年如是,周而复始",在这段文字中起什么作用?请做具体说明。

学生阅读,圈画出表示时间的词语,再圈画出对应的语句。

● 预设：

是对前面所说内容的收束。"如是"代指前面所说的每个季节里大自然呈现出来的各种景象：立春过后——再过两个月——转入炎热的夏季——到了秋天——风雪载途的寒冬——年年如是,周而复始。

重点品味下列词语：苏醒,萌发,次第开放,翩然,孕育,簌簌,销声匿迹,衰草连天,风雪载途……

时间线清晰,事物特征鲜明,有严密的顺序,逻辑性强。

由此看出,第 1 段的顺序是：分——总,具体描述——抽象概括。

按：在列举自然现象时,要注意兼顾到植物和动物,以与后面的"语言"

形成一致。

> 🔍 **提问2**：第2段的说明顺序与第1段相同吗？如果不同，那又是什么顺序呢？

学生阅读思考，给段落内容划分层次。

● **预设**：

不同。

第2段先说明一种道理——这些自然现象同气候有密切的关系，进而与农事直接发生了联系；再举例说明自然现象与农业生产活动的关系；最后点题——"花香鸟语，草长莺飞，都是大自然的语言。"顺序是：总——分——总，抽象说明——具体举例——概括总结。

● **比较揣摩**：

1. 杏花开了，就好像大自然在传语要赶快耕地；

   杏花开了，是大自然在传语要赶快耕地；

2. 桃花开了，又好像在暗示要赶快种谷子。

   桃花开了，又是它在暗示要赶快种谷子。

3. 布谷鸟开始唱歌，劳动人民懂得它在唱什么。

   布谷鸟开始唱歌，劳动人民猜它在唱什么。

"就好像""又好像"看似模糊，其实非常精确，绝不可缺少；"懂得"说明了劳动人民的聪明智慧。

杏花、桃花不会发出声音，所以只能是"传语"与"暗示"；而布谷鸟的歌唱，则有如公开传递某种消息，不需要"猜"。

主体变换了，表述自然不同。

> 🔍 **提问3**：第3段是阐释事理，其语言表达有什么特点？

学生圈画出阐释事理的语句，体会其语言简洁精练的特点。

● 预设：

事理阐释，要言不烦。

第 2 段先简要概说自然现象与农事安排的关系，第 3 段就承接下去，点出"物候"和"物候学"这两个核心概念。特别是在解释什么是"物候学"时，只从两个方面做简要说明："记录……自然现象，从而了解……影响。"其研究对象和意义一目了然。

（二）重点读第 7~10 段

> **提问**：这四段文字，每段段首都有一句概括的话，表述却都不同。你能运用其中的一种方式，将它们统一起来吗？

学生先圈画出段首概括的话，再尝试统一，分享交流。

● 预设：

——依照第 7 段段首的表述：

首先是维度（差异），其次是经度（差异），再次是古今（差异），最后是高下（差异）。

——依照第 8 段段首的表述：

维度的差异是影响物候的第一个因素，经度的差异是影响物候的第二个因素，古今的差异是影响物候的第三个因素，高下的差异是影响物候的第四个因素。

——依照第 9 段段首的表述：

影响物候的第一个因素是维度的差异，影响物候的第二个因素是经度的差异，影响物候的第三个因素是古今的差异，影响物候的第四个因素是高下的差异。

——依照第 10 段段首的表述：

首先，物候现象来临的迟早有维度的差异；其次，物候现象来临的迟早有经度的差异；再次，物候现象来临的迟早有高下的差异；此外，物候现象来临的迟早还有古今的差异。

▶ **追问**：由此可见，这几段文字在表述上有什么特别之处？

预设：

——上述四个方面，由大到小，由主要到次要。

——前三个方面是从空间上说明的，第四个方面是从时间上说明的，由空间到时间，顺序严密。

——句式灵活，不板滞，表述多样化。

按：完成此环节后，要让学生与原文对照一下，比较高下，体会不同表述所产生的效果，从而形成一定的语感能力、概括能力、提炼信息的能力和表述能力。

在进行此环节时，可以自然带出两个任务：一是筛选主要信息，对内容有一定的了解；二是明确这一部分中所运用的说明方法，对其作用有具体的认识。

四、延伸阅读，比较"语言"

阅读下列两段文字，与课文前三段进行比较，说说它们在表述上有什么异同。将比较的内容填入下表。

【物候】自然界中生物或非生物受气候和外界环境因素影响出现季节性变化的现象。例如，植物的萌芽、长叶、开花、结实、叶黄和叶落；动物的蛰眠、复苏、始鸣、繁育、迁徙等；非生物的始霜、始雪、初冰、解冻和初雷等。中国物候的记载甚早，《尚书·尧典》记有四季中鸟兽交配和皮毛稀丰的物候现象。《诗经·豳风·七月》有："蚕月条桑""四月秀葽，五月鸣蜩""八月剥枣，十月获稻"。《夏小正》载有每月物候，是先秦较早的物候专篇。物候能指示农事安排，也可供预报天气参考。

——《辞海》（缩印本）

【物候学】研究自然景观与季节关系的学科。这些自然景观（如星象、气象、水体的融冻、生物的生长发育阶段等）的特征出现，往往能表示季节的进度。狭义物候学亦称"生物气候学"，研究生物的生命活动现象与季节变化关系。例如，比较和分析不同地区植物萌芽、抽叶、开花、结实、落叶的日程；动物蛰眠、复苏、始鸣、交配、繁育、换毛、换羽、迁徙的日程与气候节令的关系。中国古代劳动人民重视自然季节现象与农业生产的关系，并以其指导农林牧渔等生产。《诗经·豳风》《礼记·月令》对中国古代物候有较系统的记载。

——《辞海》（缩印本）

● 预设：

		课文前三段	《辞海》
相同点		1.都是说明文，对"物候"和"物候学"进行了说明。 2.都采用了举例、引用、下定义的说明方法。	
不同点	说明方式	用描述性文字，先描绘四季变迁景象，引出所要说明的科学概念，深入浅出，化难为易。	直接解释科学概念，比较专业，在理解上有一定的难度。
	语言表达	运用了大量描写性语言，具有文学色彩，通俗易懂，引人入胜。	主要运用的是专门性术语、专业语言。
	说明方法	主要运用的是描述性说明法，甚至运用了拟人等修辞手法；引用的不是典籍文献，而是民间谚语。	运用的是概括性说明法，引用的是历史文献、典籍。

按：本环节的主要目的，仍然在让学生进一步体会说明语言的生动性和准确性，进而能够对说明文的基本写作特点有比较具体的认识，并能够举一反三、学以致用。

五、读写融合，运用"语言"

任务一：请认真观察自然界中的物候现象，结合自己的生活体验，从"大自然的语言"这个角度，为课文再补充两到三个例证。对所补充的例证要加以说明，在课上与同学交流。

在表述所补充的例证时要注意以下几点：

1. 要有严密的顺序（最好是时间顺序）；
2. 语言要自然、平实、生动、顺畅。

任务二：在你看来，物候现象的来临还可能有哪些决定因素？请认真观察自然界中的物候现象，设计并填写好"观察记录表"，并把你的发现和认识写下来，与同学分享交流。

任务三：请阅读下列文字，将之重新排序，使之成为一篇内容连贯的说明文，并简要说明这样排列的理由。

①人和各种动物的眼睛，构造是不同的，各种构造不同的眼睛，功能又都有特殊的地方。研究、认识眼睛的各种构造和功能，可以从中得到重要的启示。这对发展现代科学技术有重要的意义。

②眼睛是人和动物的重要感觉器官。人眼从外界获得的信息，不仅比其他感觉器官多得多，而且有些是其他感觉器官所不能获得的。据研究，从外界进入人脑的信息，有百分之九十以上来自眼睛。眼睛的基本功能有感受光的刺激，识别图像：从外界景物来的光线，通过眼的光学系统投射到视网膜的感觉细胞上，感觉细胞把光的刺激转换成一种电信号，而后通过视神经传到大脑，再经过脑的综合分析，人和动物便看到了景物的形象、色彩和运动的状况。

③你如果看过科教片《保护青蛙》，一定会为青蛙动作的敏捷、捕食的准确而赞叹不已。青蛙之所以能够具有这样一套特殊本领，主要是因为

他有一双机能优异的大眼睛。蛙眼对运动的物体简直是"明察秋毫",而对静止不动的物体却是"视而不见"。这是它适应特定环境所获得的一套特殊本领。就是靠这套本领,青蛙才能准确地捕捉食物和逃避敌害,在地球上生存了两百万年之久。

④装有改进了的电子蛙眼的雷达系统,还有可能根据导弹的飞行特征,轻而易举地把真假导弹区分开来,使人们能够及时地截击真导弹而不为假导弹所迷惑。国外已经投入使用的一种人造卫星跟踪系统,也是模仿蛙眼视觉原理的。

⑤根据蛙眼的视觉原理,借助于电子技术,人们制成了多种"电子蛙眼"。有一种电子蛙眼可以像真蛙一样,从出示给他的各种形状的物体当中,识别出类似苍蝇等昆虫形状的物体。这种识别图像的能力正是雷达系统所需要的。不断改进这种电子蛙眼,并把它用到雷达系统中,就可以准确地把预定要搜索的目标同其他物体分开,特别是把目标同背景分开,因而大大提高雷达系统的抗干扰能力,在显示屏上显示出十分清晰的目标。

⑥蛙眼能够敏捷地发现具有特定形状的运动目标,准确地确定目标的位置、运动方向和速度,并能选择最佳的攻击时刻。这种机能特性,用在技术上,特别是用在军事技术上,可以起重要的作用。

● 预设:
②①③⑥⑤④
先总说眼睛的功能特点,再介绍对眼睛进行研究的意义。以蛙眼为例,介绍其基本功能及特点,接着说明根据这样的视觉原理,人们制造出了"蛙眼",最后介绍蛙眼的作用。

按:上列练习,可以在课中穿插进行,也可以选做。

《大雁归来》：唱着带有野性的诗歌

◆ **关键问题**

在文章的最后，作者说大雁的迁徙，给整个大陆带来的是"一首有益无损的带着野性的诗歌"。他为什么要这样说呢？

◆ **设计意图**

这样的表达既是对大雁迁徙行为的高度概括，也是作者情感的集中体现。引导学生理解这一关键语句，能够帮助他们把握文意，理清说明顺序；感知作者情怀，理解文章内涵；进而把握文章知识性、抒情性与思想性相结合的写作特点。

教学过程

一、情境导入，丰富积累

课前让学生收集有关"雁"的介绍文字、描写"雁"的古诗词，课上交流。

● 预设：

大雁，也叫鸿雁，是人们生活中较常见到的一种飞鸟。它是一种大的候鸟，春来北国，秋去南方。它们在千百年来的往返途中，传递了多少故事，承载了多少文化，真是难以尽述！因此自古以来，大雁都是许多文学作品歌咏、描写的对象。在古代诗词中，大雁作为最常用的秋之意象，其文化内涵是很丰富、深厚的。

● 出示：

月黑雁飞高，单于夜遁逃。

——唐·卢纶《塞下曲》

千里黄云白日曛，北风吹雁雪纷纷。

——唐·高适《别董大》

鸿雁几时到，江湖秋水多。

——唐·杜甫《天末怀李白》

征蓬出汉塞，归雁入胡天。

——唐·王维《使至塞上》

乡书何处达？归雁洛阳边。

——唐·王湾《次北固山下》

残星数点雁横塞，长笛一声人倚楼。

——唐·赵嘏《长安秋望》

夜闻归雁生乡思，病入新年感物华。

——宋·欧阳修《戏答元珍》

塞下秋来风景异，衡阳雁去无留意。

——宋·范仲淹《渔家傲·秋思》

云中谁寄锦书来？雁字回时，月满西楼。

——宋·李清照《一剪梅》

碧云天，黄花地，西风紧，北雁南飞，晓来谁染霜林醉？总是离人泪。

——元·王实甫《西厢记》

学生诵读积累。

二、初读课文,整体感知

> 🔍 **提问 1**:作者笔下的大雁,来自哪里,归向何处?它唱着怎样的"带着野性的诗歌"?

学生自主阅读课文,提取文章的主要信息,概述"大雁归来"的旅程,完成表格。

● 预设:

	"大雁归来"的旅程
时间	自更新世以来,每年3月归来,4月集会,5月离开。
路程	从中国海到西伯利亚,从幼发拉底河到伏尔加河,从尼罗河到摩尔曼斯克,从林肯郡到斯匹茨卑尔根群岛。 在黑夜里飞行200英里,顺着弯曲的河流拐来拐去,曲折地穿行于沼泽和草地上空。
栖息地	沙滩、沼泽、池塘边、玉米地。
组队	第一群大雁到了沙乡农场后,向每一个迁徙的雁群发出邀请;其数量显示了春天的富足。
觅食	在玉米地觅食,进行高声有趣的辩论,低语论述食物的价值。
雁队	每支雁队以六只或六的倍数组成;雁群是家庭的聚合体,孤雁是丧失了亲人的幸存者。
集会时的鸣叫	刺耳的叫声,急促而混乱的回声,激烈的辩论所发出的呼叫声,一个低沉的声音,一些模糊的稀疏的谈论。
贡献	它们在空中唱着一首有益无损的带着野性的诗歌,把玉米粒从伊利诺伊带到了北极的冻土带。

▶ **追问**：根据表格内容，你能够概括全文的主要内容吗？请补充完整下列一段话。

预设：

本文通过对<u>大雁每年三四月间北归旅程中</u>的一些景象做介绍，充分体现了<u>作者对雁群生活习性细致入微</u>的观察和<u>细腻、生动</u>的记录，形象活泼，充满了<u>对大雁归来的欣喜与喜爱之情</u>，非常富有感染力。

> 🔍**提问 2**：从文意看，如此"野性的诗歌"有几层意蕴？请用整齐的语句或短语进行概括，并简要说明理由。（概括 + 理由）

学生阅读思考，留意文中的语言标志，梳理出行文思路。

● 预设：

"野性的诗歌"有这样几层意蕴：

1. 春天的使者（概括）：大雁的归来，向我们宣告了春天的真正来临（理由）。

2. 生活的歌者（概括）：大雁的飞行、觅食、休憩等洋溢着浓郁的生活气息，它们用属于自己的方式歌唱生活中的一切（理由）。

3. 生命的播者（概括）：大雁的迁徙，为北极的冻土带捎去了维系物种生命的玉米，使自然生命更加具有了多样性；它们吹起的联合号角，为人类的生命发展和延续带来了基本的信念（理由）。

三、细读品味，揣摩情感

> 🔍**提问**：除了直接赞扬大雁唱着"一首有益无损的带着野性的诗歌"，文中还有类似的表述吗？

学生细致深入地阅读课文，找出相关语句，边读边理解，边品析语言，同时完成下表。

● 预设：

段落	语句（段）	内容与情感
1	当一群大雁冲破了3月暖流的雾霭时，春天就来到了。	大雁是春天的使者 喜爱、赞美之情
2	一只定期迁徙的大雁，下定了在黑夜飞行200英里的赌注，它一旦起程再要撤回去就不那么容易了。	大雁有坚定的信念 欣赏、敬佩、赞美之情
3	大雁知道很多事情。 11月份南飞的鸟群，目空一切地从我们的头上高高飞过，即使发现了它们所喜欢的沙滩和沼泽，也几乎是一声不响。……大雁知道，从黎明到夜幕降临，在每个沼泽地和池塘边，都有瞄准它们的猎枪。	机灵、聪明的大雁，充满危险的大雁 赞叹、担忧之情，对人类行为的谴责
4	它们顺着弯曲的河流拐来拐去，向每个沙滩低语着，如同向久别的朋友低语一样。它们低低地在沼泽和草地上空曲折地穿行着，向每个刚刚融化的水洼和池塘问好。在我们的沼泽上空做了几次试探性的盘旋之后，它们白色的尾部朝着远方的山丘，终于慢慢扇动着黑色的翅膀，静静地向池塘滑翔下来。	多情、善良、美丽、机灵的大雁 喜爱、赞美之情
5	第一群大雁一旦来到这里，它们便向每一群迁徙的雁群喧嚷着发出邀请。……（雁群的到来，显示了春天的富足。）	热情的大雁，带来了一个富足的春天 喜欢、赞美之情

段落	语句（段）	内容与情感
6	它们一群一群地喧闹着往收割后的玉米地飞去。每次出发之前，都有一场高声而有趣的辩论，而每次返回之前的争论则更为响亮。返回的雁群，不再在沼泽上空做试探性的盘旋，而像凋零的枫叶一样，摇晃着从空中落下来，并向下面欢呼的鸟儿们伸出双脚。那接着而来的低语，是它们在论述食物的价值。	喧闹的大雁，活泼的大雁，热爱生活、享受收获的大雁 喜欢、赞美之情
7	它们（孤雁）的飞行和鸣叫很频繁，而且声调忧郁。 这些孤雁是伤心的单身。	孤独、伤感、忧郁的大雁 同情、担忧之情
8	在4月的夜间，……大雁在沼泽中集会时的鸣叫。……刺耳的雁叫声出现了，并且带着一阵急促的混乱的回声。有翅膀在水上的拍打声，有蹼的划动而发出来的声音，还有观战者们激烈的辩论所发出的呼叫声。随后，一个深沉的声音算是最后发言，喧闹声也渐渐低沉下去，只能听到一些模糊的稀疏的谈论。	喜欢群居、发出鸣叫的大雁，用各种声音表达对生活的感受 喜欢、欣赏之情
10	大雁的这种联合观念已经有很长时间了。每年3月，它们都要用自己的生命来为实现这个基本的信念做赌注。	坚定、执着、高贵的精神与品格 高度赞美之情
12	因为有了这种国际性的大雁迁徙活动，伊利诺伊的玉米粒才得以穿过云层，被带到北极的冻土带。在这种每年一度的迁徙中，整个大陆所获得的是从3月的天空洒下来的一首有益无损的带着野性的诗歌。	做出杰出贡献的大雁，永远歌唱生活的大雁 热情讴歌、高度赞美之情

▶ **追问**：除了这些充满感情色彩的语句外，作者在称呼大雁时，还常常冠以"我们"一词，且多次提到。"我们"所表达的意思一样吗？表达了作者怎样的情感？

学生一一找出相关表述，并做简要分析。

预设：

第4段："我们刚到的客人就会叫起来……我们的大雁又回来了。"

第6段："我们的春雁每天都要去玉米地做一次旅行。"

第10段："等到白头翁花盛开的时候，我们的大雁集会也就逐渐少下来。"

"我们"在文中有三种意思：大雁是"我们的"，为"我们"所拥有，"我们"为之高兴和满足；大雁是"我们"的客人、家人和朋友，成了"我们"的一部分，给"我们"带来了快乐和美好、充实与富有；大雁与"我们"是平等的，"我们"应该友善地对待大雁，与大自然里的一切生物和谐共处，热爱、尊重和保护它们的生命。

● **归纳：**

1.作者运用拟人的手法，把大雁人格化了。大雁有人的品格追求，有人的高贵灵魂，有人的喜怒哀乐，有人的社会贡献，有人的声口，有人的行动，有人的形象，有人的性情与品格，有人的意志与情愫，甚至还有人类所一直向往并为之艰难努力的"联合观念"与永远不变的践诺精神。

2.作者对大雁充满了喜爱与赞美的感情：他喜爱大雁的行阵，喜爱大雁的鸣叫，喜爱大雁的觅食，喜爱大雁的沉吟，喜爱大雁的热情，喜爱大雁的善良；他赞美大雁的坚定信念，赞美大雁的坚强意志，赞美大雁的联合精神，赞美大雁的伟大贡献。

作品情感真挚感人，描写细腻优美，思想境界高远，主旨引人深思。

这本身就是一曲大雁的赞歌，一首献给大雁的美的诗。

四、拓展阅读，提升能力

阅读下列文章（节选），回答后面的思考题。

灰椋鸟（节选）

徐秀娟

一天下午，我和同伴来到了林场。下了车，轻轻走进林内。棕红色的水杉落叶，给大地铺上了一层华贵的绒地毯，走在上面软绵绵的。我们选好观察位置，便在那儿等候灰椋鸟归来。

周围静得出奇。路两边近百亩的竹林郁郁葱葱，与南段高大的人工刺槐林形成了鲜明的对比。同伴忽然喊道："灰椋鸟！"我翘首遥望西南方向，果然有许多黑点向这边移动——灰椋鸟开始归林了。

一开始还是一小群一小群地飞过来，盘旋着，陆续投入刺槐林。没有几分钟，"大部队"便排空而至，老远就听到它们的叫声。它们大都是整群整群地列队飞行。有的排成数百米长的长队，有的围成一个巨大的椭圆形，一批一批，浩浩荡荡地从我们头顶飞过。先回来的鸟在林内不停地鸣叫，好像互相倾诉着一天的见闻和收获，又像在呼唤未归的同伴和儿女。后到的鸟与林中的鸟互相应和，边飞边鸣，很快找到自己栖息的处所，与熟悉的伙伴会合。

夕阳渐渐西沉，晚霞映红了天空，也映红了刺槐林和竹林。天上的鸟越来越少了，可是整个林子里的灰椋鸟还是不愿过早地安眠。看，这几只刚刚落在枝头上，那几只又马上扑棱棱地飞起。它们的羽毛全变成金红色的了，多么像穿上盛装的少女在翩翩起舞哇！树林内外，百鸟争鸣，呼朋引伴，叽叽啾啾，似飞瀑落入深涧，如惊涛拍打岸滩，整个刺槐林和竹林成了一个天然的俱乐部。这上万只灰椋鸟是在举行盛大的联欢会，还是在庆祝自己的节日？要不怎么会这样热闹？我被这喧闹而又热烈的场面感染了，竟情不自禁地欢呼起来。

🔍 **思考题 1**：文中所写的是怎样的景象？其主要内容有哪些？

● 预设：

所写的是鸟儿归林、闹林的壮观景象。

主要内容有：归林时排空而至的壮观场面，归林后喧闹热烈的壮观场面。

🔍 **思考题 2**：与课文相类似，这篇文章的场面描写也很有特色，请做简要分析。

● 预设：

与《大雁归来》一样，本文也运用了点面结合、主次分明的写法，但又显得变化多姿。

如写鸟儿归林一段，先从面上进行描写：一开始一小群一小群飞来，接着大部队排空而至。特别是"排空而至"一词，写出了灰椋鸟之多，以及飞行时的壮观气势。继而又从点上进行描写：有的排成数百米长的长队，有的围成巨大的椭圆形，浩浩荡荡从头顶飞过。百米长的长队，巨大的椭圆形，浩浩荡荡，都是灰椋鸟归林的壮观的体现。

在写鸟儿闹林时，则与归林一段有所区别。先从点上进行描写：这几只落在枝头，那几只扑棱棱飞起。再从面上写：树林内外，百鸟争鸣，呼朋引伴，叽叽啾啾。接着用两个比喻句，写出喧闹热烈的场面。最后作者看到眼前之景，直接抒情："我被这喧闹而又热烈的场面感染了，竟情不自禁地欢呼起来。"

🔍 **思考题 3**：与课文相比，这篇文章所抒发的情感有什么不同？

● 预设：

它们都表现出了对鸟儿的喜爱之情，都充满亲情与人性关怀。

不同的是，本文主要抒发的是对鸟儿的喜爱之情，而《大雁归来》则还有赞美、敬佩、担忧、同情和对人类捕杀鸟类的谴责之情。

五、读写融合，能力迁移

任务一：选择自己所熟悉的一种鸟，借鉴本文的写法，特别是拟人手法，写一段文字。在此基础上，出一份以"鸟"为主题的手抄报，在班级展示。

任务二：阅读下列片段文字，模仿其笔法，尝试写一写。写好后与同学交流，并根据同学的评价意见，修改完善。

大地上的事情（节选）
苇岸

麻雀在地面的时间比在树上的时间多。它们只是在吃足食物后，才飞到树上。它们将短硬的喙像北方农妇在缸沿砺刀那样，在枝上反复擦拭。麻雀蹲在枝上啼鸣，如孩子骑在父亲的肩上高声喊叫，这声音蕴含着依赖、信任、幸福和安全感。麻雀在树上就和孩子们在地上一样，它们的蹦跳就是孩子们的奔跑。树木伸展的愿望，是给鸟儿送来一个个广场。

黎明，我常常被麻雀的叫声惊醒。日子久了，我发现它们总在日出前20分钟开始啼叫。冬天日出较晚，它们叫得也晚；夏天日出早，它们叫得也早。麻雀在日出前和日出后的叫声不同，日出前它们发出"鸟、鸟、鸟"的声音，日出后便改成"喳、喳、喳"的声音。我不知它们的叫法和太阳有什么关系。

在我窗外阳台的横栏上，落了两只麻雀。那里是一个阳光的海湾，温暖、平静、安全。这是两只老雀，世界知道它们为它哺育了多少雏鸟。两只麻雀蹲在辉煌的阳光里,一副丰衣足食的样子。它们眯着眼睛,脑袋转来转去,毫无顾忌。它们时而啼叫几声,声音朴实而亲切。它们的体态肥硕,羽毛蓬松,头缩进厚厚的脖颈里,就像冬天穿着羊皮袄的马车夫。

《桃花源记》:"如此"美好的超现实世界

> ◆ **关键问题**
>
> 作者在文末说那位武陵渔人"及郡下,诣太守,说如此",他对太守说了哪些"如此"呢?
>
> ◆ **设计意图**
>
> 传统课文的教学,特别是文言文教学,容易走上"同质化"之路,这无论对教师,还是对学生都是一种挑战。要保持新鲜感,激发学习兴趣,就需要立足文本,另辟蹊径。可以抓住文末的这一概括性词语,引导学生还原文本内容,把握大意,借以理清行文思路,了解写作手法,理解思想情感。以此入题,不失为一种新方法、新探索、新尝试。

教学过程

一、疏通"如此"文意

指导学生对照注释,通读全文,积累文言知识,翻译全文。

(一)积累文言实词

1.(1)缘;(2)落英;(3)异;(4)穷;(5)俨然;(6)属;(7)延;(8)语;(9)诣;(10)规;(11)未果。

2.（1）要；（2）志。

3. 舍：（1）便舍船；（2）屋舍俨然。

4.（1）鲜美；（2）仿佛；（3）交通；（4）妻子；（5）绝境；（6）间隔；（7）无论；（8）不足。

（二）积累文言虚词

1.（1）才；（2）悉；（3）咸；（4）既；（5）遂。

2.（1）为：武陵人捕鱼为业　此人一一为具言所闻　不足为外人道

　（2）乃：见渔人，乃大惊　乃不知有汉，无论魏晋

　（3）寻：寻向所志　寻病终

（三）积累成语

1. 落英缤纷；2. 豁然开朗；3. 鸡犬相闻；4. 黄发垂髫；5. 怡然自乐；6. 不知有汉，无论魏晋；7. 无人问津。

（四）翻译重点语句

1. 芳草鲜美，落英缤纷。

2. 阡陌交通，鸡犬相闻。

3. 黄发垂髫，并怡然自乐。

4. 自云先世避秦时乱，率妻子邑人来此绝境，不复出焉，遂与外人间隔。

5. 太守遣人随其往，寻向所志，遂迷，不复得路。

按：可以集中指导学生学习文言知识，也可以将它穿插在阅读理解过程中。学习时要设置一定的语言运用情境，让学生灵活学习，准确理解，形成知识结构并能够正确运用。

二、把握"如此"故事

提问：作者在文末说那位武陵渔人"及郡下，诣太守，说如此"，这里的"说如此"是指"说了像前面写的这些情况"。那么，从全文看，他对太守说的"如此"情况有哪些呢？

请用"渔人对太守说了_____的情况"的句式回答。

学生自由、快速读课文，筛选主要内容，概括文章大意。

● 预设：

——渔人对太守说了自己捕鱼迷路而发现桃花林的情况。

——渔人对太守说了自己在桃花林尽头意外发现桃花源的情况。

——渔人对太守说了桃花源里景色恬静、优美，秩序井然，富足安康的情况。

——渔人对太守说了桃花源里交通便利，生活环境适宜，人们之间和睦相处的情况。

——渔人对太守说了桃花源里社会分工明确，人们古朴纯真，生活安定，自给自足的情况。

——渔人对太守说了桃花源里男女老少各得其所，快乐生活的情况。

——渔人对太守说了自己在桃花源里受到热情招待的情况。

——渔人对太守说了桃花源里人们与世隔绝的情况。

——渔人对太守说了在桃花源里彼此交谈的情况。

——渔人对太守说了自己在回来的路上做了很多记号，以便于再去的情况。

按：此环节可以让学生先用文中的语句回答，再用自己的语言概括，既便于进一步熟悉课文内容，又有助于理解课文。

▶ **追问**：从全文看，如果是你向别人介绍"如此情况"，你还会说什么？

预设：

——还会说渔人在这番经历之后万分感慨的情况。

——还会说太守派人寻找桃花源而迷路不得的情况。

——还会说南阳刘子骥欣然前往却没有实现的情况。

——还会说从此以后再也没有人问津的情况。

——还会说陶渊明写这样一篇文章的情况。

> 按：通过这样的梳理，可以让学生整体感知，把握文意。

三、理清"如此"思路

> **提问 1**：从我们对"如此"所还原的内容看，作者行文有很明确的思路，那么陶渊明又是怎么写出"如此"经过的呢？请同学们用整齐的短语概括。

学生思考，尝试完成，互相讨论交流，明确：

课文以武陵渔人的行踪为线索，分别说的是：渔人寻访桃花源；渔人在桃花源中停留数日；听了渔人的介绍，人们再访桃花源而不得。这三个方面的内容，既浑然一体，又相对独立。我们可以将之概括为三点。

● 预设：

1. 溪行捕鱼——桃源仙境——重寻迷路。
2. 发现桃花源——探访桃花源——重寻桃花源。
3. 落英缤纷——豁然开朗——无人问津。

> 按：本环节以生成为主，教师可以引导学生从不同角度概括，并做出合理解释。

> **提问 2**：作者是如何写武陵渔人发现桃花源的？

学生重点阅读第 1 段，思考交流。

● 预设：

作者用"忘""忽逢""甚异""欲穷"四个相承续的词语生动地描画了武陵渔人一连串的心理活动，显得自然而真切，顺畅而无碍，写出了人物行动和故事演绎的合理性。

正因为一心捕鱼而"忘"了路程之远近，才有所行已远，并得以发现桃花源事情的发生；正因为"忽逢"桃花林，渔人才会有前所未有的新鲜感受，才会"甚异"而有后面"欲穷其林"的进一步行动。

渔人发现桃花源的过程，充满了新奇，这四个词语清楚而形象地交代了渔人寻访到桃花源的原因。

> **提问 3**：武陵渔人在探访桃花源时有哪些见闻？

学生重点阅读第 2、3 段，思考交流。

● 预设：

作者先写他探访桃源仙境的经过："林尽水源，便得一山"，说明已到幽僻之地；"山有小口，仿佛若有光"，暗示定非寻常去处；"初极狭，才通人。复行数十步，豁然开朗"，写出了其"柳暗花明又一村"的韵味。

接着写土地、屋舍、良田、美池、桑竹、阡陌、鸡犬诸般景物。

再写桃源中人物的往来种作、衣着装束和怡然自乐的生活，勾画出一幅理想的田园生活图景。

最后写桃源中人见到渔人的情景——由"大惊"而"问所从来"，到热情款待再到临别叮嘱，写得情真意切，生活气息浓郁。

▶ **追问**：按理说，故事到第 3 段就可以结束了，作者为什么还要写重寻桃花源的后续故事呢？

预设：

这实际上是为了增强桃花源的神秘性，"如此"仙境，似有若无，似无若有。仙境"如此"难寻，可见确非一般，也暗示了这样的仙境在现实生活中是不存在的，这使全文笼罩了一层"虚拟"色彩。

● 小结归纳：

全文思路"如此"清晰，结构"如此"缜密，且全用白描手法以出之，显得简约精练。

此文与他的诗歌一样，用笔省净，质朴自然，有如大匠运斤，毫无斧凿之痕。

> 一语天成万古新，豪华落尽见真淳。
> ——金·元好问《论诗三十首》

四、体会"如此"写法

🔍 提问 1：作者写桃花源从没有到被发现，再到消失，"如此"的写作思路隐含着某种逻辑顺序和行文特色，是什么呢？

按：此环节意在进一步把学生的直觉、感性思维提升到分析、理性思维的层次，进而顺理成章地引导学生把握文章的写作特色。

学生阅读思考，合作交流。

● 预设：

桃花源是一个虚景，陶渊明却把它写得煞有其事，显得非常真实，这使全文呈现出一种由虚到实、虚景实写、实中有虚、虚实结合的逻辑顺序和行文特色。

▶ **追问 1**：桃花源是一个根本不存在的地方，作者却写得煞有其事，这体现在哪些方面？

预设：

作者运用了虚景实写的方法。桃花源是一个虚拟的世界，作者却采用写实手法，给人以真实感，仿佛实有其人、真有其事。

写武陵渔人发现、探访桃花源的过程，所见所闻，历历在目。

桃花源中人的生活景象，真切如画；桃花源中人们的音容笑貌，如在目前，栩栩如生。

▶ **追问2**：行文中作者有没有暗示我们这是根本不存在的地方？他其实要告诉我们的是什么？

预设：

作者又运用了实中有虚的方法。作者精心设计，巧妙布局，在文中留下了好几处似无非无、似有非有，使人费心猜想也无从寻求答案的"空白"：武陵渔人在自己长期打鱼的地方竟然"忘路之远近"，并从来没有见过那桃花源；武陵渔人临行前，桃花源中人再三叮嘱"不足为外人道也"；武陵渔人明明"扶向路，处处志之"了，太守所派之人也确实"寻向所志"，却迷失了道路，再也找不到桃花源；南阳刘子骥听说这一情况，"欣然规往"，却不知何故，直至病死也没有能够成行。

这些情节，虚虚实实，惝恍迷离，耐人寻味。

它所暗示的是：这样的仙境似在人间非在人间，不是人间胜似人间，只可于无意中得之而不可于有意中求之。

"如此"云山雾罩之法，使这一虚缈灵奥之境始终蒙着神秘的面纱，世人是难以寻访的，更是难以揭晓的。

桃花源惊艳一开，如昙花一现，继而又对世人关闭；渔人得而复失，难以再睹桃花源芳容，这是陶渊明有意留下的千古之谜。

出示：

此中有真意，欲辨已忘言。

——陶渊明《饮酒》（其五）

借问游方士，焉测尘嚣外。

——陶渊明《桃花源诗》

惹得诗人说到今。

——宋·王淇《梅》

> **提问2：** 陶渊明为什么要写桃花源的昙花一现呢？如果写更多的人终于知道了桃花源，会怎么样呢？

请结合他的《桃花源诗》，谈谈自己的看法。

桃花源诗

陶渊明

嬴氏乱天纪，贤者避其世。黄绮之商山，伊人亦云逝。往迹浸复湮，来径遂芜废。相命肆农耕，日入从所憩。桑竹垂余荫，菽稷随时艺。春蚕收长丝，秋熟靡王税。荒路暧交通，鸡犬互鸣吠。俎豆犹古法，衣裳无新制。童孺纵行歌，斑白欢游诣。草荣识节和，木衰知风厉。虽无纪历志，四时自成岁。怡然有余乐，于何劳智慧！奇踪隐五百，一朝敞神界。淳薄既异源，旋复还幽蔽。借问游方士，焉测尘嚣外？愿言蹑轻风，高举寻吾契。

学生阅读思考，合作交流。

● 预设：

《桃花源诗》中说桃花源"一朝敞神界"，却又"旋复还幽蔽"，其因在于"淳薄既异源"，也就是说世俗生活的浅薄与桃花源中民风的淳朴，是格格不入、截然不同的。

这也是桃花源中人在武陵渔人走时反复叮嘱"不足为外人道"，也就是不想让"外人"知道，更不希望"外人"重来的原因。

桃花源民风淳朴，人间世风浇薄，唯恐"使武陵太守至焉，化为争夺之场"（苏轼《和桃花源诗序》），玷污了这块化外的净土，即使像刘子骥那样的人间高尚之士，也难有一睹仙境的机缘。（参见《古文鉴赏辞典》）

> 🔍 **提问 3**：由此可见，这篇文章在写作上有哪些鲜明的特色？

引导学生学会归纳文章的写作特色。

● 预设：

——思路清晰，线索明朗。

——虚景实写，虚实结合。

——描写生动，质朴自然。

五、感悟"如此"情感

那么，陶渊明为什么要虚构一个世外桃源仙境呢？

> 🔍 **提问 1**：从以下两则材料中，你读到了哪些信息？

● 出示：

1. 东晋末年，陶渊明家乡江州（今江西九江）一带，由于战乱频仍，民不聊生，"至乃男不被养，女无匹对，逃亡去就，不避幽深"（《晋书·刘毅传》）。

2. "宋民赋役严苦，贫者不复堪命，多逃亡入蛮"，因为"蛮无徭役，强者又不供官税"。（《宋书·荆州蛮传》）（此"宋"为晋后南北朝之刘宋王朝。）

● 预设：

从中读到了三个重要信息：

1. 因战乱、徭役，民不聊生，苦不堪言，生活难以为继；

2. 人们纷纷逃亡到蛮地，去寻找活路；

3. 在蛮地，既没有徭役的负担，又没有税收的负担。

这些史实构成了作者虚构如此仙境的历史背景和社会基础。而他又素怀高洁，久慕淳风，对当时的社会现实非常不满，决意辞官归隐，追求自由自在的生活，这又构成了他虚构仙境的思想根源。

> 🔍 **提问 2**：陶渊明通过这一仙境，想表达怎样的生活理想呢？

学生思考探究，分享交流。

● 预设：

陶渊明生活在东晋末年，经历过刘裕篡晋的动乱，深切体会到社会的黑暗和人生的忧苦。他对现实有着很清醒的认识，离开污浊的官场后，隐居田园，过着躬耕自食、贫寒简朴的生活。

《桃花源记》所构造的图景，正艺术地反映了他逃禄归耕的生活理想。尽管那样的化外世界不可能存在于现实之中，但一定会存在于人们的心目中。

在桃花源中，人与人之间、人与自然之间都表现出和谐的、完美统一的状态。没有压迫，没有纷争，没有忧伤和愁苦，处处恬静、和乐，人人敦厚、纯朴，这正是倍感人生苦难、充满忧患的古代知识分子梦寐以求的理想境界，也是灾难深重的古代人民所向往和赞美的美好世界。

如此美好而温馨的仙境，值得憧憬，值得探寻，它不仅是一种理想，还是一种美的象征。

陶渊明的这篇文章对后世产生了很大的影响，有思想上的影响，也有文化上的影响，当然也不乏文学上的影响。古往今来，许多文学家都写了类似《桃花源记》的作品。

● 出示：

> 是日逆风挽船，自平旦至日昳才行十五六里。泊刘官矶，旁蕲州界也。儿辈登岸，归云："得小径，至山后，有陂湖渺然，莲芰甚富。沿湖多木芙蕖，数家夕阳中，芦藩茅舍，宛有幽致，而寂然无人声。有大梨，欲买之，不可得。湖中小艇采菱，呼之亦不应。更欲穷之，会见道旁设机，疑有虎狼，遂不敢往。"刘官矶者，传云汉昭烈入吴尝舣舟于此。晚，观大鼋浮沉水中。
>
> ——陆游《入蜀记》

六、迁移"如此"能力

任务一：文中说那位武陵渔人"及郡下，诣太守，说如此"，他对太守说了哪些"如此"呢？请你用第一人称的视角，把他的所见所闻报道出来。

任务二：那位武陵渔人所见到的"桃花源"，到底存不存在呢？请结合文意，说说你的认识，并将之写成一篇议论短文，参加班级的讨论会。

任务三：今天有不少地方都开发了以"桃花源"命名的旅游景点，请你为其中的某个景点写一篇旅游解说词。

任务四：关于"桃花源"到底在哪里，一直众说纷纭，不少地方都在争这一"文化品牌"。请你为某地开发"桃花源"旅游资源活动设计一份策划书。

按：上列任务要根据实际情况灵活处理。

《最后一次讲演》：民主斗士的"绝唱"

◆ **关键问题**

这篇冠以"最后"一词的讲演稿，非同一般，异乎寻常，激昂慷慨，激发人心，是哪些因素使它成为经典"绝唱"的？

◆ **设计意图**

"最后"一词意蕴丰富，既表明客观事实——闻一多先生演讲之后就被国民党特务暗杀了；也指这是闻一多在面对黑暗统治时，不畏强权，勇于向专制统治挑战的最为决绝的一次斗争，充分体现了他作为民主斗士的精神意志和品质。抓住"最后"这一关键词，能让学生体会作者的情感，并借以把握文章的内容，了解讲演的特点。而对演讲语言技巧的揣摩和品味，更能够让学生直观感受与体会语言的艺术。

教学过程

一、反复朗读，感知文意

先让学生自由朗读，同桌或小组内分享；再让学生试读，师生共同讨论朗读的注意点，教师做具体指导；接着是教师范读，或让学生观看朗读视频，体会和揣摩。

> 🔍 **提问 1**：闻一多先生这一场非常独特的讲演，是在什么情况下进行的呢？

引导学生读课文注释①、⑤，并做相应补充，让学生了解当时的政治形势，认识闻一多先生这次讲演的非凡意义与独特价值。

● 预设：

1946年5月，李公朴从重庆来到昆明，他的到来引起了反动派的恐慌，他们散布谣言，恶意中伤和威胁恐吓。但李公朴都不放在心上，为了中国的和平民主事业，他早已把生死置之度外。李公朴说："想用死来威胁我吗？民不畏死，奈何以死惧之？今天我两只脚跨出门，就不准备再跨回来。"1946年6月底，民主同盟和各界人士在昆明发起万人签名运动，要求和平。7月11日晚，李公朴和夫人在外出归途中，遭国民党特务暗杀。

1946年7月15日，李公朴死难报告会在云南大学举行，大家为了闻一多的安全，劝他不要参加。他说："决不能向敌人示弱，如果李先生一死，我们的工作就停顿了，将何以对死者，何以对人民？"

为了安全起见，大家并没有安排闻一多先生发表演讲。当时的云南大学会场上有一千多位昆明青年和各界人士，还有不少来监视和捣乱的特务。可是当李夫人介绍李公朴先生牺牲的情况时，那些特务竟在高声说笑，这引起了闻一多先生的极大愤怒。他拍案而起，不顾一切地跳上了台，即席发表了气壮山河的最后一次讲演，厉声斥责了那些特务，这更加激发了国民党当局对他的不满与必杀之情。

当天下午，他又参加了《民主周刊》社举行的"李公朴遇害记者招待会"。下午5点多散会后，闻一多和儿子闻立鹤一起步行回家，走到西南联合大学教职员宿舍门口附近时，遭到埋伏在该处的特务枪击。

按：在介绍背景知识时，可以让学生联系讲演词中的有关表述去理解，不要机械、抽象地呈现；也可以结合历史课本中的相关表述，以便于知识的融通与消化。需要注意的是，必要的背景知识介绍，虽有助于学生对课文的理解，但如果过多的话，就会冲淡对文本本身的学习与感悟。

● 归纳：

演讲符合语境要求。给我们的启发是：演讲要有语境意识。

> 🔍 **提问 2**：闻一多先生的讲演是对什么人讲的？

学生阅读思考，圈画出相关词语。

● 预设：

——是对来参加李公朴先生追悼会的一千多位昆明青年和各界人士讲的。

——是对李公朴的夫人及其家人、亲戚、朋友讲的。

——是对在场监视、捣乱的特务讲的。

——是对制造恐怖与黑暗、挑拨离间、卑鄙无耻的反动派讲的。

——是对"某集团"、政府统治者讲的。

——是对肩负历史重任的所有昆明青年讲的。

——是对所有具有正义感的昆明人民讲的。

——是对所有追求民主和平的中国人民讲的。

——是对"黎明之前那个最黑暗的时代"讲的。

——是对昆明"光荣的历史"讲的。

——是对勇于斗争、不怕牺牲的"我"自己讲的。

——是对未来的人民、未来的青年、未来的我们、未来的时代讲的。

按：这个问题，看上去较简单，但学生的思维要有一定的宽度和深度，才能比较全面地回答。教师可以引导他们通过反复朗读一些语段和句子，整体、广泛而深入地理解。

● 归纳：

演讲切合对象要求。给我们的启发是：演讲要有对象意识。

> 🔍 **提问 3**：闻一多先生的这次讲演，讲了些什么呢？

学生速读课文，圈画出相关语段、语句，反复朗读体会。
- 预设：
——对李公朴先生的沉痛哀悼、满怀崇敬、高度赞扬。
——对反动派的强烈谴责、愤怒揭露、极度仇恨。
——对青年、对人民的热切希望、满怀激情。
——对未来、对前途、对胜利的充满信心、坚定不移。
——为正义、真理与光明而义无反顾、以身殉"志"的斗争决心。

- 归纳：

演讲立场观点鲜明。给我们的启发是：演讲要有立场意识。

二、品味语言，探究问题

> 🔍 **提问 1**：这篇演讲稿中有好多次"鼓掌"（"热烈鼓掌"），这不是演讲稿的原话，而是当时记录人的一种特地说明或注解。那么，为什么有那么多的"鼓掌"乃至"热烈鼓掌"呢？请从语言表达的角度分析。

请用"听众因_____而'鼓掌'（'热烈鼓掌'）"的句式回答。

要求学生把文中"鼓掌"以及"热烈鼓掌"的地方圈画出来，从语言表达的角度思考其背后的原因。

学生自主完成，分享交流。

- 预设：
——听众因闻一多先生充沛的情感、鲜明的立场而"鼓掌"（"热烈鼓掌"）。
——听众因闻一多先生铿锵的语气、磅礴的气势而"鼓掌"（"热烈鼓掌"）。
——听众因闻一多先生急中有缓、扬中有挫的语调而"鼓掌"（"热烈鼓掌")。

——听众因闻一多先生层层递进、灵活多变的语势而"鼓掌"("热烈鼓掌")。

——听众因闻一多先生通俗易懂、发人深省的语言而"鼓掌"("热烈鼓掌")。

——听众因闻一多先生褒贬有别、爱憎分明的感情而"鼓掌"("热烈鼓掌")。

——听众因闻一多先生交替使用设问句、反问句和感叹句，使情感表达更加充分和强烈而"鼓掌"("热烈鼓掌")。

——听众因闻一多先生不断变换人称，使思想情感表达更有针对性而"鼓掌"("热烈鼓掌")。

按：考虑到不同层次学生的认知水平，预设的内容不宜全部展开，从中选择几点即可。在学生回答时，要求他们紧扣具体的段落和语句，并适当进行赏析。

提问2：闻一多先生在演讲中，对反动派用得最多的一个词是什么？对李公朴先生用得最多的一个词又是什么？请说说你的理解。

学生再读课文，圈画出有关语句和词语，完成下表。

● 预设：

对反动派用得最多的一个词是"无耻"，对李公朴先生用得最多的一个词是"光荣"。

段落	语句	
	无耻	光荣
1	在昆明出现了历史上最卑劣最无耻的事情。	暗写

续表

段落	语句	
	无耻	光荣
2	无耻啊！无耻啊！这是某集团的无耻，恰是李先生的光荣！	李先生在昆明被暗杀，是李先生留给昆明的光荣！也是昆明人的光荣！
3	去年"一二·一"昆明青年学生为了反对内战，遭受屠杀……现在李先生为了争取民主和平而遭受了反动派的暗杀。——暗写	这两桩事发生在昆明，这算是昆明无限的光荣！
4	这些无耻的东西，不知他们是怎么想法，他们的心理是什么状态，他们的心怎样长的！	反动派暗杀李先生的消息传出以后，大家听了都悲愤痛恨。 其实广大的人民是打不尽的，杀不完的！——暗写
5	你们杀死一个李公朴，会有千百万个李公朴站起来！——暗写	
6	李先生的血不会白流的！李先生赔上了这条性命，我们要换来一个代价。——暗写	
7		"一二·一"是昆明的光荣，是云南人民的光荣。云南有光荣的历史，远的如护国，这不用说了，近的如"一二·一"，都属于云南人民的。我们要发扬云南光荣的历史！
8	反动派挑拨离间，卑鄙无耻……	你们看见今天到会的一千多青年，又握起手来了，我们昆明的青年决不会让你们这样蛮横下去的！——暗写
9~11	反动派，你看见一个倒下去，可也看得见千百个继起的！ 正义是杀不完的，因为真理永远存在！ 历史赋予昆明的任务是争取民主和平，我们昆明的青年必须完成这任务！——暗写	

续表

段落	语句	
	无耻	光荣
12	我们不怕死，我们有牺牲的精神！我们随时像李先生一样，前脚跨出大门，后脚就不准备再跨进大门！——暗写	

明写"无耻"和"光荣"的语句，学生很容易找到。难的是找暗写的语句，这需要教师引导和启发：反动派杀害为民主和平而斗争的李公朴先生和青年学生是"无耻"的行为，那些屠杀者是"无耻的东西"；李公朴先生和青年学生的流血牺牲是"光荣"的，他们为民族进步、国家富强、人民自由光荣地献出了宝贵的生命。

▶ **追问**："无耻"与"光荣"是怎样统一结合起来的？

预设：

无耻	光荣
残酷屠杀爱国人民	为争取民主和平英勇献身
偷偷摸摸搞暗杀	公开地用笔写文章，用嘴巴说话
推脱罪责，造谣污蔑	光明正大，义无反顾，视死如归
色厉内荏，穷凶极恶	充满信心，坚定信念，充满乐观主义

🔍 **提问3**：这篇即兴演讲，为什么能够获得成功？

学生归纳概括，分享交流，形成基本一致的意见。

● 预设：
成功之处主要在于：
1.切合语境，针对性强；

2. 观点鲜明，感情强烈；

3. 句式灵活，铿锵有力；

4. 语言简洁，表意鲜明。

三、读写融合，表达交流

任务一：参见课本第78页"任务一"的第2点，模拟演讲。

学生在充分朗读课文、理解文意、把握演讲稿特点的基础上，尝试"演讲"，体会演讲的"感觉"。

在学生尝试"演讲"之前，教师可以适当介绍一些演讲知识，进一步让学生明确其表达特点；并进行必要的指导。

分步进行：

1. 学生自由朗读，自我模拟演讲，体会演讲者的情感，把握语气、语调的特点。

2. 组织学生以小组为单位，结合阅读所得，研讨怎样演讲才能更好地体现其表达特点，展现原演讲者的风采，并把研讨的认识写下来。

3. 可以选择几个片段，也可以用接龙的方式，在小组内轮流尝试模拟演讲，并相互评价和讨论交流。

4. 全班展示，每组推荐一到两名同学，模拟演讲；也可以安排另外一名同学对演讲情况进行解说。可以由学生推荐"评委"，对演讲情况进行评价（评分和点评），推选出优胜者，并让优胜者进行"感觉"分享（要写下评价意见）。

任务二：阅读下文，根据所学有关演讲稿的知识，进行简要分析。

分析可以从以下几点进行：

1. 演讲语境；2. 演讲立场；3. 演讲技巧（语言技巧）。

巴尔扎克葬词（节选）

〔法〕雨果

各位先生：

现在被葬入坟墓的这个人，举国哀悼他。对我们来说，一切虚构都消失了。从今以后，众目仰望的将不是统治者，而是思想家。一位思想家不存在了，举国为之震惊。今天，人民哀悼一位天才之死，国家哀悼一位天才之死。

诸位先生，巴尔扎克这个名字将长留于我们这一时代，也将流转于后世的光辉业绩之中。巴尔扎克先生属于19世纪拿破仑之后的、强有力的作家之列。正如17世纪，一群显赫的作家涌现在黎塞留之后一样——就像文明发展中，出现了一种规律，促使武力统治者之后，出现精神统治者一样。

在最伟大的人物中间，巴尔扎克是名列前茅者；在最优秀的人物中间，巴尔扎克是佼佼者之一。他才华卓越，至善至美，但他的成就不是眼下说得尽的。他的所有作品仅仅形成了一部书，一部有生命的、光亮的、深刻的书。我们在这里看见，我们的整个现代文明的走向，带着我们说不清楚的、同现实打成一片的惊惶与恐怖。一部既是观察又是想象的书，这里有大量的真实、亲切、家常、琐碎、粗鄙。但是，有时通过突然撕破表面、充分揭示形形色色的现实，让人马上看到最阴沉和最悲壮的理想。

这就是他在我们中间的工作。这就是他给我们留下来的作品，崇高而又扎实的作品，金刚岩层堆积起来的雄伟的纪念碑！从今以后，他的声名在作品的顶尖熠熠发光。伟人们为自己建造了底座，未来负起安放雕像的责任。

他的去世惊呆了巴黎。他回到法兰西有几个月了。他觉得自己不久于人世，希望再看一眼他的祖国，就像一个人出门远行之前，再来拥抱一下自己的母亲一样。

他的一生是短促的，然而也是饱满的，作品比岁月还多。

唉！这位惊人的、不知疲倦的作家，这位哲学家，这位思想家，这位诗人，这位天才，在同我们一起旅居在这世上的期间，经历了充满风暴和斗争的生活，这是一切伟大人物的共同命运。今天，他安息了，他走出了冲突与仇恨。在他进入坟墓的这一天，他同时也步入了荣誉的宫殿。从今以后，他将和祖国的星星一起，熠熠闪耀于我们上空的云层之上。

当一个崇高的英灵，庄严地走进另一世界的时候；当一个人张开他的有目共睹的、天才的翅膀，久久飞翔在群众的上空，忽而展开另外的、看不见的翅膀，消失在未知之乡的时候。我们的心中，只能充满严肃和诚挚。

不，那不是未知之乡！我在另一个沉痛的场合已经说过，现在我也永不厌烦地还要再说——这不是黑夜，而是光明！这不是结束，而是开始！这不是虚无，而是永恒！我说的难道不是真话吗，听我说话的诸位先生？这样的坟墓，就是不朽的明证！面对某些鼎鼎大名的、与世长辞的人物，人们更清晰地感到这个睿智的人的神圣使命，他经历人世是为了受苦和净化，大家称他为大丈夫。而且心想，生前凡是天才的人，死后就不可能不化作灵魂！

《一滴水经过丽江》：奇幻的生命旅程

◆ 关键问题

课文最后一句说："作为一滴水，我终于以水的方式走过了丽江。"那么，"我""走过了丽江"的哪些地方？"我"的"方式"又有哪些变化呢？

◆ 设计意图

与一般游记散文相比，这一篇的叙述视角非常独特，其游踪却又非常清晰。引导学生抓住游踪，就可以帮助学生理清行文线索，进而在此基础上理解文意，感知丽江古城的风貌；对作者"以水的方式走过了丽江"这一新颖的构思和独特的视角，学生自然也就有了更加贴切的体验。

教学过程

一、情境导入

课前播放电视剧《木府风云》的主题曲《净土》，播放丽江水墨动画《一滴水经过丽江》，出示丽江古城的图片，激发学生的阅读兴趣，让学生形象感知丽江古城的风貌。

传说中有一片净土

住着古老的民族

每个人都能歌善舞

他们从不孤独

传说中有一座雪山

白云在山顶漂浮

一个梦反反复复

只想让你默默地领悟

提问：从这段歌词中，我们读到了什么？

● 预设：

1. 丽江的古老文化；2. 丽江的世风民情；3. 丽江的自然美景。

在丽江古城景区大门入口处，有一块巨石，上面镌刻着一篇文章，它就是我们今天要学习的这篇课文《一滴水经过丽江》。阿来笔下的这"一滴水"有何神奇之处？我们就跟随这"一滴水"的步伐，去饱览丽江的美景吧！

二、整体感知：一滴水的旅行

布置课前预习，观看丽江水墨动画《一滴水经过丽江》。

提问：课文最后一句说："作为一滴水，我终于以水的方式走过了丽江。"那么，"我走过了"丽江的哪些地方？见到了哪些景象？

学生先画出这一滴水的游览线路图（附1），再用这样的句式做介绍：作为一滴水，"我"走过了_____，见到了_____（的景象）。……最后，"我"来到了喧腾奔流的金沙江，跃入江流，奔向大海。

● 预设：

作为一滴水，"我"走过了<u>玉龙雪山</u>，见到了<u>它晶莹夺目，矗立在蓝天之下的景象</u>。

作为一滴水，"我"走过了<u>丽江坝</u>，见到了<u>美丽的大盆地，森林、田野和村庄，山峰、城市</u>。

作为一滴水，"我"走过了<u>草甸</u>，见到了<u>放牧的牛羊</u>。

作为一滴水，"我"走过了<u>落水洞</u>，见到了<u>曲折的水道，安静的深潭</u>。

作为一滴水，"我"走过了<u>黑龙潭</u>，见到了<u>很多不同模样、说着不同语言的人，还有潭边的亭台楼阁，花与树</u>。

作为一滴水，"我"走过了<u>玉河</u>，来到了<u>四方街</u>，见到了<u>大水车、漫溢的水流、老柏树、房屋和老街，了解到了它悠久的历史和灿烂的文化</u>。

作为一滴水，"我"走过了<u>古城的道道小桥</u>，来到了<u>古街上</u>，见到了<u>银器店、玉器店、字画店、浇花的老人</u>。

作为一滴水，"我"走过了<u>纳西院落</u>，见到了<u>盛开的兰花、楼下闲话的主人、眺望远山的游客，以及游客和主人交谈的情景</u>。

作为一滴水，"我"走过了<u>城里的大街小巷</u>，见到了<u>古城的灯光，五彩斑斓的渠水，茶楼酒吧中的游客，以及人们在欢笑、歌唱的情景</u>。

作为一滴水，"我"走过了<u>城外的果园和田地</u>，见到了<u>宽广的丽江坝，满天星光，一丝薄云，银盘般皎洁的明月</u>。

最后，"我"来到了喧腾奔流的金沙江，跃入江流，奔向大海。

▶ **追问**：这一滴水所走过的地方、所见到的景象，概括起来有几个方面？

预设：

总体看来，有三个方面。一是丽江古城的自然风光：玉龙雪山、丽江坝、草甸、山峰、田地、花草树木。二是历史文化：四方街的来历和名字流传、东巴象形文字。三是民俗风情：亭台楼阁、中外游客、水车、银器玉器、花草、当地掌故、茶楼酒肆、欢笑歌唱。

按：需要提醒学生注意的是，本文的重点是表现丽江的人文内涵。自然风光离不开"人"的影子，历史文化和民俗风情都是围绕着"人"来写的，丽江之美美在独特的人文风情和人与自然的和谐。

● 归纳：

行文思路：按空间顺序写自然风光，按时间顺序写历史沿革，按逻辑顺序写文化人情。

作者虽然写了很多丽江的景、物、人、事，但给我们的感觉是多而不乱，这主要是因为作者行文思路清晰，先按空间顺序从自然风光写起，再按时间顺序写出历史沿革，最后按照逻辑顺序写到丽江的文化与人情。

以"一滴水"贯穿全文，串起了自然风光、历史文化和民俗风情，线索明朗清晰，内容充实丰富。

三、研讨问题：一滴水的情怀

提问：作者笔下的"一滴水"，在"水的方式"或"形态"上发生了哪些变化？

学生填写下表：

● 预设：

游踪	方式（形态）
飘在高空中	一片轻盈的雪花：飘落
落在玉龙雪山顶上	坚硬的冰（冰川的一部分），缓缓向下流动：沉睡（沉默）
望见丽江坝	被阳光融化成了一滴水：苏醒
扑向山下	成为瀑布中的一滴水：大声喧哗，扑下山去

续表

游踪	方式（形态）	
奔流到草甸	水流的一部分	涧水奔流
跌落到落水洞		寂静睡去
冒出黑龙潭		惊醒，从山脚下冒出来，翻上水面
顺着玉河来到四方街前，乘水车		缓缓升高，哗然跌落
回到了玉河，穿过一道又一道小桥		灵活的穿流
经过纳西小院	投身为水壶中的水	
落在兰花上	成为水珠、水滴	
回到水渠中	成为穿城而过的水流中的一部分	
流淌在丽江坝中，穿越大地	与更多的水流一起	
来到金沙江边	一滴水跃入了江流，奔向大海	

▶ **追问**：作者所写的仅仅是这"一滴水"的一段生活经历吗？

预设：

作者除了写"水"的物态现象之外，还写了与"水"有关的景、物、人、事，写了"水"背后的时、空、情、意。"水"是生命之源，是城市、乡村的灵气所在，更是文明之渊薮，世界上所有的文明都发源于河流，丽江自不例外。文中所写，除了这"一滴水"的一段生活经历之外，还有被水映照得令人目眩神迷的雪山，逐水而居的祖先，用水浇灌的田地、花草树木，因水而诞生的文化，被水洗净的古街，寂静时分的夜凉如水，如水一样晶莹的人们的内心。

● **归纳**：

1. 这"一滴水"方式或形态的变化，其实是游踪的变化、视角的变化和情绪的变化。它行动自由，体态活泼，这使行文摇曳多姿：有居高临下，有由远观近，有沉潜深处，有升高远望，有仰视天幕，有抵近细察，有一瞥即逝。它使情感抒发更加充分：作者运用了拟人手法，"借水抒情"，通过"一滴水"，写出了对丽江的久久渴慕、深情留恋、由衷赞美。

2. 作者看上去是写"一滴水"，其实是写人的游踪，有实有虚，明暗结合。这"一滴水"就是一位有情有义的游客，它观察着、倾听着、感受着、体验着丽江无与伦比的美丽，它或娓娓道来，或直抒心曲，深情地向人们讲述着丽江的前世今生、风土人情。

3. 灵动的水，生命之水，水就是生命。"一滴水"所走过的是一段奇幻的生命旅程，所见到的是生命的美丽景象，所体悟的是生命的丰富与多彩。

四、拓展阅读，发散思维

阅读刘增山《小溪的行程》，与课文进行对比，用表格的形式简要分析"我"在两篇文章中的作用有什么异同。写好后与同学交流。

五、读写融合，学以致用

任务一：本文作者化身为一滴水，以水的踪迹为行文线索，写出了一篇别具一格的游记作品，这一写法值得我们借鉴。那么，除了"一滴水"之外，我们还可以用什么作为线索呢？请以"一____过____"为题，写一段话（一首诗），并与同学分享交流（可参考附2）。

提示：可以是"一片云飘过"，也可以是"一只鸟飞过"，还可以是"一阵风吹过"，等等。

任务二：请尝试运用本文的写法，以一种比较独特的视角，写一写你熟悉的某一景象，在作文课上交流。（可参考附3）

附1.

学生所画的游览线路图（图片由厦门市海沧区教师进修学校附属学校杨芬芳老师提供）：

附2. 老师习作

一只鸟飞过厦门

（厦门市海沧区教师进修学校附属学校　杨芬芳）

我是一只鸟，

飞过海沧大桥，看到了仙岳山。

它像一颗绿宝石一样，

镶嵌在小岛上。

我忍不住停下来，驻足，张望。

我看到了鲜艳的三角梅在风中舞蹈。

我飞过碧波荡漾的筼筜湖，

我看到了和我一样的小伙伴，

白鹭轻盈地亲过水面。

我飞过厦大白城，

看到了如诗如画的校园，

看到了熙熙攘攘的曾厝垵,
看到了两座如玉帆船一样的双子塔,
看到了威武挺立在大海上的郑成功。
我飞过鼓浪屿,
听到了海浪鼓鼓的声音,
听到了钢琴优美的旋律,
听到了岛民爽朗的闽南话……
我想停下来栖息,
确实想停下来,
想被刻进闽南古厝的雕梁画栋里。
作为一只鸟,
我终于以鸟的方式飞过厦门。

附3. 学生习作

（1）

　　我是一只鸟，轻盈地落在了老街前的凉亭上。一阵风吹来，我随风而起，穿过了店头街，悄悄落在了惠吉门前的石阶上，探着身子往里面左看看右看看。我看到了里面交谈闲话的人们。之后，我便上了城墙，看到了一些强壮的小蚂蚁顺着城墙壁达到了顶部。眺望远处，汀江边，城门前，游船旁，有来往的游客，一排的妇女浣洗着衣裳。

　　我看到了充满生气的古城。

（2）

　　我是一只鸟,飞翔在古城的上空,我望向古城,看见了那条俗称"古城濠"的人工河,河顺着错落有致的人家,房前屋后蜿蜒在弯弯曲曲的小巷之中。我渐渐低飞,看清了河水中的影像,细长墨绿的水草在卵石间摇曳,小鱼群群,忽而跐溜窜过,忽而静静鼓嘴摆尾,似在争食,似在嬉戏。我经过客家人的身旁,模糊听见他们正在交谈生活中的烦琐小事,充满生活的气息。慢慢地,我飞出了古城。

(学生习作由福建省龙岩市实验学校王金秀老师提供。)

《马说》：此马真的非彼马

◆ **关键问题**

文章题目中的"马"与作者所重点议论的"千里马"是一回事吗？你是怎样理解的？

◆ **设计意图**

在这篇短论中，"马"的出现达 10 次之多，其表述也不尽相同，学生理解起来会有一定的难度，而作者所要表达的意思和情感又集中在"马"这一词语上。所以，学生理解了"马"这一关键词语在文中的全部意思，也就可以完整把握作者的观点，并认识其行文变化的特点。

教学过程

一、情境导入，疏通文意

（一）情境导入

出示"伯乐相马"的故事，让学生直观感知伯乐与骏马的关系：

人有卖骏马者，比三旦立市，人莫之知。往见伯乐，曰："臣有骏马欲卖之，比三旦立于市，人莫于言。愿子还而视之，去而顾之，臣请献一朝之贾。"伯乐乃还而视之，去而顾之。一旦而马价十倍。

——《战国策》

● 预设：

在伯乐出现前，虽为骏马，可"比（接连）三旦立市，人莫之知"；当伯乐"还而视之，去而顾之"后，则"一旦而马价十倍"顺利卖出。可见，即使是"骏马"，也需要有伯乐才行。这就是"伯乐相马"的故事。《马说》这篇课文，讲的也是这个道理。那么韩愈又是怎么"说"的呢？让我们走进课文。

（二）疏通文意

学生对照注释和相关工具书，自由阅读课文，积累字词，翻译句子。

词语积累要注意其与在已学课文、现代汉语中的词意的联系与区别，对单音词可以采用组词的方式理解。通过创设语言运用情境，让学生正确理解、迁移运用。

1. 积累重点实词

——（1）骈（骈体文，骈散结合）；（2）称（著称）；（3）是（理应如是，今是而昨非）；（4）见（风吹草低见牛羊）；（5）材（因材施教）；（7）通（指通豫南，通计一舟）；（8）临（东临碣石，临帖）。

——（1）食：一食或尽粟一石　食马者不知其能千里而食也　食不饱

（2）策：策之不以其道　执策而临之

2. 积累重点虚词

（1）然后；（2）虽；（3）祗；（4）或；（5）且；（6）其。

3. 翻译重点语句

（1）马之千里者，一食或尽粟一石。

（2）且欲与常马等不可得，安求其能千里也？

（3）鸣之而不能通其意。

（4）呜呼！其真无马邪？其真不知马也！

二、理解题意，整体感知

学生自由读课文，圈画出与"马"有关的词语和句子，厘清它们的关系，归纳其表达特点，完成下列表格。

学生分环节自主完成，教师适当引导和点拨。课上交流。

● 预设：

与"马"有关的词句	与"千里马"的关系	表达特点
世有伯乐，然后有千里马。 千里马常有，而伯乐不常有。	千里马	直称： 正面提出，表述严正。 暗称： 表述委婉，意在其中。 代称： 简洁含蓄。
故虽有名马……不以千里称也。 食马者不知其能千里而食也。	名马——千里马 食马者所食之马——千里马	
马之千里者，一食或尽粟一石。	千里马	
是马也……且欲与常马等不可得，安求其能千里也？	此马非"常马"，乃千里马	
天下无马	马——千里马	
其真无马邪？其真不知马也！	马——千里马	

提问1： 从上表中，你发现了什么？

● 预设：

1. 短短100多字中，直接写到"马"（不含题目）的地方有10次之多。
2. 凡涉及"马"某些方面特点的，都指的是"千里马"。

引导学生用这样的语句表达：题目"马说"，其实是"千里马说"，它"说"了＿＿＿＿＿＿。

——题目"马说"，其实是"千里马说"，它"说"了千里马与伯乐的关系。

——题目"马说"，其实是"千里马说"，它"说"了千里马的特点。

——题目"马说"，其实是"千里马说"，它"说"了千里马的不公正遭遇。

——题目"马说"，其实是"千里马说"，它"说"了千里马不被认识、不被重视而招致埋没的不幸处境及其背后的深层次原因。

🔍 **提问 2**：在说到"马（千里马）"这一词语时，所用的方式都是一样的吗？请结合具体语句做简要分析。

学生思考，讨论交流。
● 预设：

不一样，细加分析有三种情况：一是直称，正面提出，表述严正；二是暗称，表述委婉，意在其中；三是代称，简洁含蓄。

▶ **追问**：由此我们可以归纳出本文有什么样的行文特点？

预设：

聚焦中心，展开论述。注重变化，言简意赅。灵活恰当，感情强烈。

三、研读课文，深入理解

🔍 **提问 1**：有千里之能的马，其遭遇是什么样的？这是什么原因造成的？

学生重点读有关千里马遭遇的句子，对句意做必要的理解。
● 预设：
（一）**祗辱于奴隶人之手，骈死于槽枥之间，不以千里称也。**
遭遇：没有得到应有的重视，只能与平庸的马一样，默默无闻地老死于马棚，而不能以千里马著称于世，活得很郁闷、憋屈。
这是因为"伯乐不常有"，千里马落在根本不识马的奴隶之手。
（二）**虽有千里之能，食不饱，力不足，才美不外见。**
遭遇：没有得到相应的待遇，才能得不到显现，也就无法施展自己的才能。

这同样是因为没有遇到伯乐。

▶ **追问**：这句话的逻辑思路是什么？请尝试理清其推理过程，可以采用逆推法。

学生思考，尝试表达。

预设：

千里马被埋没，是因为它"才美不外见"，也就是显示不出能日行千里的能力——结果。

"才美不外见"，是因为其"力不足"，看不出它有什么能日行千里的力量——原因之一；"力不足"，是因为"食不饱"，它的食量极大，"一食或尽粟一石"，而这不是一般食马者所能认识到的，也是他们所不愿的，所以关键原因是没有遇到伯乐——原因之二。

不难看出，第二个原因是千里马不幸遭遇的根本、关键和症结所在。作者对食马者进行了愤怒谴责和强烈控诉。

（三）策之不以其道，食之不能尽其材，鸣之而不能通其意。

遭遇：驱使千里马驰骋时，不懂得正确的驾驭之道；给它喂食时，又不能按照它的才具给以充足的食料，而使其能够竭尽才能；与其相处时，听不懂其鸣叫的意思，无法理解其内心的需求，这都说明千里马没有得到应有的理解与尊重。

正是因为食马者、驭马者不能正确识别其才能，不能尽量满足其物质需求，不能深入理解其精神愿望，所以千里马受到了极大的压抑，难以施展自己的才能。这从反面证明了"世有伯乐，然后有千里马"的道理。

与"伯乐相马"故事中的骏马命运相区别的是，韩愈笔下的千里马不仅不为人所知，且不为人所用，并受到食马者、驭马者的主观故意忽视和压制。

> 🔍 **提问2**：作者对"千里马"的遭遇怀有怎样的情感？

学生反复朗读相关文句，加以体会和揣摩，并将下列文字补充完整。

作者从_____论述，旗帜鲜明地提出了_____的观点，无情针砭和控诉了_____的现象，强烈讽刺了_____的无知与偏执，形象表达了_____的不平和悲愤之情。

● 预设：

作者从反面论述，旗帜鲜明地提出了"世有伯乐，然后有千里马"的观点，无情针砭和控诉了"千里马常有，而伯乐不常有"的现象，强烈讽刺了"执策而临之，曰：'天下无马！'"的无知与偏执，形象表达了"其真无马邪？其真不知马也！"的不平和悲愤之情。

四、拓展延伸，探究问题

> 🔍 **提问1**：韩愈所论述的仅仅是"马"吗？请阅读相关资料，做简要分析。

学生思考，讨论交流。

● 出示1：

　　上令封德彝举贤，久无所举。上诘之，对曰："非不尽心，但于今未有奇才耳！"上曰："君子用人如器，各取所长。古之致治者，岂借才于异代乎？正患己不能知，安可诬一世之人？"德彝惭而退。

——《资治通鉴·唐纪八》

● 出示2：

出示有关韩愈生平，特别是他"曾几次上书给当朝权相，希望得到重用，以展才志，但都被冷落"的资料，让学生明白这是他的一篇"不平之鸣"之作，理解其愤懑不平和穷困潦倒之感。

大凡物不得其平则鸣。

——韩愈《送孟东野序》

《马说》大约作于贞元十一年至十六年（795—800）间。其时，韩愈30岁左右，初登仕途，很不得志。曾三次上书宰相请求擢用，"而志不得通"；"足三及门，而阍人（守门人）辞焉"。相继依附于宣武节度使董晋、武宁节度使张建树幕下，郁郁不乐。

——《教师教学用书》

▶ 追问：由此可见，韩愈表面上是写"马"，其实是写自己，是抒发自己的愤郁之情。这是什么手法？在我们学过的课文中，有运用这种手法的吗？

学生回顾，交流。

预设：

借物抒情，托物言志。已经学过的《陋室铭》《爱莲说》等所运用的都是这一手法。

韩愈所论的不是"马"本身，而是借马说事，借马说理，借马抒情。这是一种托物寓意的写法，"以千里马不遇伯乐，比喻贤才难遇明主。作者希望统治者能识别人才，重用人才，使他们能充分发挥才能"（参见《教师教学用书》）。

🔍 **提问2**：虽然如此，作者有没有将感情强烈地表达出来呢？请结合相关语句说说你的认识与发现。

学生阅读思考，合作交流。

● 预设：

这篇文章的情感色彩非常强烈，但在表达上又显得很含蕴。

全文处处流露出一种强烈的愤郁，对颟顸无知的当权者表示了强烈的鄙视和嘲讽，但在表达时，不流于一览无余的斥责怒骂，而是以唱叹之笔含蓄出之。

结合下列句子体会揣摩：

1. 是马也，虽有千里之能，食不饱，力不足，才美不外见，且欲与常马等不可得，安求其能千里也？

这个长句，一气呵成，流转自然，蕴含着满腔牢骚愤郁，用的却是抒情笔调。

2. 策之不以其道，食之不能尽其才，鸣之而不能通其意。

运用排比句式，一气蝉联，指出对千里马既不懂得正确的驾驭之道，又不能按照它的才具给以充足的食料，且当它鸣叫时不懂得它的心意的问题。三个"不"，将驭马而不识马的害处揭露得非常充分。作者的激愤之情溢于言表。

3. 执策而临之，曰："天下无马！"

用漫画化手法画出驾驭者愚妄无知而又极主观武断的形象，千里马就在他眼前，他却视而不见，竟说"天下无马"。在讽刺揶揄中流露出意味深长的幽默。

4. 呜呼！其真无马邪？其真不知马也！

以疑问的口吻表达肯定的意思，讽刺辛辣，幽默感浓。将强烈的愤郁化为强烈而无穷的感慨，更显得蕴藉有致。（参见《古文鉴赏辞典》）

● 出示：

起如风雨骤至，结如烟波浩渺。寥寥短章，变态无常。而庸耳俗目，一齐写尽。

——清·蔡铸《蔡氏古文评注补正全集》

> 🔍 **提问 3**：封建时代，杰出的人才不被当权者所了解与任用，这是常有的事情，因此抒发"怀才不遇""英雄无用武之地"感慨的诗文非常多。这个问题并不新鲜，作者却写出了新意，你认为"新"在何处？

学生思考探究，合作交流。

反复朗读：呜呼！其真无马邪？其真不知马也！

● **预设：**

其"新"在如下几点：

1. 从全文立意看：

不是单纯从深受其害的知识分子视角出发，诉说一番怀才不遇的委屈与牢骚，也不是常规地论述当权者了解、任用人才的重要性，而是仅仅抓住对人才的发现在某种意义上比人才本身更为重要这个特点，围绕"不知马"三字做文章。

一方面，揭露了居于伯乐之位而无伯乐之识、之见、之心的当权者颟顸无知而又主观武断的丑恶面目；另一方面，揭示出杰出人才被埋没、受屈辱的境遇及其原因，深刻地说明了不是天下无才，而是缺乏发现人才、了解人才的伯乐的道理。

2. 从全文结构看：

对主题不做正面论述，而是在提出"世有伯乐，然后有千里马"的论点，突出识人的极端重要性之后，从反面进行阐述。

先说不能识马的结果；接着讲不会饲养马的结果；最后加以归纳，在既不能识马、养马、用马而又叫喊"天下无马"的对照中，对"执策"者进行辛辣的讽刺；末尾是反诘和感叹，表现了作者对糟蹋良马行为的极大愤慨。

3. 从具体论述看：

千里马的食量与才具，一般人往往不太注意它们之间的紧密关联度，但作者注意到"千里之能"的发挥依赖于食饱力足的客观条件这个事实，从一个人们容易忽略的角度提出问题，揭示出"食不饱"与"才美不外见"的关系，从而说明对待杰出的人才，应为他们创造一些特殊的条件。（参见《古文鉴赏辞典》）

4. 从手法运用看：

全篇连类设喻，表意含蓄，说明良才常有，缺少的是识别和任用良才的人，饱含感情地寄托了作者自己的怀才不遇之感，并为受压抑之士倾泻不平之气。

全文言简意赅，精悍无匹，蕴藉隽永，寓意深曲，又回环跌宕，一波三折。论证上富有严密的逻辑性，描述上具有鲜明的形象性。

这样提出问题和论述问题，具有新意，能给人以启示。特别是在封建社会里，统治阶级对杰出人才是非常不尊重的，他们所需要的只是"常马"；即使有千里马，他们也"不知"，"求贤若渴""任人唯贤"的美好情景，只能是一种理想与期盼。

> 率土之滨，莫非王臣。
> 　　　　　　　　　　　　　　——《诗经·小雅·北山》
>
> 天下英雄，入吾彀中矣。
> 　　　　　　　　　　　——五代·王定保《唐摭言》（卷一）

▶ **追问**：作者的观点对当今社会有什么启发意义？

学生思考，交流认识。

预设：

——要尊重知识，尊重人才。

——要大力重视人才培养，要科学选拔人才和任用人才。

——看人才不能重外表，要重内在，重素养，重品质。

——要给人才提供必要的物质条件，要关心人才的精神需求。

五、读写融合，表达交流

任务一：阅读下列诗句，结合《伯乐相马》的故事，请写一段文字，谈谈你对人才问题的看法，并在课上分享交流。

天生我材必有用，千金散尽还复来。

　　　　　　　　　　　　　　——唐·李白《将进酒》

疾风知劲草，板荡识诚臣。

　　　　　　　　　　　　——唐·李世民《赐萧瑀》

试玉要烧三日满，辨材须待七年期。

——唐·白居易《放言五首·其三》

江山代有才人出，各领风骚数百年。

——清·赵翼《论诗五首·其二》

我劝天公重抖擞，不拘一格降人才。

——清·龚自珍《己亥杂诗》

俱往矣，数风流人物，还看今朝。

——毛泽东《沁园春·雪》

任务二：在"伯乐与人才"的关系上，有人认为"伯乐比人才更重要"，如韩愈就是这样的观点，但也有人认为"人才比伯乐更重要"。你同意哪一种观点？请以此为辩题，在班级里组织一次辩论会。

要求：

1. 以小组为单位编写一份辩论会策划书；
2. 通过小组辩论，推选参加班级辩论会的辩手；
3. 辩手做好辩论准备，其他同学做好协助工作；
4. 制作一份辩论会海报；
5. 组织班级辩论会。

《唐诗三首〈石壕吏〉》：老妇的凄惨哭声

◆ **关键问题**

　　这首诗的题目为"石壕吏"，但仅从题目我们看不出它要表达的主要意思。你能根据诗歌内容，把它扩充为一句话，使其意思更明确吗？你这样扩充的理由又是什么呢？

◆ **设计意图**

　　这首诗与他的另外两首《新安吏》《潼关吏》一样，都是以"吏"入题，写"吏"的残暴行为及其给人民带来的痛苦。但这样的意旨不能直接从题目中读出来，需要借助于对内容的理解才能感受得到。从题目入手，能够让学生更好地理解诗意，并感受诗歌所表现的黑暗现实，体会诗歌语言的表达特点。

教学过程

一、自由朗读，整体感知

提问：诗歌的题目是"石壕吏"，诗中有哪些描写是与"吏"直接相关的？

学生自由朗读诗歌，圈画出与"石壕吏"有关的诗句，做基础性理解，为全面理解诗意做准备。

● 预设：

——"暮投石壕村，有吏夜捉人。"

差役（吏）突然出现，他们此行的目的是"捉人"。

——"吏呼一何怒。"

描写差役"捉人"时凶神恶煞的行为表现，可以想见其恼火、怒吼、咆哮的情状。

——"请从吏夜归，急应河阳役，犹得备晨炊。"

老妇在差役的不断盘问下，诉说了自己一家人的痛苦情形。出于无奈，她只好主动要求上前线。差役此行所捉之人为本不应走上战场的老妇。

▶ 追问：由此可见，诗人对"吏"的描写是围绕他们的举动来写这一悲惨故事的。是什么举动？你能据此将诗题扩充为一句话吗？

预设：

诗人围绕吏们来"捉人"这一举动，讲述了一个惨痛的故事。无疑，"捉人"成了故事的事件线索。

据此，可以将诗题扩充为：

——有吏夜捉人。

——夜有吏，来捉人。

——吏来石壕村捉人。

——石壕吏夜捉人。

——有吏夜里来石壕村捉人。

二、理解诗意，把握结构

> 🔍 **提问1**："有吏夜捉人"这个故事可以分为几个层次？请结合诗意做具体分析。

学生阅读思考，讨论交流。

● 预设：

可以分为三个层次：

第一层："暮投石壕村，有吏夜捉人。老翁逾墙走，老妇出门看。"

写了差役到石壕村"捉人"的序幕，交代了事件发生的背景。

第二层："吏呼一何怒！妇啼一何苦！……急应河阳役，犹得备晨炊。"

写了差役在石壕村"捉人"的经过，这是事件的主体。

第三层："夜久语声绝，如闻泣幽咽。天明登前途，独与老翁别。"

写了差役在石壕村"捉人"的尾声，写出了事件的结局和诗人的感受。

▶ **追问1**：如果从"有吏夜捉人"故事的来龙去脉看，诗歌还应该写些什么内容？但作者为什么没有写呢？

> **预设：**

还应该写的内容可能有：

——诗人傍晚投宿的情景。

——老翁、老妇对诗人的态度。

——诗人夜里被猛然惊醒。

——吏们的穿着打扮、行为动作。

——吏们说明为什么捉人。

——诗人在听老妇"致词"时的心理状态。

——老妇被捉走的具体情形。

——诗人整宿未眠卧听"幽咽"之声。

——诗人天明时"独与老翁别"的话语、神情、动作等。

作者没有写这些是因为，全诗都是围绕"捉人"展开的。凡与此无关的一律不写，给读者留下了充分想象的余地。

由此可见，诗人对材料进行了有目的的剪裁，以使矛盾更加突出，主题更加鲜明。

▶ **追问 2**：从"有吏夜捉人"这件事的经过看，诗歌是按照什么顺序展开故事情节的？

预设：

是按照时间顺序展开故事情节的。这是故事的时间线索：

1. "暮投石壕村，有吏夜捉人。"这是从"暮"（傍晚）到"夜"；
2. "听妇前致词……夜久语声绝。"这是由"夜"到"夜久"；
3. "天明登前途，独与老翁别。"这是由"夜久"到"天明"。

时间非常清晰，叙述非常精练，显示了诗人高超的语言艺术。

🔍 **提问 2**：在"有吏夜捉人"中，"我"在何处？这体现了结构上的什么特点？

学生阅读思考，找出与"我"有关的诗句，体会揣摩。

● **预设：**

"我"是一直在场的，傍晚投宿，为见证这个悲剧故事埋下了伏笔。

差役夜晚捉人，老翁慌忙翻墙逃走，老妇战战兢兢地开门，这都是"我"的所见。

老妇凄惨的诉说，孙母凄然的呜咽，都是"我"的所闻。

天明时分只有老翁与自己告别，解开了老妇有没有被捉的谜团，这既是

"我"的所见,也是"我"的所想。

● 归纳:

"我"是一直隐在背后的,"我"不仅是这个故事的讲述者,也是见证人,更是参与者("我"的情感倾向性很明显)。这是诗歌的另一个特色:明暗双线结构。

按照时间顺序叙述故事,是一条明线;"我"的所为、所见、所闻、所想则是暗线。全诗呈现明暗线交叉推进的特点。

三、深入阅读,体会情感

学生深入阅读,体会其丰富内容,想象对话情景,揣摩人物情感,把握人物形象,感受诗人忧国忧民的情怀。

阅读思考:在"有吏夜捉人"的故事中,"妇啼一何苦"与"吏呼一何怒"有什么关联?请结合诗意做简要分析。

(一)重点阅读,划分层次

● 预设:

老妇的"致词"可分为三层:

第一层:"三男邺城戍。一男附书至,二男新战死。存者且偷生,死者长已矣!"

告诉差役真实情况,态度坦然、诚恳,看似客观的陈述语气中带着哀求,字里行间显示了其心情之沉痛。

第二层:"室中更无人,惟有乳下孙。有孙母未去,出入无完裙。"

进一步回答了差役的问话,沉痛的语气中带着悲愤的情绪。尽管她隐瞒了实情,但也是被逼无奈。家中一旦失去唯一的男人,其结果必然是更加可怕的家破人亡。

第三层:"老妪力虽衰,请从吏夜归。急应河阳役,犹得备晨炊。"

是老妇最后的诉说,她挺身而出,义无反顾,悲愤的语气变得昂扬激愤,充满了爱国精神。她完全把爱家人和爱国家(朝廷)结合了起来,说出了这令人惊心动魄的四句话。

老妇的情绪在经历了悲苦、悲伤、悲愤之后,转向了对造成国家动荡不安的乱臣贼子的愤恨,她经历了从懦弱到坚强、坚定与坚韧的过程。

(二)还原想象,补充对话

请展开想象,合理补充,把吏与老妇的对话场面写成短剧本,写出吏之"怒"和妇之"苦",进一步体会诗人的情感。

学生先自由写,然后分角色朗读或表演。

● 预设:

差役(凶神恶煞的样子):你家的男人都到哪儿去了?快交出来!

老妇(充满哀切的语气):三个儿子都上了邺城前线,一个儿子前两天来信说,他的两个兄弟都已经捐躯战场了。(哆哆嗦嗦地拿出信件。)唉,死的已经死了,活着的姑且活一天算一天吧!

差役(继续叫嚣隳突):难道你家里再没有别人了?快交出来!

(另一个房间里传出了孩子的哭声。)

差役(非常恼怒,威逼):你竟敢撒谎!不是有个孩子在哭吗?

老妇(迟疑了一下,逼不得已):家里再也没有其他男人了,只有一个小孙子啊!还在吃奶呢,小得很。

差役(很不耐烦,继续怒吼):吃谁的奶?总有个母亲吧!还不把她交出来!

老妇(硬着头皮):孙儿是有个母亲,她的丈夫刚在邺城战死了,因为要奶孩子,才没有改嫁。可怜她连一件像样的衣服也没有,怎么见人呀!还是行行好吧!

差役(继续大喊大叫,不依不饶,如狼似虎地咆哮):不行,一定要有一个人跟我们走!

老妇(转为坚强地):那就允许我跟你们去吧!上阵打仗我不行,但为将士们做饭还是可以的!(暗忖:这样我才能保全家里的其他人。)

● 归纳:

1.明写老妇,暗写差役。明写"妇啼",暗写"吏呼":"妇啼一何苦"全因"吏呼一何怒"逼迫而来，"妇啼一何苦"是为了回答"吏呼一何怒"。

2. 叙事极其精练：

> 其事何长，其言何简！
>
> ——明·陆时雍《唐诗镜》

四、拓展延伸，提升思维

提问：杜甫写"有吏夜捉人"的故事，到底想表达什么呢？

● 出示：

1. 杜甫在安史之乱中创作的一些诗句：

野旷天清无战声，十万义军同日死。

——杜甫《悲陈陶》

战哭多新鬼，愁吟独老翁。

——杜甫《对雪》

兵革既未息，儿童尽东征。

——杜甫《羌村三首》

客行新安道，喧呼闻点兵。借问新安吏："县小更无丁？"

——杜甫《新安吏》

万国尽征戍，烽火被冈峦。积尸草木腥，流血川原丹。

——杜甫《垂老别》

2. 写作背景：

唐肃宗乾元二年（759年）春，郭子仪等九节度使六十万大军包围安庆绪于邺城，由于指挥不统一，被史思明援军打得全军溃败。唐王朝为补充兵力，便在洛阳以西至潼关一带，强行抓人当兵，人民苦不堪言。这时，杜甫正由洛阳经过潼关，赶回华州任所。途中就其所见所闻，写成了"三吏""三别"。

——《唐诗鉴赏辞典》

清仇兆鳌在《杜少陵集详注》里说:"古者有兄弟始遣一人从军。今驱尽壮丁,及于老弱。诗云:三男戍,二男死,孙方乳,媳无裙,翁逾墙,妇夜往。一家之中,父子、兄弟、祖孙、姑媳惨酷至此,民不聊生极矣。"

——《唐诗鉴赏辞典》

学生阅读思考,讨论交流,教师点拨。

● 预设:

杜甫的想法有点复杂,或者说是矛盾的:

他一方面赞扬了老妇的自请应役,这是普通劳动人民为了国家和平安宁勇于献身的牺牲精神,因为他们所面对的是一场平叛战争;

另一方面,他又对这种牺牲给人民带来的苦难充满同情,比如他们为残酷的战争所迫,为横暴的酷吏所胁,特别是对这种"毫无章法、暗无天日的拉夫政策",给予了无情的揭露、批判和控诉。

也正因为此,杜甫在诗中没有直接表露他的情感、态度,只是"客观"地叙述,但其展现的是他忧国忧民的深厚情怀。

> 穷年忧黎元,叹息肠内热。
> ——杜甫《自京赴奉先县咏怀五百字》

由此,可以让学生明确诗歌的写作手法:借助叙事抒情、议论,含蓄表达自己的情感。

五、读写融合,创意表达

任务一:自由想象,改写诗歌

诗中写"我"只有寥寥数句,其中含有丰富的内容。请发挥想象,以第一人称"我"为中心，对诗歌内容进行改写。写好后在小组内交流分享。

要求：

> 尊重原诗，合理想象，运用人物描写的一些方法。

任务二：请阅读下列两封信，对照诗意，以身处河阳前线的唐朝大将兵部尚书、朔方节度使郭子仪的名义，给老妇写一封信。写好后在课上交流。

按：这项练习有助于学生拓展文化视野，培养读写结合的能力；进一步加深对诗意的理解，感受诗人的情感，从中接受思想情感教育。

第一封信，为美国第16任总统亚伯拉罕·林肯所写：

亲爱的夫人：

  我从麻省国民警卫队总指挥的陆军档案里获知，您有五个儿子，他们均在战场上牺牲，我明白我的安慰，不能舒缓您的痛苦、痛失爱子的悲伤。但我仍要代表合众国，向您致敬，愿天父抚平您的伤子之痛。您在自由祭坛前的献祭，必为您带来光荣。

——美国电影《挽救大兵瑞恩》

第二封信，为第二次世界大战时任美国陆军参谋长的乔治·马歇尔所写：

亲爱的瑞恩太太：

  我满怀欣喜之情通知您，您的儿子，列兵詹姆斯·瑞恩平安无事。此刻，他正在从欧洲战场返乡的途中。

  来自前线的报告表明，在他得知三个哥哥在这场为铲除独裁和压迫的世界大战中不幸牺牲的消息后，仍以非凡的勇气和赤诚之心履行了他的职责。

  我很荣幸地，以最高统帅和全体将士，以及对您充满感激之情的全国人民的名义，祝您，在詹姆斯的陪伴下，幸福，安康。

  任何事情，包括您的爱子归来，都无法弥补您以及千百万美国家庭在这场灾难性战争中所饱受的巨大损失。我恳求上帝抚平您失去爱子的哀伤，心中留下对英烈们的珍贵回忆,以及您当之无愧的为自由而奉献的神圣自豪感。

——美国电影《拯救大兵瑞恩》

附学生习作:

1. 致石壕村老妇的一封信

尊敬的夫人:

  我是身处河阳前线的大将郭子仪,我从征兵的小吏口中得知,您的两个儿子都在抵抗叛军的战争中壮烈牺牲了,对此我感到十分抱歉,请您节哀顺变。您的大儿子如今依然在艰苦地为大唐能再次复兴做出伟大的贡献,相信吧,这场战争会早日结束,您的大儿子也会再与你们团聚。他们在战场英勇杀敌的身影和艰辛将会写入大唐的历史之中,朝廷与人民是永远不会忘记的。希望我的这封信能让您的悲伤得到些许缓解。

  希望您能从悲痛中走出,再次感谢您的儿子为朝廷做出的贡献!

兵部尚书、朔方节度使郭子仪
大唐乾元年间二月某日

2. 致石壕村老妇的一封信

尊敬的妇人:

  您好!

  我是身处河阳前线的唐朝大将,我已经听闻您的遭遇了,为此非常地同情您。因战争的惨烈您家的两个儿子为国捐躯,而您的儿媳却没有完整的衣服。您在白发人送黑发人的悲伤时刻,却还义无反顾地"应河阳役",使我不得不对您产生由衷的佩服。虽然我不知道要怎么安慰才能抹去您心灵的创伤,但您的这种英雄气概,为国家做奉献的

精神将会铭记在我们的心中。我代表每一个大唐人向您致敬和表示感谢，也请您相信，我们一定会让战乱快速停止，还大唐每一个人安定的生活。

  敬祝
身体健康，平平安安！

兵部尚书、朔方节度使郭子仪
大唐乾元年间二月某日

  （学生习作由厦门市海沧区教师进修学校附属学校杨芬芳老师提供。）

《唐诗三首〈茅屋为秋风所破歌〉》：
博大宽广的胸怀

◆ **关键问题**

从诗歌的题目"茅屋为秋风所破歌"看，其中最为关键的词语是哪一个？请说说你的理由。

◆ **设计意图**

古诗题目中往往隐含"玄机"，其中不乏揭示主旨和情感的词语，这首诗的题目就是如此，而不像作者的《望岳》《春望》那样，诗意难以在题目中显豁表露。引导学生抓住题目中的关键词语，就可以带动对诗意的整体把握，并在此过程中让学生揣摩诗人的生活与心理状态，体会诗歌的表达特点。

教学过程

一、朗读诗歌，感知诗意

（一）朗读感知

学生自由朗读诗歌，对照注释，理解诗句的基本意思，教师做必要的指导。这是为后面的问题探讨做好基础性工作，因为没有对诗意的基本理解，学生是难以读进去的。

在实施这个环节时，可以要求学生用自己的语言把诗歌的主要内容讲述出来，并在此基础上对内容进行概括。

(二) **理解诗意**

学生借助课文注释和相关工具书，用自己的语言描述诗歌内容。

● 预设：

　　八月秋深，狂风大声吼叫，卷走了我屋顶上多层茅草。茅草乱飞，飞过江去，散落在对岸江边。飞得高的茅草挂在高高的树梢上，飞得低的飘飘转转沉到池塘水中。

　　南村的一群儿童欺负我年老没力气，竟然狠心这样当面做抢劫的事情，明目张胆地抱着茅草跑进竹林里去了。我费尽口舌也喝止不住，只有回到家后拄着拐杖独自叹息。

　　一会儿风停了，天空上的云像墨一样黑，秋季的天空阴沉迷蒙渐渐黑了下来。布质的被子盖了多年，又冷又硬像铁板似的，孩子睡相不好，把被子蹬破了。床头因为屋漏，没有一点儿干燥的地方，雨点像下垂的麻线一样密集。自从安史之乱后我的睡眠时间就很少了，长夜漫漫，屋子又漏雨，如何才能挨到天亮？

　　如何能得到千万间宽敞的大屋，普遍地庇护天底下贫寒的读书人，让他们喜笑颜开！房屋即使遇到风雨，也安稳得像山一样。唉！什么时候眼前出现那样高大宽敞的房屋，到那时即使我的茅屋被秋风吹破自己受冻而死也心甘情愿！

二、研讨问题，重点把握

> 🔍 **提问**：诗题"茅屋为秋风所破歌"，其中最为关键的词语是哪一个？请说说你的理解。

● 预设：

"破"字最为关键。

▶ **追问1**：诗人所居住的茅屋是怎样被"破"的呢？围绕"破"诗人写了哪些内容？

预设：

可以按下列步骤开展学习活动：

1. 根据诗意，围绕"破"字为每一节诗所描画的画面拟一个小标题，尽量用整齐的短语，如四字、五字、八字短语等；

2. 圈画出构成画面的一些词语，说出这样拟题的理由，以此训练筛选信息的能力，培养语感；

3. 在老师的指导下体会画面描述的特点，并揣摩诗人的生活及心理状态。

按：教师先做示范，比如第一节诗的小标题可以拟为："狂风破屋"或"狂风破茅屋"。不一定要统一，只要言之成理即可。

学生阅读，思考，交流，逐步完成下表，形成基本一致的认识。

	画面	相关词语	表达特点	诗人状态
破	狂风破屋	怒号、卷、飞、渡、洒、挂罥、飘转	动态十足，惊心动魄，牵动视线，拨动心弦。	突遭不幸，焦急，痛惜。
	茅草被抢	欺、老、无力、盗贼、焦、躁、呼、倚、叹息	把自己与顽童对照起来，神情生动。	备受欺负，气闷，暴躁。
	屋漏床湿	墨色、漠漠、昏黑、冷、铁、娇恶、裂、漏、未断绝、丧乱、长夜、沾湿	环境烘托，含蓄表达；形象刻画，富有情趣。	通宵不眠，苦闷，痛苦。

续表

画面		相关词语	表达特点	诗人状态
破	真诚祈愿	广厦、千万、天下、寒士、欢颜、安如山、呜呼、突兀、见、独破、受冻、死亦足	形象巨大，叹息深沉；言辞激昂，态度坚决。	陷入奇妙狂想，有博爱情怀。

4.归纳：

围绕"破"，诗人写了：

"破屋"的情景（不幸）；

"破屋"的叹息（无奈）；

"破屋"的苦痛（难眠）；

"破屋"的愿望（祈愿）。

▶ **追问2**：由此可见，诗歌有一条线索，是什么？

预设：

诗歌有一条由"破"到"不破"的情感线索：

茅屋——广厦；

茅屋破——广厦风雨不动安如山；

茅屋破——吾庐独破；

广厦千万间庇护天下寒士，安稳如山永不破。

三、自主探究，体悟情感

提问：我们还可以从诗题"茅屋为秋风所破歌"中，看出哪一个词也很关键？请说说你的理解。

学生思考探究，讨论交流。

● **预设：**

"歌"也很关键。

从字面上看，"歌"有这样几种意思：

1."歌"是诗歌的一种体裁，又称"歌行体"，写作上比较自由。

2."歌"有"记录"的意思，而需要记录下来的事情，肯定是令人记忆深刻、触动心灵、刻骨铭心的。

3.既然是"歌"，既可能是"欢歌"，也可能是"悲歌"。从诗意看，此处是"悲歌"，但又不失其"豪壮"之情。

▶ **追问1**：诗人的茅屋被"破"了，为什么还要"歌诗一首"？是什么牵动了他的诗情？

预设：

——漂泊不定、居无定所的生活好不容易才结束，诗人好不容易才安顿下来，但突如其来的一场暴风雨又破坏了这难得的安宁，这样的不幸遭遇值得他记录。

——诗人由眼前"雨脚如麻未断绝"的狼狈不堪的情景，想到了"自今丧乱少睡眠"的痛苦经历，却又不知道"长夜沾湿何由彻"，为此愁苦不已，这样的艰难生活令他难以忘却。

——彻夜未眠的诗人突然想到，有类似不幸遭遇的又何止自己一个？天下的所有寒士又哪一个不是如此？他想要为天下寒士谋取温饱，这一理想非常崇高，体现了诗人广济苍生的博大胸怀。如此忧国忧民、推己及人的情怀，积极浪漫，真挚感人。这样的理想情怀需要被铭记。

▶ **追问2**：诗人的思想情感经历了怎样的过程？

预设：

——由眼前自己屋破，联想到曾经经历的痛苦生活，这是纵向的，情感丰富。

——由自己的屋漏床湿、长夜难眠，想到天下寒士的艰难生活，这是横向的，情感深刻。

——由宁愿"吾庐独破受冻死"，到舍己为人并至死不悔，这是纵横交错，将前面两者合而为一，升华了情感。

出示：

任何一个诗人也不能由于他自己和靠描写他自己而显得伟大，不论是描写他本身的痛苦，或者描写他本身的幸福。任何伟大诗人之所以伟大，是因为他们的痛苦和幸福的根子深深地伸进了社会和历史的土壤里，因为他是社会、时代、人类的器官和代表。

——〔俄〕别林斯基

《离骚》为屈大夫之哭泣，《庄子》为蒙叟之哭泣，《史记》为太史公之哭泣，《草堂诗集》为杜工部之哭泣；李后主以词哭，八大山人以画哭；王实甫寄哭泣于《西厢》，曹雪芹寄哭于《红楼梦》。……吾人生今之时，有身世之感情，有家国之感情，有社会之感情，有种教之感情。其感情愈深者，其哭泣愈痛。

——清·刘鹗《老残游记》

归纳：

诗人之歌：为时代的苦痛而苦痛，为社会的烦恼而烦恼，为天下的忧愁而忧愁。

四、品味语言，理解诗眼

> **提问1**：诗人表达的情感很充分，也很强烈，除了在诗题中通过题眼"破"和"歌"体现出来之外，在诗中也有这样的关键词。是哪一个呢？请找出来，并结合全诗内容做简要分析。

学生自由朗读诗歌，感悟诗意；寻找发现，思考探究，讨论交流。

● **预设：**

全诗都是围绕诗句"归来倚杖自叹息"或词语"叹息"展开的，这叫"诗眼"。

学生反复朗读诗歌，完成下表。（参见《教师教学用书》）

	内容（为何叹息？）	情感	抒发方式
叹 息	大风破屋，茅草翻飞	痛惜，焦急	重描写、叙述，寓情于景、于事中
	群童抱茅，呼号不得	愤懑，无奈	
	布衾冷裂，雨脚如麻	愁苦，忧思	
	广厦千万，安稳如山	坚定，悲壮	重抒情，直接抒情

▶ **追问**：全诗围绕"叹息"，写了哪些内容？请做具体分析。

指导学生运用还原法，对诗人的"叹息"内容进行具体解读，并做细致理解。可以借助于每一个画面内容，用"泡"的方式，逐渐展开，注意突出诗人的心理情绪。

预设：

1. 总体看：

诗人因八月间的一场暴风雨无情袭击了他的栖身之所——茅屋，他长夜难眠，通宵忧思，感慨万千，写下来这首脍炙人口的杰出诗篇。

叹息的缘起——叹息的出现——叹息的叠加——叹息的绚烂。

2. 具体看：

第1节："叹息"的缘起。

突如其来的大风，刮走了屋上的多重茅草，这引发了诗人的痛惜之情。

这是求亲告友之后好不容易才盖起来的房子，多年漂泊不定、居无定所的日子刚刚结束，才过上几天安稳日子，却又被"破"于一旦！怎不令人痛惜，怎不令人焦躁！其唉声叹气、心急如焚之状可以想见。

> 我们读这几句诗，分明看见一个衣衫单薄、破旧的干瘦老人拄着拐杖，立在屋外，眼巴巴地望着怒吼的秋风把他屋上的茅草一层又一层地卷了起来，吹过江去，稀里哗啦地洒在江郊的各处；而他对大风破屋的焦躁和怨愤之情，也不能不激起我们心灵上的共鸣。
> ——《唐诗鉴赏辞典》

第2节："叹息"的出现。

诗人本来以为，那些被大风刮到平地上的茅草还可以收回，却不曾想到，"南村群童"因为"我老无力"，抢着抱走了！这样的欺侮，令人很生气，情急之下，作者直接骂他们是"盗贼"！

当然，这只是受欺负的愤懑心情之外显，而并非给孩童安上这样的罪名，让官府查办。

诗人明白，"不为困穷宁有此"（杜甫《又呈吴郎》）！这为后面写更深层次的叹息埋下了伏笔。

徒唤无奈之下，诗人只好"归来倚杖自叹息"。他的遭遇没有得到别人的同情，也没有谁在这样的天气、这样的境况下对他施以援手，所以他只有独自叹息，独自承受！如此看来，他"叹息"的内容就不仅仅局限于此了。

"穷年忧黎元，叹息肠内热。"（杜甫《自京赴奉先县咏怀五百字》）由此就会自然想到天下的无数"寒士"，他们也都像自己这样，过着漂泊无依的生活，承受着种种苦难。

第3节："叹息"的叠加。

引发诗人不停独自叹息的又何止那群孩童。狂风过后是大雨，这真是祸不单行、福无双至！

暗淡愁惨的天色，正烘托了诗人暗淡愁惨的心情。预料之中的大雨，密集地下在破屋上，也下在诗人的心里！又旧又破的布被，好似为屋破漏雨助势。

这眼前的一切，何尝不是"自今丧乱"的形象写照与重演！这令诗人愁苦难当。

彻夜未眠的诗人，想到了过去的自己，想到了远方的人们，忧国忧民加上"长夜沾湿"，怎么可能入睡？正是因为有如此之广的忧思，杜甫才由个人的艰苦处境，自然顺畅、水到渠成地联想到"天下寒士"的类似不幸。

> 无穷的远方，无数的人们，都和我有关。
> ——鲁迅《且介亭杂文附集·这也是生活》

第4节："叹息"的绚烂。

深广的忧思之下，诗人突发奇想，设想了一幅绚烂的情景：千千万万的广厦大屋突然一下子出现在眼前，它们富丽堂皇，宽大结实，安稳如山！贫寒士人们终于有了安身之所，不再无依无靠，他们开心地享受着安宁的生活。

但诗人转念一想，这在现实中是不可能实现的，于是发出了更加无奈的悲叹："呜呼，何时眼前突兀见此屋？"热切的期盼，只是一种虚幻，换来的只是更多的痛苦。

但诗人并没有因此而消沉，而是充满热切的向往，甚至努力摆脱自己的悲哀，终于发出了最强有力的嗟叹："吾庐独破受冻死亦足！"

诗人从痛苦的生活体验中走了出来，从个人的郁闷、愁思中走了出来，奔放的激情、火热的希望、博大的胸襟，使因"茅屋为秋风所破"而产生的苦痛一扫而空！

● **归纳：**

诗人的"叹息"所表达的是一种痛苦，但他没有停留于此。他由本身的痛苦，想到了"天下寒士"的痛苦，想到了社会的痛苦、民族的悲苦、时代的苦难。他不仅为自己的不幸遭遇而哀叹、失眠，更为天下苍生的艰难处境而大声疾呼！他不仅热烈期盼美好生活的出现，更产生了甘愿为天下穷苦人民的幸福而牺牲自己的强烈愿望！这是他长夜不眠、苦苦思索的结果，是他从切身痛苦中体验出来的极其伟大、极其宝贵的思想情感。

五、比较阅读，拓展延伸

请对照注释和译文，阅读白居易的《新制布裘》一诗，并与本诗进行比较，看看它们在情感抒发上有什么相同点。

新制布裘①

唐·白居易

桂布②白似雪，吴绵③软于云。布重绵且厚，为裘有余温④。
朝拥⑤坐至暮，夜覆眠达晨⑥。谁知严冬⑦月，支体⑧暖如春。
中夕⑨忽有念，抚裘起逡巡⑩。丈夫贵兼济，岂独善一身⑪。
安得万里裘⑫，盖裹周四垠⑬。稳暖⑭皆如我，天下⑮无寒人。

注释：

①布裘：布制的棉衣。

②桂布：即唐代"桂管"地区（今广西一带）所产木棉织成的布，尚不普及，十分珍贵。

③吴绵：当时吴郡苏州产的丝绵，非常著名。

④余温：温暖不尽的意思。

⑤拥：抱，指披在身上。

⑥眠：睡。达晨：到早晨。

⑦严冬：极冷的冬天。

⑧支体：支同"肢"，支体即四肢与身体，意谓全身。

⑨中夕：半夜。

⑩逡巡：走来走去，思考忖度的样子。

⑪兼济：兼济天下,做利国利民之事。独善：注重个人的思想品德修养。《孟子·尽心上》："穷则独善其身，达则兼善天下。"

⑫安得：如何得到，期望马上得到。万里裘：长达万里的大袍。

⑬周：遍。四垠，四边，即全国以内，普天之下。

⑭ 稳暖：安稳和暖。

⑮ 天下：全国。

译文：

　　洁白的桂布好似白雪，柔软的吴绵赛过轻云。桂布多么结实，吴绵多么松厚，做一件袍子穿，身上有余温。早晨披着坐，直至夜晚；夜晚盖着睡，又到早晨。谁知道在这最冷的寒冬腊月，全身竟暖得如在阳春。半夜里忽然有一些感想，抚摸着棉袍，起身逡巡。啊，男子汉看重的是救济天下，怎么能仅仅照顾自身！哪里有长达万里的大袍，把四方全都覆盖，无边无垠。个个都像我一样安稳温暖，天下再没有受寒挨冻的人。

　　学生自主阅读思考，分享交流。

● **预设：**

　　此诗描述了作者严冬季节身穿布裘温暖如春的感受，由此推己及人，慨然以救济天下寒人为己任，反映了作者能跨越自我、"兼济"天下的博大胸襟，表现了诗人爱民"如我"的人道主义精神，以及封建社会开明官吏乐施"仁政"、惠及百姓的进步思想。全诗表面上是写"稳暖"，实质是表达"仁政"思想，虚实相生，想象丰富，造语精奇。

　　两首诗虽然取材各异，但情感相同：杜甫自己饥寒而悯人饥寒，宁苦自身，也要利人；白居易自己饱暖而悯人饥寒，推己及人。

六、读写融合，表达交流

　　诗歌中围绕"破"字写了四幅画面，如果让你来画，你将画其中的哪一幅？请将你的设想写下来并尝试画一画，在班级交流。

《唐诗三首〈卖炭翁〉》："可怜"的卖炭翁

◆ **关键问题**

白居易在描写卖炭翁时，用了一个带有感情色彩的词语，来说明他的艰难处境，是哪一个词语？

◆ **设计意图**

与他的其他"新乐府"诗一样，白居易在这首诗中也倾注了对卖炭翁的深切同情。诗歌虽然主要通过描写的方式，对卖炭翁的形象进行生动刻画，但也在字里行间自然流露了自己的情感。要引导学生通过对关键词语的体会，揣摩其背后的东西，进而更准确和深刻地理解诗意，了解诗歌的表达艺术，把握诗人的情感。

教学过程

一、理解诗意，初步感知

（一）积累文言，理解诗意

1.学生自由朗读诗歌，疏通诗意，重点积累一些词语。

词语积累要注意其与在已学课文、现代汉语中的词意的联系与区别。要体现情境性，让学生能够灵活运用。

（1）翁（卖油翁）；（2）薪（杯水车薪）；（3）苍苍（白发苍苍）；（4）营（经营，钻营，蝇营狗苟）；（5）市（东市买骏马）；（6）翩翩（风度翩翩）；（7）叱（叱责，叱咤风云）；（8）系（系鞋带）；（9）直（争高直指）。

2.理解诗歌的基本意思，思考：从内容看，这首诗可以分为几个层次？请用相对整齐的词语概括。

● 预设：

可以分为四个层次：

第一层："卖炭翁，伐薪烧炭南山中。满面尘灰烟火色，两鬓苍苍十指黑。"写卖炭翁烧炭。

第二层："卖炭得钱何所营？身上衣裳口中食。可怜身上衣正单，心忧炭贱愿天寒。"

写卖炭翁为何烧炭、卖炭。

第三层："夜来城外一尺雪，晓驾炭车辗冰辙。牛困人饥日已高，市南门外泥中歇。"

写卖炭翁起早运炭、卖炭。

第四层："翩翩两骑来是谁？黄衣使者白衫儿。手把文书口称敕，回车叱牛牵向北。一车炭，千余斤，宫使驱将惜不得。半匹红纱一丈绫，系向牛头充炭直。"

写卖炭翁的炭被低价强买，写他的卖炭所得。

也可将第一、二两个层次合为一个，分为三个层次。归纳为：烧炭——运炭——卖炭。

（二）初步感知，形成印象

学生再读诗歌，圈画出直接写卖炭翁形象的诗句，并说出自己的初步印象。

请用这样的句式回答：这是一个____的卖炭翁，他_____。

学生自主完成，分享交流。

● 预设：

——这是一个<u>辛勤劳动</u>的卖炭翁，他<u>长年累月地在山中伐薪烧炭</u>。

——这是一个<u>终年辛劳</u>的卖炭翁,他<u>因长期受烟熏火燎,面色黝黑,两鬓苍苍,十指墨黑</u>。

——这是一个<u>生活艰难</u>的卖炭翁,他唯一的生活来源就是烧炭、卖炭。

——这是一个<u>心情非常矛盾</u>的卖炭翁,他希望天气更加寒冷,那样炭可以卖个好价钱;但他身上的衣服是那么单薄,他又多么希望天气暖和而不受冻。

——这是一个<u>非常辛苦</u>的卖炭翁,他<u>不仅要没日没夜地烧炭,而且要自己起大早,驾牛车,赶远路</u>。

——这是一个<u>筋疲力尽、饥寒交迫</u>的卖炭翁,他<u>雪中赶路,太过劳累,又冷又饿,疲倦无力</u>。

——这是一个<u>饱受剥削和掠夺、命运悲惨</u>的卖炭翁,他的一车千余斤的炭,竟被宫中使者低价强买,而那充当炭值的纱绫又能做什么呢?

▶ **按**:学生的感知会是多种多样的,要让学生充分表达,不必强求一致。

二、研习文本,理解形象

> 🔍 **提问**:白居易在描写卖炭翁时,用了一个带有感情色彩的词语,来说明他的艰难处境和悲惨形象,是哪一个词语?

● 预设:

"可怜身上衣正单"中的"可怜"一词,带有浓厚的情感色彩,可以说明卖炭翁的艰难处境和悲惨形象。

▶ **追问1**:那他有哪些"可怜"之处呢?难道仅仅是"身上衣正单"?

学生自主完成,师生共同研讨,完成下表内容,并做基本理解。

预设:

"可怜"一词贯穿全诗,诗歌所写的就是这个"可怜"的卖炭翁如何"可怜"

的故事。从中可以发现诗歌形象刻画的艺术特点：选点独特，描绘传神。

可怜	
诗句	形象理解
满面尘灰烟火色，两鬓苍苍十指黑。	年事已高，生活艰难。烟尘满面、十指熏黑，是长年艰苦劳动留下的印记。
卖炭得钱何所营？身上衣裳口中食。	炭是生活来源，是希望所系。
可怜身上衣正单，心忧炭贱愿天寒。	极度矛盾，看似非常不合情理，却又道出自己的苦衷。
夜来城外一尺雪，晓驾炭车辗冰辙。	天寒地冻，大雪纷飞，卖炭之路漫长而艰难。
牛困人饥日已高，市南门外泥中歇。	饥寒交迫，没有休息场所。
回车叱牛牵向北。一车炭，千余斤，宫使驱将惜不得。	遭到了宫使的残酷掠夺，在宫使的蛮不讲理、霸道凶残面前，迫不得已，无可奈何，只好听命。
半匹红纱一丈绫，系向牛头充炭直。	一千余斤的一车炭，长时间的辛苦劳动，没有换来"身上衣裳口中食"，内心苦痛无比，欲哭无泪。

▶ **追问 2**："可怜身上衣正单，心忧炭贱愿天寒"这两句写出了卖炭翁非常独特的矛盾心理，你能展开想象，用一段话写出他此时此刻的心理活动吗？

▶ **追问 3**："手把文书口称敕，回车叱牛牵向北。一车炭，千余斤，宫使驱将惜不得。"如果用散文化语言将这几句诗改写成情景对话，你又会怎么写呢？

▶ **追问 4**："半匹红纱一丈绫，系向牛头充炭直。"此时此刻的卖炭翁又会想什么、做什么呢？请用自己的语言描绘，可以适当写一写他的神情、动作。

按：以上三个追问，其实是要求学生通过想象，补充文本内容，借以更加深入地把握形象特点。考虑到课堂学习时间有限，不一定要全部安排，要视情况而定；也可以口头叙述，不一定非要写出来。

三、探究问题，把握诗旨

> 🔍 **提问1**：造成卖炭翁艰难处境和悲惨命运如此"可怜"的原因是什么？白居易想要表达什么？

重点读第2诗节：

  翩翩两骑来是谁？黄衣使者白衫儿。手把文书口称敕，回车叱牛牵向北。一车炭，千余斤，宫使驱将惜不得。半匹红纱一丈绫，系向牛头充炭直。
  引导学生抓住"翩翩两骑""黄衣""白衫""文书""敕""宫使""惜不得""红纱""绫"等词语，体会、发现。

● **预设**：

是宦官的专权、横行霸道、强买强卖造成的。

▶ **追问**：这是直接而表面的原因，那么间接而深层次的原因是什么呢？

出示1：

  白居易自注云："苦宫市也。""宫市"的"宫"指皇宫，"市"是买的意思，"宫市"就是皇宫里的人到街市上买东西。皇宫所需的物品，本来由官吏采买。中唐时期，宦官专权，横行无忌，连这种采购权也抓了过去，常有数十百人分布在长安东西两市及热闹街坊，以低价强购货物，甚至不给分文，还勒索"进奉"的"门户钱"及"脚价钱"。名为"宫市"，实际是一种公开的掠夺。

——《唐诗鉴赏辞典》

出示2：

　　时宦者主宫中市买，谓之宫市，抑买人物，稍不如本估。……率用直百钱物买人直数千物，多以红紫染故衣、败缯，尺寸裂而给之，仍索进奉门户及脚价银。人将物诣市，至有空手而归者，名为宫市，其实夺之。

——《教师教学用书》

出示3：

　　尝有农夫以驴负柴至城卖，遇宦者称"宫市"取之；才与绢数尺，又就索"门户"，仍邀以驴送至内。农夫涕泣，以所得绢付之；不肯受，曰："须汝驴送柴至内。"农夫曰："我有父母妻子，待此然后食。今以柴与汝，不取值而归，汝尚不肯，我有死而已！"遂殴宦者。街吏擒以闻，诏黜此宦者，而赐农夫绢十匹。然宫市亦不为之改易；谏官御史数奏疏谏，不听。

——《教师教学用书》

学生自读，教师简单串讲，适当点拨。

预设：

造成卖炭翁如此悲惨命运的根本原因是："宫市"对劳动人民的残酷掠夺。

白居易通过卖炭翁的苦难遭遇，深刻揭露了"宫市"的本质，无情鞭挞了统治阶层剥削、压迫、掠夺人民的社会现实，表达了对劳动人民的深切同情。

由此可以看出这首诗歌在表达上的又一个特点：小中见大（以小见大）。

> 🔍 **提问2：** 这样的情感，诗人有没有直接抒发出来？这是什么手法？

学生阅读思考，合作交流，师生共同研讨。

● **预设：**

诗人没有把他的情感直接抒发出来，而是把自己的情感蕴含在叙述、描写和鲜明而强烈的对比和衬托之中。

这是本诗描述事件和刻画形象的艺术特点：对比、衬托手法的运用。

▶ **追问**:下列诗句中,与《卖炭翁》表达情感的方式相类似的是哪几句?

剥我身上帛,夺我口中粟。虐人害物即豺狼,何必钩爪锯牙食人肉?

——白居易《杜陵叟》

有一田舍翁,偶来买花处。低头独长叹,此叹无人喻。一丛深色花,十户中人赋。

——白居易《买花》

食饱心自若,酒酣气益振。是岁江南旱,衢州人食人。

——白居易《轻肥》

预设:

诗句2、诗句3与《卖炭翁》表达情感的方式相类似。

🔍 **提问3**:那么,诗歌是怎样运用对比、衬托手法刻画形象、表达情感的呢?请完成下表。

学生自主完成,分享交流。

● 预设:

对比、衬托手法的运用	
诗句	内容
卖炭翁,伐薪烧炭南山中。	"伐薪""烧炭",衬托出工序复杂,劳动过程漫长。"南山",衬托出荒凉险恶。
满面尘灰烟火色,两鬓苍苍十指黑。	肖像刻画——年迈、憔悴,衬托出劳动的艰辛。
卖炭得钱何所营?身上衣裳口中食。	炭是衣食的唯一来源,为后面写宫使的掠夺做铺垫。

续表

对比、衬托手法的运用	
诗句	内容
可怜身上衣正单,心忧炭贱愿天寒。	强烈对比:极度矛盾的心理,炭是生活希望所在。
夜来城外一尺雪,晓驾炭车辗冰辙。	天气寒冷,路途艰难,更加突出其"可怜"。
牛困人饥日已高,市南门外泥中歇。翩翩两骑来是谁?黄衣使者白衫儿。	境遇之悬殊,两者形成鲜明反差。
一车炭,千余斤。半匹红纱一丈绫。	强烈对比:"宫市"掠夺之残酷。

● 出示下列诗句,让学生阅读体会:

　　忆昨元和初,忝备谏官位。是时兵革后,生民正憔悴。
　　但伤民病痛,不识时忌讳。遂作秦中吟,一吟悲一事。
　　贵人皆怪怒,闲人亦非訾。天高未及闻,荆棘生满地。

——白居易《伤唐衢》

● 归纳:

诗人运用对比和衬托的手法,"一方面极写卖炭翁生活之困苦、心理之矛盾、烧炭运炭之艰辛,一方面又将宦官及其爪牙的飞扬跋扈、颐指气使、蛮横无理表现得淋漓尽致,强烈表达了诗人的爱憎之情"(参见《教师教学用书》)。

四、比较阅读,拓展延伸

阅读下面这首诗,跟《卖炭翁》相比较,它又表达了诗人什么样的情感?

杜陵叟

唐·白居易

杜陵叟，杜陵居，岁种薄田一顷余。
三月无雨旱风起，麦苗不秀多黄死。
九月降霜秋早寒，禾穗未熟皆青干。
长吏明知不申破，急敛暴征求考课。
典桑卖地纳官租，明年衣食将何如？
剥我身上帛，夺我口中粟。
虐人害物即豺狼，何必钩爪锯牙食人肉？
不知何人奏皇帝，帝心恻隐知人弊。
白麻纸上书德音，京畿尽放今年税。
昨日里胥方到门，手持尺牒榜乡村。
十家租税九家毕，虚受吾君蠲免恩。

注：

元和四年，旱荒严重，白居易和李绛上疏，不但请出"宫人"，而且请"蠲（免除）租税"，宪宗虽然颁布免税令，但执行政策的贪官污吏仍然急敛暴征。《杜陵叟》就状写了当时的景象。

译文：

杜陵老头居住在杜陵，每年种了贫瘠的田地一顷多。三月份没有雨刮着旱风，麦苗不开花大多枯死。九月份降霜秋天寒冷早，禾穗没熟都已经干枯。官吏明明知道但不报告真相，急迫收租、凶暴征税以求通过考核得奖赏。典当桑园、出卖田地来缴纳官府规定的租税，明年的衣食将怎么办？这是剥去我们身上的衣服，夺掉我们口中的粮食！虐人害物的就是豺狼，何必爪牙像钩、牙齿像锯一样地吃人肉！不知什么人报告了皇帝，皇帝心中怜悯，了解人们的困苦。白麻纸上书写着施恩布德的诏令，京城附近全部免除今年的租税。昨天里长才到门口来，手里拿着公文张贴在乡村中。

十家缴纳的租税九家已送完，白白地受了我们君王免除租税的恩惠。

学生阅读思考，自主完成，分享交流。

● 预设：

当时麦苗"黄死"，禾穗"青干"，灾情严重，但官吏不顾农民死活，不但不申报事实真相，反而强逼农民"典桑卖地纳官租"。诗歌反映了民生憔悴的时弊，批判性很强。

诗人以"杜陵叟"的口气进行了大胆的控诉和痛斥，这种抨击，十分难能可贵。诗人也站在一个士大夫的立场上，充分表达了对广大人民的深切同情。

同时，诗歌也从客观上说明了皇恩免税的虚假性——待到"德音"至乡村，已是"十家租税九家毕"了，农民们只是"虚受"皇恩而已，带有鲜明的讽刺意味。

诗人以诗代谏，力图达到改善人民生活状况、改良朝廷政治的目的。

五、读写融合，表达交流

任务一：请结合诗意，合理推断和充分想象，把这首诗改写为一篇故事，并在课上讲述。

要求：

能够运用多种描写方法刻画人物，尤其要突出人物的"可怜"遭遇。

任务二：把这首诗改编为课本剧，在课上表演。

九年级
下册

《祖国啊，我亲爱的祖国》：我和我的祖国

◆ **关键问题**

舒婷在这首诗中，对"我"这一抒情主人公进行了既具体又概括的刻画。读完全诗，你对"我"的形象有哪些认识呢？

◆ **设计意图**

形象是诗歌的主要组成元素，一般有诗人自己的形象和诗歌中所刻画的形象。前者多以"我"的面目出现，抒情诗中的抒情主人公就属于此类。可以说，抓住了抒情主人公，也就抓住了诗歌的关键。引导学生重点把握诗歌形象，具体而深入地体会诗人情感，可以帮助学生理解诗歌所传达出来的独特意蕴，感受诗歌独特的表达艺术。

教学过程

一、营造情境，朗读体会

（一）情境导入

课前播放廖昌永演唱的歌曲《我和我的祖国》，出示部分歌词：

我和我的祖国，一刻也不能分割，无论我走到哪里，……

在廖昌永的歌声中，我们知道了个人与祖国密不可分的联系。一个人的生命天然地与生他养他的祖国连在一起，不管走到哪里，他的性格、命运、情感和记忆永远与祖国相关。

什么是祖国？一位俄罗斯作家说："祖国，就是你的家，我的家，他的家，那亮着灯的窗户……"其实，每个人心目中都会有祖国的存在，也会对自己的祖国满怀感情，并会用不同的方式表达对祖国的热爱、讴歌和赞美。舒婷的这首诗就是其中的代表作之一，让我们走进诗歌，去感受舒婷所抒发的爱国之情吧。

（二）体会美感

1. 学生自由朗读诗歌，并在组内交流，要求注意把握朗读的语速、节奏、语气和语调。

2. 学生在老师的指导下朗读诗歌，加上朗读记号，并思考每节结尾处的"祖国啊"三个字应该怎样朗读。

（1）出示常用朗读记号：

· 重音　　　　／停顿　　　　→ 平行语势

↗上行语势　　↘下行语势　　— 延长

（2）朗读示例：

原诗	朗读提示
我是你河边上／破旧的老水车，→ 数百年来／纺着疲惫的歌；→	用平缓、低沉的语调，表达对祖国数百年来落后状况的痛切感受。
我是你额上／熏黑的矿灯， 照你在历史的隧洞里／蜗行——摸索；↘	语调略高，重音处将声音延长，加强沉重的语气。
我是干瘪的稻穗；是失修的路基； 是淤滩上的驳船↗	语速由慢到快，语调逐渐上扬。
把纤绳／深深	注意两个叠字的重读，节奏减慢。

续表

原诗	朗读提示
勒进你的肩膀；	
——祖—国—啊！↘	字字重音，感情饱满，用降调表达发自内心的感叹。

（3）老师指导每节诗的朗读要领，学生尝试、体会：

这首诗先抑后扬，体现出一种由舒缓到急促、由低沉到高亢的语言节奏。

第1节：深沉，悲痛，舒缓，低沉。

长句式，多节拍，仿佛是一首以低音缓慢升起的乐曲，给人一种沉重感。这种诗句的音韵效果与诗人对贫困祖国的忧患意识十分相似。

第2节：悲哀，痛苦，向往，舒缓。

诗句简短急促，把忧国的情绪强化为深深的悲怆。

第3节：期待，憧憬，欢呼，歌唱。

诗句拉长，节拍增多。这种起伏变化，造成全诗节奏反复回旋、抑扬顿挫，为第4节把全诗推向巅峰创造了条件。

第4节前半部分：凝重，激动，渐快，高昂。第4节后半部分：深情，强烈，饱满，高亢。

节奏更快，而且排比修辞手法的运用，加强了语言的力度，这就把全诗的感情推向高亢、激昂的高峰。（参见《教师教学用书》）

● 归纳：

借助诵读，我们可以直观体会诗歌的韵律、节奏、语言等文体特征，从中感受到诗歌的音乐美、结构美和语言美。诗人用"我是……"的句式领起每个诗节，用"——祖国啊！"反复而收束每节诗，使得全诗像一个个整齐的音乐段落，具有鲜明的节奏感。

这种节奏感与诗人内心的节拍，诗歌的情感抒发、内容表达都有非常紧密的关联。情绪流畅平静，语言节奏就相应舒缓；情绪突转，句式节拍就会发生变化。韵律节奏、结构形式和思想情感完美地结合到了一起。诗歌形式的曲折多变，是诗人内心情感跌宕起伏的表征，因此体会诗歌形式上的美感，主要通过朗诵来实现。

3. 初步感知诗意。

学生朗读诗歌，尝试概括每个诗节的意思，讨论交流。

● 预设：

第1节：祖国过去的苦难。

第2节：祖国现在的痛苦。

第3节：祖国未来的希望。

第4节：奉献祖国的愿望。

● 归纳：

这是一首具有沉重历史感的现代诗。

诗人以"我"向祖国倾诉的独特形式，用深沉悲痛的心情、委婉曲折的笔触，回溯了祖国数百年来贫困、落后的历史，在此背景下，祖国和人民依然没有因贫困而丧失希望，然而长期以来希望过于渺茫。终于，历史转折期出现，新生的祖国已站在雪白的起跑线上，"我"发自肺腑地吐露出愿意献身祖国的热望。全诗体现了个人与祖国唇齿相依、不可分割的关系。诗中使用大量丰富的意象，营造出浓烈的氛围，具有很强的艺术感染力。（详见《教师教学用书》）

二、研读诗歌，深入理解

> 🔍 **提问1**：这首诗中有很多意象，它们分别蕴含、象征了社会生活中的什么内容？

学生阅读思考，讨论交流，完成表格。

● 预设：

物象	意蕴（情感）
破旧的老水车	祖国沉重的历史，经受的苦难。
熏黑的矿灯	写出了祖国数百年来的落后状况，经济贫穷落后，困难重重，道路曲折，举步维艰。
干瘪的稻穗	面对如此苦难，诗人的心情极其悲痛。
失修的路基	
淤滩上的驳船	
飞天	人民对祖国美好未来的愿望，希望愿望能够成为现实。
从神话蛛网里挣脱的理想	祖国重新站起，诗人为之欢欣；祖国获得新生，诗人为之雀跃。
雪被下古莲的胚芽	多灾多难的祖国正摆脱种种束缚，开始蒸蒸日上，诗人无比欣慰。
挂着眼泪的笑涡	诗人对祖国的美好未来充满了期待与憧憬，她为祖国的振兴和繁荣而欢呼与歌唱。
新刷出的雪白的起跑线	
正在喷薄的绯红的黎明	

▶ **追问1**：第1节和第3节的意象所起的作用是一样的吗？

学生思考，交流。

预设：

不一样。第1节意象沉郁、凝练，表现了祖国的贫穷、落后，蕴含着作者的哀痛。第3节意象清新、明快，流露出诗人的欢愉之情。

▶ **追问2**：除了借助这些意象表达自己为祖国而哭、而歌之外，诗人还对祖国吐露了什么样的心声？从中我们可以发现她的情感有怎样的变化？

学生阅读思考，交流。

预设：

还通过最后一节，形象地表达了"我"与祖国的关系："我"是祖国十亿人口中的一个,"我"与祖国密不可分;而一个个的"我"却可以成为祖国"九百六十万平方的总和","我"与祖国融为一体,"我"要承担起振兴中华的责任,报答祖国母亲的养育之恩。

诗人的情感有一个变化的过程:由为祖国感到哀痛到为祖国的新生而欢欣鼓舞,吐露了愿意为祖国的富饶、荣光而献身的心声。

● 归纳:

诗人用平凡而富有特征的意象,从不同角度揭示了"我"与祖国的血肉联系。这些从客观世界中抽取出来的独特的象征性事物,饱含了诗人对这些事物的神圣情思。全诗以大量鲜活的意象,表现了祖国正摆脱苦难、获得新生的新局面,表达出青年与祖国同呼吸、共命运的心声。

> **提问 2**:这些意象都是以谁的视角出现在诗中的?所表现出的不同历史时期的形象,又传递了怎样的情感?

学生阅读思考,交流。

● 预设:

这些意象都是以"我"的视角出现的,这是第一人称体验式视角。

在诗中,诗人把自己化身为祖国,"我"就是祖国,祖国就是"我":

"我"是祖国的历史,"我"是祖国的现在,"我"是祖国的未来;

"我"和祖国一起经受了无尽的磨难,"我"和祖国一起经过了艰难的探索,"我"和祖国一起憧憬着美好的生活,"我"和祖国一起开创辉煌的未来;

"我"和祖国一起曾经迷惘过,"我"和祖国一起经历了深思,"我"和祖国一起迎来了新的沸腾;

"我"为祖国而痛苦悲伤,"我"为祖国而欢欣鼓舞,"我"为祖国而衷心祝愿,"我"为祖国奉献青春;

祖国养育了"我",祖国期盼着"我",祖国的美好未来需要"我"的奉献,"我"要用"我的血肉之躯",换取祖国的富饶、荣光和自由!

▶ **追问1**：由此，我们对"我"这一形象有怎样的认识？

学生思考，交流。

预设：

"我"的形象，是熔铸在祖国的大形象里的，"我"与祖国生死相依、血肉相连。"我"代表着与祖国有着共同命运的一代又一代人，面临新的历史机遇，他们将承担起振兴中华的历史责任。

▶ **追问2**：每一诗节后的"祖国啊"，其内容与情感都是一样的吗？

学生思考，交流。

预设：

不一样。

第1节：描画的是贫困的、多灾多难的祖国，情感痛苦而低回。

第2节：表现的是悲哀的、不懈追求的祖国，情感悲伤而赞叹。

第3节：赞扬了希望的、走向中兴的祖国，情感欣喜而憧憬。

第4节：表达的是祖国养育了"我"，"我"决心为之献身的意思，情感高昂而激奋。

三、比较阅读，拓展延伸

阅读下面这首诗，与舒婷的诗做一个简单的比较，看看两者在意象选择、结构形式、情感表达上有什么异同。

祖国土
〔苏联〕阿赫马托娃

我们不用护身香囊把它戴在胸口，

也不用激情的诗为它放声痛哭，
它不给我们苦味的梦增添苦楚，
它也不像是上帝许给的天国乐土。
我们心中不知它的价值何在，
我们也没想拿它来进行买卖，
我们在它上面默默地受难、遭灾，
我们甚至从不记起它的存在。
是的，对我们，这是套鞋上的污泥，
是的，对我们，这是牙齿间的沙砾，
我们把它践踏踩躏，磨成齑粉——
这多余的，哪儿都用不着的灰尘！
但我们都躺进它的怀里，和它化为一体，
因此才不拘礼节地称呼它："自己的土地。"

学生阅读思考，讨论交流，完成下表。

● 预设：

诗歌	意象	结构	情感
《祖国啊，我亲爱的祖国》	丰富多样，具体排列。	分节布局，层次分明；回环往复，富于韵律。	对祖国历史的沉痛追溯，热爱与赞美之情，对祖国的责任感
《祖国土》	单一集中，一贯到底。	单节呈现，变化角度；启人深思，警句转折。	先抑后扬，对祖国的深深依恋之情

● 归纳：

土地是人类的母亲，是人类得以生存的依靠，人类总是在不断接受着土地博大丰富的滋养和恩情。而一把中国土，则更是代表了一个国家，它见证了民族的繁衍和生息。

> 丢弃国土任敌人蹂躏的人，
> 我绝不同他们站在一起。
> 他们的粗俗的谄媚我绝不聆听，
> 我的诗歌也绝不向他们进呈。
>
> ——〔苏联〕阿赫马托娃

四、读写融合，能力迁移

任务一：仿写练习

课本"积累拓展"第五题：

诗中所描写的意象，有些有下句承接（如"老水车"在"纺着疲惫的歌"），有些则没有（如"干瘪的稻穗"）。仿照课文，在下面的横线处添加一句，使它们尽可能与原诗句承接紧密，和谐一致。

1. 我是干瘪的稻穗，_____；是失修的路基，_____。

2. 我是你雪被下古莲的胚芽，_____。

3. 我是你挂着眼泪的笑涡，_____。

4. 我是你新刷出的雪白的起跑线，_____。

示例：

1. 我是干瘪的稻穗，<u>滋养你被劳作碾压的身躯</u>；是失修的路基，<u>承载你坎坷蜿蜒地前行</u>。

任务二：自我创作

祖国是有生命的事物，每个人心目中的祖国都有不同的生命景象。人与祖国的复杂关系，需要我们用一生去思索；而要真正体悟质朴、崇高的爱国情感，则不仅需要思考，更需要我们付诸行动。

祖国，可能是祖父老屋后那青翠的竹园；

祖国，可能是家乡小镇那青石板铺就的小路；

祖国，可能是雨点打在门前芭蕉叶上的声音；

祖国，可能是屋檐下挂着的那成串的辣椒……

你心中的"祖国"是什么样子的？你与"祖国"有着怎样的关系？你也一定会有独特的视角和自己的感悟。请以"我和我的祖国"为题写一首诗歌或一篇短文，并在班级朗诵会上朗诵你的作品。

《孔乙己》：孔乙己是怎么死的

◆ **关键问题**

我们读鲁迅的短篇小说《孔乙己》，可能会有这样的疑问：孔乙己到底死了没有？如果死了，他又是怎么死的？"我"为什么这么说呢？

◆ **设计意图**

鲁迅在小说中给我们留下了一个悬念，但一个毫无疑问的事实是，孔乙己确实死了；可是又没有充分的依据。这样的表达容易激发学生阅读与探究的兴趣。抓住看似矛盾的表述，就能引导学生深入文本之中，把握人物形象及其命运；结合故事情节分析形象，理解小说的社会意义。

教学过程

一、梳理情节，设疑激趣

学生自由阅读课文，围绕题目梳理故事情节。请以这样的句式梳理情节，了解人物行迹：＿＿＿的孔乙己（孔乙己＿＿＿）。

学生思考完成，讨论交流。

● 预设：

站着喝酒而穿长衫的孔乙己——众人背地里谈论的孔乙己——与人交谈时

引起别人哄笑的孔乙己——教"我"写茴香豆的"茴"的孔乙己——给孩子们吃茴香豆的孔乙己——因偷书而被打断腿的孔乙己——最后一次来酒店喝酒的孔乙己——大约的确死了的孔乙己。

或：

孔乙己是唯一站着喝酒而穿长衫的人——孔乙己被众人在背地里谈论——孔乙己在与人交谈时引起别人哄笑——孔乙己教"我"写茴香豆的"茴"字——孔乙己给孩子们吃茴香豆——孔乙己因偷书而被打断腿——孔乙己最后一次来酒店喝酒——孔乙己大约的确死了。

> 🔍 **提问**：小说结尾说："我到现在终于没有见——大约孔乙己的确死了。"那孔乙己到底死了没有呢？如果死了，他又是怎么死的？

学生思考，交流。

● **预设**：

虽然"我"用的是"终于没有""大约"等很不确定的口吻，但既然是"到现在"，也就是"我"在成年之后回忆少年时的往事的时候，这应该有好多年了，"终于没有见"到他，可见孔乙己确实应该已经不在人世了。这不仅与一般人的正常寿命相吻合，而且符合孔乙己穷困潦倒的境况——他没有固定的生活来源，应该早就因贫困而离世了。

那孔乙己究竟是怎么死的呢？如穷死的，饿死的，病死的，也有可能是被丁举人打死的，还可能是因为活不下去而自杀的，等等。但这一切都不能从小说中找到明确的答案。它们看上去似乎都有一定的道理，但每一点又都不能得到充分说明。这使小说充满了悬念，也使我们产生了探究的欲望。

▶ **追问**："我到现在终于没有见——大约孔乙己的确死了。""我"为什么要说这种既模糊又明确的话？这样说有什么作用？

学生思考，交流。

预设：

"我"说"大约"是因为"我"并没有得到孔乙己死去的确切消息。"我"既没有听来喝酒的老主顾们谈过，也没有听酒店老板提起，所以只好用非常模糊的话来说。

按理说，"我到现在终于没有见"到孔乙己，那就可以得出他已死去的结论，鲁迅却不这样说，而是用了"大约""的确死了"这样的字眼。看上去，"大约"与"的确"是矛盾的，因为"大约"是不确定的，而"的确"则是明确的。这种既模糊又明确的话，正反映出"我"与孔乙己的距离。或者说，孔乙己到底是活着，还是死去，又与"我"有什么关系呢？在"我"略带嘲讽的语气和语调里，形象传递出一个悲剧人物的惨痛命运。

其实，不仅是"我"不清楚孔乙己的生死，即使镇上的其他人也不能明确知道，否则他们就会在酒店里谈论起他。他们同样与孔乙己有着极大的距离，这为人物的悲惨人生罩上了一层面纱，使小说弥漫着浓郁的悲剧气氛，从而激起读者对孔乙己的极大同情。

二、研习课文，探究问题

> **提问 1**：其实从小说内容看，我们还是能够找到孔乙己的死因的，那是什么呢？请细读课文，说说你的认识或看法。

请用这样的句式完整地表述：我从孔乙己_____中，发现了他的死因，因为____。

学生细读课文，从文中找依据，谈看法，完成自我表述。

● **预设：**

——我从孔乙己<u>没有固定职业</u>中，发现了他的死因，因为<u>他游手好闲，好吃懒做</u>，使得他失去了生活来源和生存的物质基础。

——我从孔乙己自诩为"读书人"中,发现了他的死因,因为他虽然以读书人自居,却始终没有能够"进学",获得向上的台阶,因此生活得很窘迫。

——我从孔乙己只知一味读书,却"愈过愈穷,弄到将要讨饭了"中,发现了他的死因,因为他完全是一个书呆子,没有必备的生活本领。

——我从孔乙己不会"营生",只好去替人家抄书中,发现了他的死因,因为抄书的报酬太低,无法养家活口,迫于生计,他竟干起了"偷窃"之事。

——我从孔乙己因"偷窃"被丁举人打折了腿中,发现了他的死因,因为他连书也抄不成了,这使他的生活陷入了更大的困顿。

——我从孔乙己"对人说话,总是满口之乎者也,叫人半懂不懂的"中,发现了他的死因,因为他与普通人们交流非常困难,这使他大为苦恼。

——我从孔乙己名字来源于"上大人孔乙己"这"半懂不懂的话"中,发现了他的死因,因为他连像样的名字也没有,一直被人们嘲笑和捉弄。

——我从孔乙己喝酒时"摸出四文大钱"和"从不拖欠"酒账中,发现了他的死因,因为他始终想维护他的尊严,却连喝酒的钱也难得挣到。

——我从孔乙己为自己"辩诬"时的气急败坏中,发现了他的死因,因为他始终不承认自己的失败与不堪,始终沉浸在虚幻的世界中。

——我从孔乙己教小伙计写字、给孩子们吃茴香豆中,发现了他的死因,因为他的善举并没有给他带来应有的尊重,反而带来更多的冷眼和嘲笑。

——我从孔乙己是"站着喝酒而穿长衫的唯一的人",而那件长衫却"又脏又破,似乎十多年没有补,也没有洗"中,发现了他的死因,因为他始终不肯放下自己的臭架子,这使他难以过上普通人的生活,也使他过得非常痛苦。

——我从孔乙己除非给人们带来"笑声",否则人们就不会提起他中,发现了他的死因,因为他只是人们取笑、嘲弄的对象,没有一个人的基本尊严。

——我从孔乙己最后一次出场时,不仅原来的长衫变成了"破夹袄",而且是"坐着用手"走路中,发现了他的死因,因为他已经到了山穷水尽的悲惨地步。

——我从孔乙己似乎消失了很长时间,但除了酒店老板还记得他所欠的酒钱中,发现了他的死因,因为人们毫不关心他存在、活着与否,"没有他,别人也便这样过"。

按：以上预设内容，不是"标准答案"，学生只要言之有理、言之有据即可。

> **提问 2**：以上这些原因，如果要进行归类，可以归为几个方面？你认为，造成他人生悲剧的根本原因是什么？

学生思考，归类，交流。

● 预设：

可以归为两类：

1. 直接原因，即与孔乙己生活密切相关的原因；间接原因，即与孔乙己生活关联不太紧密的社会原因。

2. 客观原因，例如社会环境、文化背景、生活境遇；主观原因，例如个人生活理念、生活方式、生存本领、职业情况、话语方式、衣着打扮、为人处世……

根本原因：冷酷的社会现实，具有普遍人性意义的人与人之间的漠不关心，一种痛心的凉薄。

> **提问 3**：请找出文中写"笑声"的语句，看看人们每次都是为什么而笑的，并反复朗读与体会。由此我们可以看出，孔乙己这个人存在于世间的价值是什么？请说说你的理解。

● 预设：

他能给大家带来笑声，这是人们对他的奚落和取笑。"孔乙己尴尬狼狈、穷于招架的样子让人们很快活，众人的冷酷、麻木、对弱者的践踏由此可见一斑。"（参见《教师教学用书》）

问题是他自己并不知道这一点，他并没有认真地听取人们对他可笑甚至带点可耻行为的合理批评，对人生的失败也不敢承担应有的责任，而仍然在为自己的行为进行辩护或孤芳自赏。

他更不知道，周围没有人会愿意认真推敲对他的态度与看法，人们只是将自己的认识和评价建立在一些直觉、感情和习俗之上。这也就不难理解虽然"孔乙己是这样的使人快活，可是没有他，别人也便这么过"的真正原因。

这是鲁迅的高妙之处，因为他让我们由此了解和认识了"公众舆论"的缺陷与可怕。

> 对一个人最残忍的惩罚莫过如此：给他自由，让他在社会上逍游，却又视之如无物，完全不给他丝毫的关注。当他出现时，其他的人甚至都不愿稍稍侧身示意；当他讲话时，无人回应，也无人在意他的任何举止。如果我们周围每一个人见到我们时都视若无睹，根本就忽略我们的存在，用不了多久，我们心里就会充满愤怒，我们就能感觉到一种强烈而又莫名的绝望，相对于这种折磨，残酷的体罚将变成一种解脱。
>
> ——〔美〕威廉·詹姆斯

不难看出，他由于读书"进学"上的致命失败，招致了周围人对他的极大的不信任，这为他带来了许多屈辱，使他的精神备受折磨。终至没有人关注他是否活着，没有人去倾听他的声音，没有人宽宥他的过失，更没有人照顾他的需求。总之一句话，他的生存尊严已丧失殆尽。

三、把握视角，体悟情感

> 🔍 **提问**：这篇小说是以"我"的视角来写孔乙己的故事的，这样的视角有什么特点？

学生思考探究，讨论交流。

● 预设：

《孔乙己》中出现了两个自我，一个"我"是充当现在叙述者的"我"，另一个"我"是二十多年前在咸亨酒店当温酒小伙计的"我"。一个三十多岁的成年人叙述自己十多岁时发生的事,成年的"我"作为故事的叙述者在话语层活动,年轻的"我"则作为故事中的一个人物在故事层运作。在两个不同年龄段里,"我"对人物和事情的认识眼光是不同的。这样的安排,比较真切地展示了"我"年少时的经历,并且通过成年叙述者的叙述揭示出作品关注少年儿童这一重要主题。

成年后的叙述者"我"叙述着二十多年前的往事,他的所有话语形成了一个蔓延的叙述空间。时过境迁,毫无疑问,叙述者的"我"与小伙计的"我"之间存在着很大的时空距离,这也就形成了一个历史空白。这种叙述空白,意味着对历史进行意味深长的审视,为叙述者潜藏在文本深处的意识反叛提供了强有力的依据,暗示着叙述者心灵发展的必然轨迹。

▶ **追问1**:这种叙述方式在鲁迅的回忆性散文中出现过吗?请举例说明。

预设:

在鲁迅的散文中出现过多次。比如他在《阿长与〈山海经〉》中,将写作时的回忆与童年的感受彼此交错转换,一个站在写作时成人的立场上,一个站在童年感受的立场上。

这种成人叙述者和儿童叙述者双重视角的交替使用,能够体现出一种自省意识,即"在小说中回溯自己过去足迹的过程也是自己发现一系列道德教训的过程"(李欧梵《铁屋中的呐喊》)。叙述者在回忆感知和认识过的人和事时,不仅会再一次呈现出以往的一些片段,并有所感触,而且会对过去的"我"曾经拥有的思想情感做肯定或否定的评价活动,从而体现出自省意识。

▶ **追问2**:这一叙述方式与孔乙己的悲剧故事有关联吗?

学生阅读课文,找出相关语句,体会分析。

预设：

有关联。"我"是孔乙己故事的讲述者，也是孔乙己悲剧命运的见证人之一，"我"还充当了孔乙己人生故事中的一个人物，虽无足轻重，却不可缺少。

需要注意的是，与"酒客""掌柜"一样，"我"作为孔乙己人生经历的一定了解者、熟悉者，作为他生活片段的一定知情人、见证者，并不比其他人更有观察、了解、认识、评价上的优势；相反，由于年龄、身份、阅历和思想认识上的一些限制，"我"相对还不成熟，也难以走近孔乙己的内在世界，"我"的叙述也必然有很多的片面性。

"我"的叙述视角是第一人称限知视角。观察视角以咸亨酒店为出发点，这使"我"的叙述视角受到了限制，"我"只能在咸亨酒店这个观察点内叙述"我"看到的一切，至于孔乙己的其他情况，只能从别人的议论中得知。甚至最后孔乙己到底死了没有，也因为是"我"视角以外的事情，"我"又未听人讲起，所以就只能以"大约""的确"来搪塞。这一视角，使叙述正面侧面互补，详略合宜，内容简练。

▶ **追问 3**：从这样的叙述方式中，我们可以发现"我"对孔乙己的情感态度发生了什么变化？

学生寻找相关语句，品味欣赏，分析概括。

预设：

年少的"我"对孔乙己的观察，可以说是一种"中立"的态度，但又不是完全的"中立"。作为酒店的一个小学徒，"我"几乎没有发言机会，所知的有关孔乙己的行迹，多来自顾客的反映；同时由于年龄的原因，也很少参与评论，这使"我"的叙述较为客观与自然，较少带有世俗的偏见，使孔乙己的形象更接近他自己。而"我"的幼稚又与社会的成熟形成对比，由此更鲜明地揭露出制造孔乙己的悲剧的那个社会的腐朽与冷酷。

但随着叙述的深入,"我"有了逐渐显露的倾向,这主要表现为:

通过长时间观察与比较,"我"对孔乙己得出了"品行却比别人都好,就是从不拖欠"的认识。

在枯燥而无聊的日子里,"我"会发出"孔乙己是这样的使人快活,可是没有他,别人也便这么过"的感慨,这样凝练老到的概括,蕴涵的是"我"对孔乙己人生命运的感喟。

尤其是当孔乙己最后一次来咸亨酒店时,我们已看不到"我"嘲笑孔乙己的情形,而是看到"我"很温情地"温了酒,端出去,放在门槛上",孔乙己喝完酒,"便又在旁人的说笑声中,坐着用这手慢慢走去了"。此时,"旁人"的笑声中似乎已不再有"我"的了。

故事结尾"我到现在终于没有见——大约孔乙己的确死了"也不是对孔乙己的漠不关心,相反,在这种冷静、沉郁、无可奈何的追问中,体现着叙述者对孔乙己命运的悲悯与关怀,这与掌柜惦念"孔乙己还欠十九个钱呢"有着本质的区别。也许只有"我"还真正记得曾经有一个让人在苦涩的时光里"可以笑几声"并带来"快活的空气"的孔乙己。

成年后的叙述者在回忆年少时的言行、思想时,流露出了一些不安与悔意:那一次次无聊的哄笑在如今看来是多么愚蠢与不该,对孔乙己的好心教认字写字不屑一顾是多么冷漠。

虽然我们能听到一个十多岁的小伙计夹杂在"旁人"的哄笑声中轻松、放肆的大笑声,但绝不会发现成年的叙述者在回忆那哄笑声时露出会心、愉悦的笑意,而只会在一次次哄笑声的复沓渲染中,体味到叙述者沉重、悲愤、厌恶的情绪。

这情感正是文本中体现出来的对孔乙己那近乎让人窒息的可悲境遇的悲愤与同情,对庸众看客们无聊麻木的精神状态的厌恶与憎恨。

这一叙述方式,对鲁迅而言,形象地体现了一种自省意识:"是一种'灵魂探索'的过程,既是探索他的民族的灵魂,也是探索他自己的灵魂。"(李欧梵《铁屋中的呐喊》)

按：这一环节的内容有点难度，但如果运用得好，引导得法，学生的认知会得到提升与飞跃，毕竟叙述视角在以前的好多课文中都有涉及，学生并不完全感到陌生。在引导和启发学生理解时，要紧密结合文本语言具体分析，不能空泛抽象。

引导学生归纳小结：孔乙己是怎么死的？

他死于对自我身份的坚守，死于生存尊严的丧失，死于社会对他的冷漠与苛刻，死于人们对他的无视和嘲弄。一句话，死于人性的可怕。

四、读写融合，表达交流

任务一：在小说的大部分中，孔乙己都没有能够为自己做"辩护"，那么就让孔乙己为自己做出充分的辩解吧。请替孔乙己写一篇日记，记录他对人们"取笑"他的反应。

任务二：孔乙己的生活中到底发生了哪些事？请结合文章，展开合理想象，正面描写他的生活景象。

任务三：你认为，造成孔乙己悲剧命运最根本的原因是什么？请写一篇评论文章陈述和论证你的观点，并在课上交流。

《送东阳马生序》：
严密的对比，深刻的说理

◆ **关键问题**

这篇文章在写法上有一个非常鲜明的特点，这就是对比手法的运用。课文中哪些地方运用了对比手法？其想说明的道理是什么？

◆ **设计意图**

对比是文章中常见的手法，学生并不感到陌生，关键是对这一手法运用的目的与意图，学生会有理解上的难度。引导学生对文本中最为突出的写作手法进行把握，有利于学生准确理解文意，体悟作者的情感。

教学过程

一、疏通文意，理解题意

（一）疏通文意

学生对照注释，借助工具书，自主阅读课文，积累有关字词，翻译全文，疏通文意。

1. 积累下列加点的实词

（1）嗜学；（2）每假借于藏书之家；（3）走送之；（4）既加冠；（5）又患无

硕师名人与游;(6)尝趋百里外;(7)色愈恭,礼愈至;(8)俟其欣悦;(9)四支僵劲;(10)媵人持汤沃灌;(11)同舍生皆被绮绣;(12)烨然若神人;(13)父母岁有裘葛之遗;(14)无冻馁之患;(15)岂他人之过哉;(16)流辈甚称其贤;(17)生以乡人子谒余;(18)言和而色夷。

2. 积累下列加点的虚词

(1)不敢稍逾约;(2)以是人多以书假余;(3)或遇其叱咄;(4)卒获有所闻;(5)久而乃和;(6)主人日再食;(7)略无慕艳意;(8)撰长书以为贽。

3. 掌握下列特殊句式

(1)每假借于藏书之家;(2)弗之怠;(3)余立侍左右(负箧曳屣行深山巨谷中,余则缊袍敝衣处其间);(4)撰长书以为贽。

4. 翻译下列语句

(1)手自笔录,计日以还。

(2)以是人多以书假余,余因得遍观群书。

(3)余立侍左右,援疑质理,俯身倾耳以请。

(4)以中有足乐者,不知口体之奉不若人也。

(5)与之论辩,言和而色夷。

(6)其将归见其亲也,余故道为学之难以告之。

按:字词句理解可以集中进行,但要与预习检测相结合,不宜逐字逐句串讲;也可以在理解中学习积累,可以适当与已学课文、现代汉语中的常见释义与用法相联系,不宜静态学习。只有通过创设语言运用情境,才能让学生活学活用。

(二)理解题意

从课本的"预习"要求中,我们得知这篇课文是一篇"赠序",也就是临别赠言,是宋濂写给同乡后学马生的临别赠言。请据此用今天的语言把题目扩充为一句话。

● 预设:

(我)送(给)东阳马生的一篇临别赠言。

▶ **追问**："东阳马生"是谁？作者为什么要写临别赠言给他？请从课文里找出相关语句，提炼出有关信息，再据其意思把题目扩充成完整的一段话。

学生阅读思考，分享交流。

预设：

在课文的最后一段对"东阳马生"有简单介绍："东阳马生君则……其将归见其亲也，余故道为学之难以告之。"

主要信息有：马生字君则，是一个非常优秀的太学生；他与作者是同乡，曾经写了一封很长的信作为礼物送给宋濂；他不但信写得好，而且在跟宋濂谈话时，言辞谦和，态度谦恭；他之所以能这样，是因为年少时曾经非常用心、勤奋地学习；作者写文章送给他，"故道为学之难以告之"，并借以"勉乡人以学"。

由此可见，这篇临别赠言的主要信息可以概括为三点：称赞，告诉，勉励。

（这是我）送（给）东阳马生的一篇临别赠言，称赞马生善于学习的精神和为人品质，并以此勉励乡人学习。

二、整体感知，把握文意

🔍 **提问1**：作者"故道为学之难以告之"，说明这篇文章的内容主要是"道为学之难"。那么在文中，作者"道"出了为学之路上遇到的哪些"难"呢？请找出相关语句，仔细阅读和品味，并用相对整齐的短语进行概括。

学生阅读，思考，填写表格中相关内容，并讨论交流。

● 预设：

段落	相关语句	"难"（概括）
第1段	家贫，无从致书以观。	无书可读：借书之难 抄书之难
	每假借于藏书之家，手自笔录，计日以还。录毕，走送之，不敢稍逾约。	
	（"手自笔录"时，）天大寒，砚冰坚，手指不可屈伸，弗之怠。	
	无硕师名人与游，尝趋百里外，从乡之先达执经叩问。	无师之难
	立侍左右，援疑质理，俯身倾耳以请；或遇其叱咄，色愈恭，礼愈至，不敢出一言以复；俟其欣悦，则又请焉。	求教之难
第2段	负箧曳屣行深山巨谷中，穷冬烈风，大雪深数尺，	从师之难1：奔走之劳
	足肤皲裂而不知。至舍，四支僵劲不能动，媵人持汤沃灌，以衾拥覆，久而乃和。寓逆旅，主人日再食，无鲜肥滋味之享。余则缊袍敝衣处其间，略无慕艳意。	从师之难2：冻馁之患 缊袍敝衣

▶ **追问1**：作者仅仅只写了这么多的"难"吗？请结合文意进行简要分析。

学生思考，讨论，交流。

预设：

重点品味：盖余之勤且艰若此。

除了写"难"，还写了自己的"勤"。

"艰"是"难"之同义语，概括了前面所言种种之"难"，乃客观因素；"勤"

则又贯穿其中，每一"难"的背后，都有作者"勤"的影子，借书的真诚态度，抄书的坚持不懈，求师的谦虚谨慎，从师的不畏严寒，生活的不慕虚荣，皆是说自己的主观努力，无不体现了作者的"勤"。

▶ **追问 2**：与"盖余之勤且艰若此"意思有关的还有哪些语句？请把这些句子找出来，读一读，并思考：从中我们可以发现行文上的什么特点？可以看出作者怎样的精神意志？

学生思考，讨论，交流。

预设：

1. 余幼时即嗜学。
2. 则心不若余之专耳。
3. 自谓少时用心于学甚劳。
4. 余故道为学之难以告之。

归纳：

"道为学之难"如一根红线，贯穿全文始终，使得文章线索明朗，意旨集中，反复照应，中心突出。从中我们可以看出，作者正是以一种坚韧不拔的毅力，不断地克服障碍，最后才功成名就的。

▶ **追问 3**：可以根据刚才学习的内容，再扩充一下课文题目吗？

学生思考，讨论，交流。

预设：

（这是我）送（给）东阳马生的一篇临别赠言，称赞马生善于学习的精神和为人品质，并以此勉励乡人学习。要想学业有成，必须艰苦努力，这是我根据自己的艰难求学经历得出的体会。

三、研读文本，体会特色

> **提问 1**：作者在介绍自己幼时求学的这些困难时，还与今天太学内读书人的"不难"进行对比，这是本文的一大鲜明特色。那文中有哪些地方运用了对比手法，又对比了哪些内容呢？

学生阅读思考，完成表格。

● 预设：

	余	诸生
学习条件对比	无从致书	有丰富藏书
	无师可教	有教授相伴
	奔走之劳	有太学可读
	冻馁之患	有丰裕衣食
学习结果对比	得遍观全书 卒获有所闻 犹幸预君子之列，而承天子之宠光，缀公卿之后，日侍坐备顾问，四海亦谬称其氏名	业有不精 德有不成 心不若余之专耳
蕴含的道理	学业道德上的成长，取决于自己主观上是否努力。	

按：此表格要分两步走，先完成"对比"内容，再在充分研讨的基础上完善"蕴含的道理"部分。

> **提问 2**：刚才我们所认识和理解的是文章在结构上的对比，也就是把第 1 段和第 2、3 段进行对比，这是很明显的。文章其实通篇都运用了对比手法，你能发现吗？

学生阅读思考，完成下列表格。

● 预设：

	客观条件	主观努力	对比效果
相反对比（反比）	每假借于藏书之家，	手自笔录，计日以还。录毕，走送之，不敢稍逾约。	突出艰苦勤奋的学习生活情景、态度和精神。
	天大寒，砚冰坚，	手指不可屈伸，弗之怠。	
	先达德隆望尊，门人弟子填其室，未尝稍降辞色。	立侍左右，援疑质理，俯身倾耳以请；	突出作者一心向学、不怕羞辱的学习态度。
	或遇其叱咄，	色愈恭，礼愈至，不敢出一言以复；	
	俟其欣悦，	则又请焉。	
	同舍生皆被绮绣，戴朱缨宝饰之帽，腰白玉之环，左佩刀，右备容臭，烨然若神人；	余则缊袍敝衣处其间，略无慕艳意。	突出作者内心的充实和强大。
	太学优越的学习条件	自己求学的种种艰辛	突出专心学习的重要性。
	余的表现	马生的表现	对比效果
相似对比（正比）	余幼时即嗜学。	（马生）少时用心于学甚劳，	同类叠加，前后呼应，相得益彰。
	天大寒，砚冰坚，手指不可屈伸	穷冬烈风，大雪深数尺，足肤皲裂而不知。四支僵劲不能动，媵人持汤沃灌，以衾拥覆，久而乃和。	

▶ **追问1**：由此可见，对比贯穿全文。这么多的对比在表达上有什么样的作用呢？

预设：

——确凿的事实，强烈的对比，得出了无可置疑的结论，完成了所要揭示的主旨。

——鲜明的对照，明辨了事理，增强了文章的感染力和说服力。

——在对比中，可以看出文章错综变化，富有波澜，毫无单调呆板之感。

——虽是对比，但措辞比较委婉，如话家常，表达出一种恳挚的感情，自然顺畅，亲切动人，催人奋进。

▶ **追问2**：回到课堂学习开始的问题上，你能够再根据所理解的内容把题目进一步加以扩充吗？

预设：

（这是我）送（给）东阳马生的一篇临别赠言，称赞马生善于学习的精神和为人品质，并以此勉励乡人学习。通过将"我"自己的艰难求学经历与现在的一些太学生相比较，阐发了要想学业有成，必须克服种种困难，抵制各种享乐和物质诱惑，勤勤恳恳，专心致志的道理。

四、对比阅读，拓展延伸

任务一：请阅读下列材料，体会古人读书不易、艰苦求学的情形。

余少贫不能买书，然好之颇切，每过书肆，垂涎翻阅，若价贵不能得，夜辄形诸梦寐。曾作诗曰："塾远愁过市，家贫梦买书。"

——清·袁枚《随园诗话》（卷五）

余幼好书，家贫难致。有张氏藏书甚富。往借，不与，归而形诸梦。

其切如是。故有所览辄省记。

——清·袁枚《小仓山房文集·黄生借书说》

溥幼嗜学，所读书必手钞，钞已，朗诵一过，即焚之，又钞，如是者六七始已。右手握管处，指掌成茧。冬日手皲，日沃汤数次。后名读书之斋曰"七录"，以此也。

——《明史·张溥传》

任务二：请阅读下文，思考其与课文相比，在内容表达和写作特色上有什么异同。

为学

清·彭端淑

天下事有难易乎？为之，则难者亦易矣；不为，则易者亦难矣。人之为学有难易乎？学之，则难者亦易矣；不学，则易者亦难矣。

蜀之鄙有二僧：其一贫，其一富。贫者语于富者曰："吾欲之南海，何如？"

富者曰："子何恃而往？"曰："吾一瓶一钵足矣。"

富者曰："吾数年来欲买舟而下，犹未能也，子何恃而往！"越明年，贫者自南海还，以告富者。富者有惭色。

西蜀之去南海，不知几千里也，僧富者不能至而贫者至焉，人之立志，顾不如蜀鄙之僧哉？是故聪与敏，可恃而不可恃也；自恃其聪与敏而不学者，自败者也。昏与庸，可限而不可限也；不自限其昏与庸，而力学不倦者，自力者也。

译文：

天下的事情有困难和容易的（区别）吗？努力去做这件事，那么困难的事也变得容易了。不做这件事，那么容易的事也变得困难了。人们做学问有困难与容易的（区别）吗？（只要）去学，那么难的学问也变得容易了；

（如果）不学，那么容易的学问也变得困难了。

四川的边境有两个和尚，其中一个贫穷，一个富有。穷和尚对富和尚说："我想要去南海，怎么样？"富和尚说："你凭借什么前往（南海）？"穷和尚说："我只要带一个瓶子和一个饭钵就足够了。"富和尚说："我几年来（一直）想要雇船南下，还没能够去成呢，你凭借什么前往（南海）？"到了第二年，穷和尚从南海回来，把这件事告诉了富和尚。富和尚脸上露出了惭愧的表情。

四川距离南海，不知道有几千里的路，富和尚不能到南海，而穷和尚到了。人们立志求学，难道还不如四川边境的那个穷和尚吗？因此聪明与有才学，可以依赖而又不可以依赖；（那些）自以为聪明，有才学但并不学习的人，是自己毁了自己。昏庸与愚钝，可以限制而又不可以限制；（那些）自己不受昏庸限制而用心学习，不倦怠的人，是靠自己努力学成的。

学生自主完成，小组交流。

● 预设：

相同点：

1. 从大的方面看都是谈学习的"难"的问题；

2. 都是通过具体的事例阐述道理；

3. 都运用了叙议结合的写法。

不同点：

1. 侧重点不同，本篇侧重论述"为学"中"难"与"易"的关系；

2. 选用事例不同，本篇运用的只是他人的一个事例；

3. 表达方式不同，本篇主要是叙述，不像《与东阳马生序》，有大量的描写。

按：比较不宜面面俱到，学生言之有理即可。

五、课后练笔，表达交流

任务一：结合课文内容进一步思考：我们怎样看待宋濂的学习态度？怎样

评价他从师尊师的表现？请把思考的结果形成一段议论性文字，要求有观点、有阐发、有条理。写好后与同学分享交流。

任务二：选择文中一个小片段，展开合理想象，并运用多种描写手法，将之扩写为一段记叙性文字。写好后在课上交流。

《词四首〈渔家傲·秋思〉》：宋代豪放派词作的先声

◆ **关键问题**

词人戍守边防，眼中所见所闻之景给他以怎样的感受？这样的感受仅仅指眼前的自然景象吗？

◆ **设计意图**

诗歌的本质属性是抒发情感，学习的重点也就是对情感的把握、体会与揣摩。而诗人情感的表达又往往不是直抒胸臆，而是委婉含蓄、曲折深致，这就涉及诗歌中的形象（包括物象、景象）问题。要引导学生通过对"词眼"的把握，理解词作的思想内涵和情感基调，感知抒情主人公形象，把握词作深沉厚重、慷慨悲凉的风格特点；通过对词作形式和抒情特点的了解，体会词作在节奏、韵律上的美感。

教学过程

一、情境导入，整体感知

（一）情境导入

出示下列诗歌，要求学生思考：从诗歌题材和语言风格看，它们都属于什么类型的诗？请对其共同特点做简单描述。

> 青海长云暗雪山，孤城遥望玉门关。
> 黄沙百战穿金甲，不破楼兰终不还。
>
> ——唐·王昌龄《从军行》
>
> 秦时明月汉时关，万里长征人未还。
> 但使龙城飞将在，不教胡马度阴山。
>
> ——唐·王昌龄《出塞》
>
> 葡萄美酒夜光杯，欲饮琵琶马上催。
> 醉卧沙场君莫笑，古来征战几人回。
>
> ——唐·王翰《凉州词》
>
> 五月天山雪，无花只有寒。笛中闻折柳，春色未曾看。
> 晓战随金鼓，宵眠抱玉鞍。愿将腰下剑，直为斩楼兰。
>
> ——唐·李白《塞下曲》
>
> 回乐峰前沙似雪，受降城外月如霜。
> 不知何处吹芦管，一夜征人尽望乡。
>
> ——唐·李益《夜上受降城闻笛》

学生自由朗读，思考交流。

● 预设：

从诗歌题材和语言风格看，这五首诗都是唐代边塞诗，它们以边塞军旅生活为主要内容，或描写奇异的塞外风光，或反映戍边的艰辛，或抒发渴望建功立业、报效国家的豪情，或状写戍边将士的乡愁。其特征是具有壮阔、阳刚之美，令人感到一种积极向上的生命力，体现了唐朝当时泱泱大国的雄浑气概。

在北宋文坛上，也有这样一位诗人，继承唐代边塞诗的艺术传统，结合自己的亲身经历，写下了一首很有影响力的边塞词。他的这首词作写了哪些内容，抒发了什么样的情感呢？我们要想知道究竟，还是走进范仲淹的《渔家傲·秋思》吧。

范仲淹在宋仁宗康定元年（1040年）八月，西夏人扰边时，任陕西经略安抚副使兼知延州（治所在今陕西延安），随军亲临前线，抗击西夏。庆历元年（1041年）四月调至耀州（治所在今陕西铜川耀州区）知州。守边四年，深为西夏畏惮，人称"小范老子腹中有数万甲兵"。民谣云："军中有一范，西贼闻之惊破胆。"西北局势因此稳定。这首《渔家傲》就写于词人多年戍边征战的营帐里。

（二）整体感知

要求学生熟读词作，对照注释，尝试用现代白话翻译全词；在此基础上，对全词做整体性理解，并将理解归纳概括出来。

学生自主交流。

出示下列两种翻译，让学生做比较，看哪一种更好。

1. 秋天到了，西北边塞的风光和江南不同。大雁又飞回衡阳了，一点也没有停留之意。黄昏时，军中号角一吹，周围的边声也随之而起。层峦叠嶂里，暮霭沉沉，山衔落日，孤零零的城门紧闭。

饮一杯浊酒，不由得想起万里之外的家乡，未能像窦宪那样战胜敌人，刻石燕然，不能早做归计。悠扬的羌笛响起来了，天气寒冷，霜雪满地。夜深了，将士们都不能安睡：将军为操持军事，头发都变白了；战士们久戍边塞，也流下了伤时的眼泪。

2. 边境上秋天一来风景全异，向衡阳飞去的雁群毫无留恋的情意。从四面八方传来的边地悲声随着号角响起。重重叠叠的山峰里，长烟直上落日斜照孤城紧闭。

喝一杯陈酒怀念家乡远隔万里，可是燕然还未刻上平胡的功绩，回归无法预计。羌人的笛声悠扬，寒霜洒满大地。征人不能入寐，将军头发花白，战士洒下眼泪。

● **归纳**：

这首词分为上下阕，上阕着重写景，下阕侧重抒情。纵观全词，意境开阔，语调铿锵，是词人边塞生活与心境的真实写照。

二、细读词作，把握情感

> 🔍 **提问**：词人戍守边防，所见所闻之景给他以"异"的感受。那么，词人笔下的景象"异"在何处呢？

请用这样的句式回答：从_____一句中，我仿佛看到了_____，我感受到了作者所说的"异"。

● 预设：

——从"衡阳雁去无留意"一句中，我仿佛看到了范仲淹仰视到一群群大雁从西北边塞的天空中飞过，想到它们是要飞到衡阳去过冬，我感受到了作者所说的"异"。

——从"四面边声连角起"一句中，我仿佛看到了范仲淹听到西北边塞四周传来的风声、马的嘶鸣声、战斗的号角声，我感受到了作者所说的"异"。

——从"千嶂里"一句中，我仿佛看到了范仲淹远眺到西北边塞连绵起伏的群山，好似一道屏障，我感受到了作者所说的"异"。

——从"长烟落日孤城闭"一句中，我仿佛看到了范仲淹远眺、仰望到一缕长烟扶摇直上，一轮红日款款落下，而他所在的城池城门紧紧地关闭着，我感受到了作者所说的"异"。

按：在学生交流时，教师或引导学生做细致的分析，或做必要的补充，引导学生深入理解，准确把握。

▶ **追问**：这样的感受仅仅指眼前的自然景象吗？请结合全词进行理解或把握。

预设：
1. 所见所闻之"异"

（1）首句即开门见山地点明了塞下秋色不同于内地之秋之"异"，以此概

243

述全貌，领起全篇写景文字。

（2）"衡阳雁去"是"雁去衡阳"的倒装，引用了衡阳回雁峰的典故。大雁自春至秋，居塞北多时，回归时竟"无留意"，可见塞下秋来之苦寒荒僻。此一"异"也。

▶ **再追问1**："无留意"的只是飞往衡阳的归雁吗？这样写有什么作用？

预设：

"无留意"的不仅是归雁，包括词人在内的戍边将士也有同样的感受。暗示了边关地理位置的偏远极端，衬托出戍边将士的思乡愁思，从而为下文抒情做铺垫。

正可谓：雁犹如此，人何以堪？雁归人不归，情又何堪？

出示：

雁阵惊寒，声断衡阳之浦。

——唐·王勃《滕王阁序》

征蓬出汉塞，归雁入胡天。

——唐·王维《使至塞上》

戍鼓断人行，边秋一雁声。

——唐·杜甫《天末怀李白》

雁过也，正伤心，却是旧时相识。

——宋·李清照《声声慢》

（3）敌军围困，角声不断，眼看重峦叠嶂，绵延千里，长烟落日，孤城紧锁，一片萧瑟，深邃孤清，着实令人胆战心惊。此二"异"也。

先写所闻：异乡异声与军中号角声交织在一起，则于悲壮苍凉之外平添战事之紧张。"四面"突出边声之无时不在，满布空间。"边声"指边塞特有的声音，如大风、羌笛、马嘶声等。

> 凉秋九月，塞外草衰，夜不能寐，侧耳远听，胡笳互动，牧马悲鸣，吟啸成群，边声四起。
>
> ——汉·李陵《答苏武书》

再写所见："千嶂里"两句，从视觉角度描写边塞风光。

> 黄河远上白云间，一片孤城万仞山。
>
> ——唐·王之涣《凉州词》
>
> 青海长云暗雪山，孤城遥望玉门关。
>
> ——唐·王昌龄《从军行》

以如屏千山、一抹长烟、夕阳落日衬托"孤城"，渲染出边塞之辽阔苍凉。

> 大漠孤烟直，长河落日圆。
>
> ——唐·王维《使至塞上》

一个"闭"字，贴切有力，表现了边关特有的冷落、肃穆和紧张。

宋朝建立以后，采取重内轻外政策，消极防御，致使边疆上放弃警戒，武备松弛。范仲淹移知延州后，采取"屯田久守"方针，加强边防，一方面加强军队训练，一方面在延州周围构筑防御工事，始终居于守势，不敢轻易出击。就整个形势来说，延州处于孤立状态。所以"孤城闭"三字真实地反映了当时的军事态势，反映出宋朝的守军力量是很薄弱的。指挥部所在地的城门，太阳一落就关闭起来，表现了形势的严重性。

2. 情感抒发之"异"

（1）喝着那一杯浊酒，挂念远隔万里的故乡之心却无比清澈，格外思念起家乡与亲人。乡愁既起，只好借酒消愁。但"一杯""浊酒"，怎浇"万里"乡愁？

"一杯"与"万里"相对为文，强烈对比，雄浑有力，细腻地传递出守边将士，当然也包括自己热切眷念家乡的心情。

喝酒不是上战场之前的壮行，也不是胜利后的庆功之举，而是为了思乡怀人，这是一"异"。

> 抽刀断水水更流，举杯消愁愁更愁。
> ——唐·李白《宣州谢朓楼饯别校书叔云》
> 酒入愁肠，化作相思泪。
> ——范仲淹《苏幕遮》

（2）既然想念家乡，那就应该像归雁那样，回到自己的家乡，但又说"燕然未勒归无计"，这是一种情感上的矛盾，这是又一"异"。

▶ **再追问2**：词人引用勒石记功的典故有什么作用？

预设：

燕然，山名，今杭爱山。东汉窦宪打退匈奴单于侵扰之后，在燕然山勒石记功，班师回归。

引用这一典故含蓄地写出了守边将士们的责任感：敌人还没被击退，身为军人的作者，又怎么能无功而返？职责并未因"归无计"而懈怠，情感也未因此而淡薄。

> 黄沙百战穿金甲，不破楼兰终不还。
> ——唐·王昌龄《从军行》

用典的一句轻轻点出将士们守疆卫国的责任心，揭示了这对矛盾的主导方面，提高了词的思想境界。

▶ **再追问 3**：对这样的一对情感矛盾，我们怎样理解？

预设：

一方面是浓烈的思乡之情，一方面是战事吃紧，军人渴望建功立业之情，两者紧紧交织在一起。将士们的思归情绪固然是因身处边境，与家人音讯隔绝而起，但也由战事频繁、战况激烈所触发。

战事吃紧，渴望建功立业，但胜利遥不可及——孤城紧闭，处于守势，无法完成反抗侵略的大业，所以"归无计"；而边地生活艰苦，且又远离家乡，更让人萌生思归之情。这种情感上的矛盾无法调和。

（3）"羌管悠悠霜满地"等三句，集中描述了这种矛盾交织的景与情，但他竟将"将军"与"征夫"并提，说他们的情感完全一致，这是又一"异"处。

凄凉孤寂的大漠深处，传来悠扬缥缈的羌管之声，更激起词人浓郁的思归之情。夜不能寐，无论是将军还是士兵，都被霜雪染白了头发，只好默默地流泪。

"羌管"，即羌笛，西部民族的乐器，以声音凄切、哀怨著称。

> 羌笛何须怨杨柳，春风不度玉门关。
> ——唐·王之涣《凉州词》
>
> 不知何处吹芦管，一夜征人尽望乡。
> ——唐·李益《夜上受降城闻笛》

羌笛悠扬呜咽，满地银白浓霜，此情此景，逼出下面两句："人不寐，将军白发征夫泪。"

"人"，指词人，也指包括将军、征夫在内的所有守边将士，他们的情感完全一致。

> 将军百战死，壮士十年归。
> ——《木兰诗》

> 凭君莫话封侯事，一将功成万骨枯。
>
> ——唐·曹松《己亥岁二首·僖宗广明元年》

▶ **再追问 4**："将军白发征夫泪"运用了什么手法？我们怎样认识其所表达的情感？

预设：

运用的是互文手法：将军、征夫白发，将军、征夫泪。

> 秦时明月汉时关。（唐·王昌龄《出塞》）
> ——秦汉时的明月，秦汉时的关。
> 烟笼寒水月笼沙。（唐·杜牧《泊秦淮》）
> ——烟雾笼罩着寒水也笼罩着沙，月笼罩着寒水也笼罩着沙。
> 明月别枝惊鹊，清风半夜鸣蝉。（宋·辛弃疾《西江月》）
> ——明月升起，惊飞了树上的鸟雀，惊醒了树上的眠蝉；轻拂的夜风中传来了鸟叫声和蝉鸣声。

当时北宋的戍边军事力量不足以与西夏做正面对抗，因此范仲淹建议采取积极的战略防御，以逸待劳，伺机而动。但长期的守边备战也在逐渐消磨将士们保家卫国的激情与意志，词人也在建功立业与归乡心切间备受煎熬。面对外族侵扰，再无汉代勒石记功之力，只有僵持苦守之份，"白发"与"泪"，可谓英雄迟暮，无力回天，这也正是形成此词沉郁苍凉基调的原因之一。

词人的自我隐含在全方位视角的"共我"之中，含蓄而深沉。他把自己的忧乐与战士的忧乐融为一体，这与他后来"先天下之忧而忧，后天下之乐而乐"的胸怀完全一致。

三、探究问题，深入理解

> 🔍 **提问 1**：从表现手法上看，这首写边地秋景和将士情怀的词作，又有哪些"异"处呢？

学生阅读思考，合作探究。

● 预设：

1. 以"异"统领全篇：

塞下风景之异，将士情感矛盾之异，词人情怀抱负之异。

2. 以"归无计"为情感线索：

先以"衡阳雁去无留意"自然引出"归"意，为全词定下感情基调。

再渲染边塞苦寒凄凉的景象、紧张的战争形势，使"归"情油然而生。

继以一杯浊酒更加点燃思乡的火苗。万里路途也难阻抑那浓烈的乡愁，可是"何处是归程"？

交代"归无计"之由：建功立业难以实现，但责任担当仍要坚守。

最后以画面定格，艺术特写。夜不成寐的将士，那早生的白发和痛苦的泪水，不正是思乡最好的证明吗？正是"归无计"在折磨着所有人。

> 🔖 **按**：此点也可以抓住词作的题目"秋思"（"秋思"在词中是怎么体现出来的？），引导学生进行探究。

3. 以时间为序：

雁去衡阳，边声四起——白天的景象；

落日孤城——傍晚时分所见；

浊酒一杯——夜晚的场景；

羌管悠悠，寒霜遍地——夜深人静时所闻；

夜不成寐，黯淡思乡——不眠之夜的状态。

层层渲染，不断铺垫，处处寄寓边塞将士不胜久戍的黯淡思乡之情。

4. 运用借景抒情的手法：

● 出示：

予久羁关外，每诵此词，风景宛然在目，未尝不为之慨叹也。

——明·瞿佑《归田诗话》

昔人论诗词，有景语情语之别，不知一切景语皆情语也。

——清·王国维《人间词话》

▶ **追问**：这首词作能够让人为之"慨叹"的最为突出的因素是什么？

预设：

词作通篇运用了借景抒情的艺术手法：

上阕，起笔即写塞外秋天的独特景象，层层深入绘出边塞的苦寒荒僻，给下阕提供了典型的环境——景中含情；

下阕，因景生情，抒发了将士们的思乡之情，突出情感与职责的矛盾，又处处体现环境的特点——情中有景。

词中所写景色奇特瑰丽，形象描画生动鲜明，情感表达丰富细腻。

🔍 **提问2**：范仲淹作词不多，《全宋词》仅存其词五首，但这首写边地秋景和将士情怀的《渔家傲·秋思》产生了极大的影响，这又"异"在何处？

● 出示：

范文正公守边日，作《渔家傲》乐歌数阕，皆以"塞下秋来"为首句，颇述边镇之劳苦，欧阳公尝呼为穷塞主之词。

——宋·魏泰《东轩笔录》

边塞风情，曾经是唐诗重要题材之一。词自诞生后，向以罗绮香泽见长，而与雄武壮阔无缘。北宋初年，词风沿袭晚唐、五代余绪，依然绸缪婉转。

豪放词开始兴起，一变低沉婉转之调，而为慷慨雄放之声，把有关国家、社会的重大问题反映到词里。范仲淹的《渔家傲》可算是这方面的代表作。

——《唐宋词鉴赏辞典》

学生阅读思考，合作探究。

● 预设：

作者以自己的亲身经历首创了"边塞词"，由于它来自真实的生活体验，并将深刻的社会内容和开阔的意境引入了词的领域，因此具有强烈的反映社会现实的精神。

它不同于风花雪月的艳词，而是展现了豪迈的气概与深沉的情感，是唐代边塞诗在词作中的延续和发展，初步显示了北宋词风变化的端倪。

在词史上，可谓踏出了突破"词为艳科"之藩篱的重要一步，对词作的发展做出了巨大贡献，对宋代豪放派词的勃然兴起是一种有益的启蒙，对豪放派代表词人如苏轼、辛弃疾等具有相当大的影响，可以说是豪放派词的先驱。

四、读写融合，学以致用

任务一：阅读下面这首词作，仿照示例，从中选择一到两处富有表现力的词句进行赏析。写好后在小组内分享交流，并推荐佳作在全班展示。

要求：

用"词句＋意思解释＋手法与效果"的方式表达。

苏幕遮·怀旧
范仲淹

碧云天，黄叶地。秋色连波，波上寒烟翠。山映斜阳天接水。芳草无情，更在斜阳外。黯乡魂，追旅思。夜夜除非，好梦留人睡。明月楼高休独倚。

酒入愁肠，化作相思泪。

附示例：

"碧云天，黄叶地"，天空一碧如洗，白云淡薄；地上秋叶金黄，浓艳明朗。词一开头就抓住秋色特征着笔，不唯天高云淡，落叶飘飘，而且色泽艳丽，一"碧"一"黄"，对比推出，给人以强烈的美感。可谓出语不凡，辞藻精美。

"酒入愁肠，化作相思泪"，端起酒来洗涤愁肠，可是都化作相思的眼泪。杯中酒与眼中泪本无联系，词人巧妙地用"愁肠"作媒介，无情的"酒"经过"愁肠"一浇，就化作了有情的"泪"，入化之功足见情深。"相思"二字画龙点睛，乃全篇警句。

任务二：俗话说"男儿有泪不轻弹"。身处前线，肩负重任的将士们，在戎马倥偬、奋勇杀敌的间隙，远望家乡，却流下了至情的泪水，这怎能不让人为之动容？请以"英雄之泪"为话题，写一写你的感受和认识，并准备在班级专题阅读分享活动中做主题发言。

（本设计部分材料由江苏省昆山市周市中学王海翔老师提供。）

《山水画的意境》：
胸中有丘壑，笔下见山河

◆ **关键问题**

在这篇文艺性论文里，作者为什么说"意境是山水画的灵魂"？对此，他是怎样展开论述的？这对我们写作议论文有哪些启发？

◆ **设计意图**

对"意境"这一概念，学生既熟悉又陌生。言其熟悉，是因为他们已经学了很多古代诗词，"意境"之说经常出现；说其陌生，是因为"意境"究竟为何物，学生不甚了了。学习这篇课文可以帮助学生整合认知，提升思维，对"意境"的认识有一个从感性认识到理性认识的转变与飞跃过程。具体目标有三个：围绕文章的核心概念，引导学生理解概念，并从中寻找概念之间的关系；学会分析文中的实例，进而把握论证思路；在充分理解的基础上，能够独立思考，灵活运用，实现能力迁移。

教学过程

一、情境导入，激发兴趣

（一）出示下列诗句，让学生朗读，看看这些诗句的共同特点是什么

采菊东篱下，悠然见南山。

——晋·陶渊明《饮酒》（其五）

浮云游子意，落日故人情。

——唐·李白《送友人》

大漠孤烟直，长河落日圆。

——唐·王维《使至塞上》

烽火连三月，家书抵万金。

——唐·杜甫《春望》

曲径通幽处，禅房花木深。

——唐·常建《题破山寺后禅院》

春蚕到死丝方尽，蜡炬成灰泪始干。

——唐·李商隐《无题》

无可奈何花落去，似曾相识燕归来。

——宋·晏殊《浣溪沙》

零落成泥碾作尘，只有香如故。

——宋·陆游《卜算子·咏梅》

● **预设：**

这些诗句的共同特点是，既有景象的描写，又有情感的抒发，不管是触景生情，寓情于景，还是借景抒情，都达到了情景交融的艺术境界。这样的境界，在文学创作中，有一个专有名词，叫作"意境"。

（二）出示李可染画作《万山红遍》，教师引导，进行简要赏析

师生可以展开简单对话交流，如："你从这幅画中，看到了哪些景象？""看了这幅画，你最深的印象是什么？它给你以怎样的感受？"

《万山红遍》是李可染于20世纪60年代创作的作品。他在1962年至1964年间，曾经七次作《万山红遍》，成为画坛佳话。

"看万山红遍，层林尽染"是毛泽东词作《沁园春·长沙》中的名句，描述了深秋时分，湘江之滨的岳麓山漫山遍野万树皆红的壮丽奇景。

"万山红遍"这一题材给画家带来了极大的挑战。一方面，"万山"之意境颇为辽阔深远，极大地考验着画家的空间驾驭能力，若非胸有千山万壑，则根本无法表现"万山"；另一方面，"红遍"给中国传统山水画出了一个大难题：历来山水画多以水墨描绘，仅作为点缀的红色在使用上可谓慎之又慎。然而李可染先生却迎难而上，开始大胆尝试创作"万山红遍"。

这幅画红为主调，以墨作底，画面主峰矗立，顶天立地，气象沉雄博大；红树层峦，密密匝匝，韵致幽深；溪岸、飞瀑、房舍点缀其间，为全画活眼，于深密厚重中蕴含空灵之气。

其实，不管是古代诗人的诗歌，还是李可染的画作，它们都已经为我们诠释了什么叫"意境"。那么，"意境"到底是怎么一回事，我们还是走进文本，看看画家是怎么说的吧。

二、整体感知，梳理思路

（一）整体感知

学生自主阅读课文，归纳主要内容，完成下表。

● 预设：

段落	主要内容	作用
第1段	提出山水画中的一个重要问题：意境。	提出主要观点。
第2段	对所提出的概念进行阐释，论述山水画讲究意境的原因。	先解释"意境是什么"的问题，再论述"为什么要提出"的问题。
第3~4段	借助两个实例进行具体说明。	用事实论据具体阐发"意境是什么""为什么提出"的问题。
第5~8段	论述获得"意境"的具体途径与方法。	集中探讨"怎样做才会有意境"的问题。
第9~10段	提出要"苦心经营意匠"。	继续就"怎样做才会有意境"进行论述，启引后面的话题。

（二）梳理思路

> **提问**：通过上面的内容了解，我们可以看出这篇文章在行文结构上有一个怎样的思路？

● 预设：

先提出问题（是什么），再分析问题（为什么），后解决问题（怎么做）。

▶ **追问1**：这样的思路，在行文上有语言标志吗？

预设：

有语言标志。

第1段开门见山，直揭话题，引人注目。

第2段开头一句是设问句："什么是意境？"承上启下，进而带出"为什么"要论述这个问题（"为什么这个问题很重要"）。

第5段开头继续用设问的方式"怎样才能获得意境呢？"自然转入对"怎么做"进行论述，吸引读者重点关注。

第9段开头，先用"肯定地说，画画要有意境，否则力量无处使"承接上文，进行归纳与总结，再用"但是有了意境不够，还要有意匠"开启下文。

▶ **追问2**：从文章论述内容的安排看，本文的论述重点是什么？为什么这样安排？

预设：

本文的重点内容是论述"怎么才能获得意境"的问题，除了对"意境是什么"有所阐释之外，对"为什么要追求意境"展开得并不多，充分体现了作者的写作（讲课）意图——给学生以更多的方法指导。

三、研习课文，重点把握

> 🔍 **提问**：作者为什么说"意境是山水画的灵魂"？对此，他是怎样展开论述的？对我们写作议论文有哪些启发？

（一）学生阅读课文第1~4段，先自主思考，梳理其论述过程，再讨论交流

● 预设：

作者的论述逻辑清楚，思路清晰。

作者首先说"画山水，最重要的问题是'意境'"，并把这一点提高到"意境是山水画的灵魂"的高度。这样的认识和见解，既高屋建瓴，又新颖别致。

紧接着，作者对"意境"进行了具体阐释："意境就是景与情的结合。"并对"景"与"情"的关系做了明确界定："写景就是写情。"

考虑到受众，作者并没有继续对概念进行过多阐发，而是由概念出发，理清思想认识中可能存在的问题：把山水画混同于自然科学。对其中的道理，作者又分别做了论述：先正面说，山水画"不是地理、自然环境的说明和图解"，山水画虽然要求自然地理的准确性，但它的重点是"表现人对自然的思想感情"，要"见景生情，景与情要结合"；再反面说，"如果片面追求自然科学的一面，画花、画鸟都会成为死的标本，画风景也缺乏情意"，严重的结果就是"没有画意"，不仅不能感动自己，"更感动不了别人"。

再从我国的文学艺术传统中找依据，论述"意境"的重要性："在我们的古诗里，往往有很好的意境。"并结合李白的《送孟浩然之广陵》和毛泽东的《十六字令三首》做具体说明，古今结合，选例典型，很有说服力。

最后，再次强调："古人说'缘物寄情'，写景就是写情。诗画有意境，就有了灵魂。"既是对上文的总结，又巧妙地把行文思路从"诗歌"拉回到"画画"上来，艺术地回答了"谈山水画的意境为什么要以诗歌为例"的疑问。

● 出示：

　　树木葱茏、一片生机的春山容易使你产生欢快的情绪，木叶飘零的秋山容易使你有萧瑟的心境；你站在一泻千丈的瀑布前感到痛快，停在潺潺的小溪旁显得闲适又温情；你在柳条迎风时会感到轻盈，在观赏暴风雨时能获得气势……

　　这一切，不都是景与情相对应的动人状态吗？

▶ **追问1**：从"景""情"关系的处理上，我们怎么理解李白《送孟浩然之广陵》、毛泽东《十六字令三首》中的意境？

　　请用"描述景象＋简析"的方式回答。
　　学生阅读思考，体会感受，尝试作答，讨论交流。

预设：

1. 李白《送孟浩然之广陵》，以"孤帆远影碧空尽"两句为例：

　　李白一直把孟浩然送上船，船已经扬帆而去，而他还在江边目送远去的风帆。他的目光追随着帆影，一直到帆影逐渐模糊，最后消失在碧空的尽头，可见目送时间之长。帆影已经消逝了，然而李白还在翘首凝望，这才注意到一江春水，在浩浩荡荡地流向远远的水天交接之处。（描述景象）

　　"唯见长江天际流"是眼前景象，可是谁又能说是单纯写景呢？李白对朋友的一片深情，李白的向往，不正体现在这富有诗意的神驰目注之中吗？诗人的心潮起伏，不正像浩浩东去的一江春水吗？（简析）

（参见《唐诗鉴赏辞典》）

2. 毛泽东《十六字令三首》，以"其一"（山，快马加鞭未下鞍。惊回首，离天三尺三）为例：

　　经过这座山时，一如既往，履险如夷；既过后，蓦然回首，方知等闲之中越过的非等闲之山，不禁为之一惊。这一"惊"烘托了山异乎寻常的险峻。（描述景象）

这一"惊",不是事后的余悸,也不只是对山势险峻的惊讶。试想,如此险峻的山峰,诗人是在不知不觉中翻越的,只是在偶然回首之际,才发现了历程的艰险。艰险已被征服在脚下,它只是回眸观照的对象。这一"惊"中更多的是胜利者自我发现、自觉胜利时的庆幸、惊喜和自豪。(简析)

> 到了山顶,已经是下午两点多钟。我忽然想起:将来要在这里立个纪念碑,写上某年某月某日,红军北上抗日,路过此处。我长长地吐了一口气,坐在山顶上休息一会。回头看队伍,没有翻过山的只有不多的几个人了。我们完成了任务,把一个坚强的意志灌输到整个纵队每个人心中,饥饿、疲劳甚至受伤的痛苦都被这个意志克服了。难翻的老山界被我们这样笨重的队伍战胜了。
>
> ——陆定一《老山界》

(二)学生阅读课文第5~8段,先自主思考,梳理其论述过程,再讨论交流

● 预设:

这一部分是文章的重点,作者这样展开论述:

总体提出"获得意境"的基本途径与方法:"要深刻认识对象,要有强烈、真挚的思想感情。"

紧承总述,先分述"思想感情的产生"与"对客观事物认识的深度"之间的关系。对事物认识要全面深入,而要达到这一点,方法之一是"身临其境,长期观察"。作者以齐白石画虾为例,并通过引用古人的论述,证明了这样的观点。方法之二是"站得高于现实",也就是说需要去观察和认识现实,这样情感抒发才可能全面深入。作者又举了毛泽东的《沁园春·雪》为例,来证明这一方法的正确有效。

> 四十年来画竹枝，日间挥洒夜间思。冗繁削尽赛清瘦，画到生时是熟时。
>
> ——清·郑燮《题画竹》

再分述"思想感情的产生"与"创造意境"的关系：思想感情来自画家对事物的深刻感受，来自画家"亲身感受的强烈欲望"；只有"经过画家思想感情的夸张渲染"，画作的意境才会"更鲜明"。进而得出了"对所描绘的景物，一定要有强烈、真挚、朴素的感情"，才会有"意境的独创性"的结论。

在这里，作者论述的重点仍然放在"注重长期观察"的重要性上，主要是通过大量实例来论述观点，其中有自己的亲身体会，有古代画家与"一位作者"正反两个事例的对比，也有自己对苏州四棵古老柏树长期观察后的感受，还有引用的四川人对自然景物的概括等。说明"每一处风景都有其各自不同的特色"，而这一切都需要"长期观察"，唯其如此，才会有"深刻感受"，才会有强烈的表现欲望，也才能创造出"意境"。

> 江馆清秋，晨起看竹，烟光、日影、雾气，皆浮动于疏枝密叶之间。胸中勃勃，遂有画意。其实，胸中之竹，并不是眼中之竹也。因而磨墨、展纸、落笔，倏作变相，手中之竹，又不是胸中之竹也。
>
> ——清·郑燮《题画》

▶ **追问2**：从上面的研习中，我们可以发现这篇文艺性论文的论证方法主要有哪些？请结合文意做简析，要用"论证方法+简析"的方式回答。

学生思考，自主完成，分享交流。

预设：

本文主要运用的论证方法有：

1. 举例论证：有古代的，也有现代的；有正面的，也有反面的（正反对比论证）。（简析略）

2. 类比论证：用诗歌创作的典型实例，来类比山水画的创作问题。（简析略）

3. 引用论证：引用多种言论，证明自己的观点。

这里仅以"引用论证"为例：

课文中有不少引用，请将它们全部找出来，并进行分类，简要分析其作用和表达效果，完成下表。

所在段落	引用言论	分类	作用	效果
第4段	"缘物寄情"		论述"写景"与"写情"的关系，借以阐释意境的含义。	既有较强的说服力，又使得行文典雅，富有知识性。这些名言，不仅是古人的倡导，更是古人长期艺术实践的结晶和达到的艺术境界。
第6段	"全马在胸""胸有成竹""白纸对青天""造化在手"	引用古人论述语言	论述只有对事物进行长期观察，才会有对事物的全面深刻的认识的道理。	
第8段	（五代画家荆浩画松）"凡数万本，始得其真"			
第8段	"峨眉天下秀，夔门天下险，剑阁天下雄，青城天下幽。"	引用民间说法	说明"每一处风景都有其各自不同的特色"的道理。	高度概括，特征鲜明。
第10段	"意在惨淡经营中""语不惊人死不休"	引用古人（杜甫）诗句	说明古代有成就的文学艺术家都是非常"讲究意匠"的。	非常典型，说服力强；也很生动，形象性强。

出示：

吟安一个字，拈断数茎须。

——唐·卢延让《苦吟》

"红杏枝头春意闹"，著一"闹"字而境界全出。

——清·王国维《人间词话》

（参见课本"思考探究二"和《教师教学用书》）

按：《教师教学用书》把"事实引用"也包括进去了，这可能会带来与"举例论证"（广义上的引用）交叉重复的问题。本设计沿用了约定俗成的说法（狭义上的引用），以与课本"思考探究二"中"引用了耳熟能详的语句"的说法相一致。

▶ **追问 3**：这篇课文是一篇非常有典范性的文艺性论文，为我们写作议论文提供了极有价值的范本。通过学习，我们从中受到了哪些启发呢？

学生思考，合作交流。

预设：

——议论文写作要有非常鲜明的观点，并要对自己的观点进行准确的阐释。

——在提出自己的某一观点之后，要能对它进行一定的分解，要能够从不同的方面进行论述。

——对观点中出现的一些概念，如本文中的"景"与"情"、"意境"与"意匠"等之间的关系要说明清楚。

——要综合运用多种论证方法，如举例论证、类比论证、引用论证等，使自己的论述有说服力。

——议论文要有一个比较严密的逻辑结构，一般包括"是什么""为什么""怎么样"三个部分。

归纳：

本文可资借鉴之处甚多：观点明确，解释清楚；思路清晰，逻辑严密；正反结合，古今一致；既有理论阐释，又有事实证明；选例典型，说服力强；前后贯通，浑然一体。

按：这一环节的目的是为学生提供元认知支架，帮助他们形成和提高元认知能力。

四、读写融合，表达交流

结合自己学习本文的体会，选择一首自己感兴趣的古诗词，以"胸中有丘壑，笔下见山河"为题写一段赏析文字。写好后在小组内分享交流，并推荐佳作在课上展示。

要求：

1. 围绕诗词中"意境"的营造及其效果来展开；
2. 重点分析诗词对"景""情"关系的处理技巧；
3. 总结一下自己的赏析心得（一到两点）。

《屈原》：激荡寰宇、回旋大地的"雷电颂"

◆ **关键问题**

本文的主体是屈原的大段独白，一般称之为"雷电颂"。它与故事情节有着怎样的联系？表达了主人公怎样的思想情感？在表达上有哪些鲜明的特点呢？

◆ **设计意图**

毫不夸张地说，这部剧作中最打动人的就是屈原的长篇独白，它是屈原思想精神力量的强烈迸发，也是剧作家独特情感的集中体现。请反复朗读这段独白，梳理清楚其与故事情节及其矛盾冲突的关系；体会抒情主人公的思想情感，进而把握屈原的形象特点；在对独白的品味欣赏中，形成对戏剧表达形式的基本认识。

教学过程

一、情境导入，整体感知

（一）情境导入

1. 出示对联：

（1）汨罗沉恨，千年难涤屈子愤；

　　粽叶飘香，百世共仰圣人芳。

（2）上下而求索，原只为苍生社稷；

　　高低兮唱吟，却长留青史人间。

2.让学生观看影片《屈原》的几组镜头（屈原被楚王放逐，形容枯槁，行吟泽畔，抱石沉江），并配以主题歌曲。

3.端午节时，民间有吃粽子、赛龙舟的习俗。放吃粽子、赛龙舟的图片。

屈原是一个怎样的人？人们为什么要用这些仪式纪念他呢？要了解其中的原因，还是让我们先来学习郭沫若的历史剧《屈原（节选）》吧。

（二）指导朗读

学生自由朗读课文，结合注释，重点掌握部分词语，基本了解课文内容。

对屈原的独白，教师进行朗读指导。在指导时要突出以下几个方面：读准字音，读出节奏，读出语气，读出情感。

按：在进行朗读指导时，可以结合一些修辞手法的基本知识，如呼告、排比、反复等，读出运用这些修辞手法所营造的效果。

（三）整体感知

> 🔍 **提问**：课文的主要内容有哪些？内容之间有什么关联？"雷电颂"部分可以分为几个层次？

学生再读课文，归纳内容，划分层次。

● 预设：

1.课文是郭沫若创作的著名历史剧《屈原》的第五幕第二场，内容主要有：

一是靳尚与郑詹尹秉承南后旨意，密谋毒死屈原。南后等人对屈原恨之入骨，他们诬陷打击屈原不够，还要除之而后快，暴露了他们陷害忠良的凶残与毒辣本性。

二是屈原的内心独白——雷电颂，这是主体内容。屈原面对黑暗现实，呼风唤雷，怒斥神祇，表现了他对黑暗世界的强烈愤懑和对光明未来的热烈追求。

2. 这两个部分有着紧密的联系：屈原的光明磊落与靳、郑二人的阴暗、奸诈形成鲜明的对比；靳、郑二人的密谋，充分显现了他们与屈原尖锐的矛盾冲突，既引出屈原的出场，也为后面的情节发展做好了铺垫，埋下了伏笔。

3. 屈原的独白是第五幕的高潮。从内容看，可以分为两层：

第一层（第1~7段）：诗人呼唤与歌颂风、雷、电这些伟大的自然力，表达了对黑暗的愤懑和对光明的礼赞与向往。

第二层（第8~13段）：诗人要摧毁一切神鬼偶像，因为他们是罪恶的黑暗产生的源泉。

《雷电颂》是屈原斗争精神最突出的体现。爱国爱民的深切情感，是他斗争精神的源泉。

按：让学生用序号标出独白的段落。具体内容详见《教师教学用书》相关部分。

● 出示：

> 前四幕的剧情主要是：在七国纷争、战乱频仍的时代，屈原看透了秦国侵吞六国的野心，系念祖国和人民的命运前途，力劝楚怀王联齐抗秦。孰料却遭到张仪、南后之流卑鄙的陷害，横加以"淫乱宫廷"的罪名。在含冤莫白的情形下，他仍然拳拳关注祖国和人民，把它们看得高于自身的利害得失。他"沉痛地"劝诫楚怀王，愤怒地斥责南后，恨她危害了祖国。但昏庸专横的楚怀王不听屈原的一再忠告，粗暴地撕毁楚齐盟约，转而依附秦国，走上妥协投降的道路，屈原也遭到囚禁。
>
> ——《教师教学用书》

二、重点阅读，深入理解

> 🔍 **提问 1**："雷电颂"其实是一篇想象瑰丽、情感色彩极为强烈的抒情散文诗，它表达了主人公怎样的思想情感？这些情感是通过哪些景象和手法表现出来的？

学生找出关键词句反复朗读，品味语言，完成表格。

● 预设：

层次	段落	景象	手法	情感
第一层	第1、2段	呼唤咆哮的风，吹走一些灰尘、沙石、花草树木，让洞庭湖、长江、东海能够翻波涌浪。	呼告、拟人、反复、象征	对黑暗的无比愤懑
	第3段	思念象征自由、跳舞、音乐和诗的无边无际的波澜和伟大的力量。	排比、拟人、反复、比喻、象征	对大自然伟力的无尽思念与热情赞颂
	第4段	呼唤风、雷、电这些自然的力量，爆炸黑暗、阴惨的宇宙。	呼告、比喻、拟人、反复、象征	对黑暗的无比憎恨，对自然伟力的热切期盼

续表

层次	段落	景象	手法	情感
第一层	第5段	呼唤轰隆隆的雷,希望能够随着雷声漂流到光明正大、美好自由里去。	呼告、拟人、排比、反复、象征	对光明、自由、公正无私、美好生活的无限向往
	第6、7段	呼唤闪耀的电,劈开比铁还坚固的黑暗;把光明看作宇宙的生命、自己的生命,希望自己熊熊燃烧的生命也能迸射出光明。	呼告、拟人、反复、反问、象征	对灿烂、炫目光明的热烈向往与强烈期盼,表达了要把生命化为光明的迫切愿望
第二层	第8段	要炸裂自己的身体,炸裂宇宙,烧毁一切罪恶的黑暗。	比喻、拟人、反复、夸张、象征	对罪恶的黑暗力量及其代表的强烈痛恨
	第9段	要烧毁无德无能、产生黑暗的东皇太一、云中君。	比喻、反复、拟人、象征	
	第10段	要烧毁没心肝、没灵魂、没本领的太阳神和它的坐骑。	呼告、反复、拟人、象征	
	第11段	要烧毁播弄人的大司命、少司命,要烧毁只会痛哭流泪的湘君、湘夫人。	拟人、反复、象征	

续表

层次	段落	景象	手法	情感
第二层	第12段	回顾河伯在自己遭诬陷、婵娟被虐待时能够挺身而出，据理力争，给自己带来了最初的安慰，而河伯也因此被关押的情形。	呼告、反复、象征	对正义力量的欣赏和感谢
	第13段	表明"我"的意志和宇宙的意志，呼唤风、雷、电把一切沉睡在黑暗怀里的东西全部毁灭。	拟人、反复、排比、夸张、象征	对自然力量和生命力量的热情赞美，对黑暗腐朽势力的强烈痛恨，表达了毁灭一切黑暗的强烈愿望

按：在上述欣赏过程中，要注重朗读（有时还要反复地朗读），并运用不同的朗读形式，让学生有直观的感受，形成自己的体验，避免用抽象的理解代替形象的感知。

🔍 **提问2**：从以上欣赏中，我们发现这篇散文诗大量运用了呼告、拟人、排比、反复、比喻等修辞手法和象征艺术手法。在这些手法中，哪一种手法最富有深刻的意蕴呢？请结合文意，做简要梳理和分析。

● 预设：

象征艺术手法最富有深刻的意蕴。

学生阅读思考，讨论交流，完成下表。

象征物（体）	象征本体及意义
风、雷、电	变革现实、摧毁黑暗的伟大力量。
洞庭湖、长江、东海	无边无际的伟大的力量、自由与美。

续表

象征物（体）	象征本体及意义
有形的长剑	是屈原担任官职时所佩的剑，代表他原先的身份与地位。
无形的长剑	坚定的信念、顽强的意志、永不屈服的精神、追求光明与自由的理想。
没有阴谋、没有污秽、没有自私自利的没有人的小岛	安放崇高灵魂的一方净土：光明正大，公平公正，美好自由，安详宁静。
东皇太一、大司命、少司命、湘君、湘夫人	无德无能、欺民惑众、制造黑暗、软弱无力的官僚统治集团及其帮凶。
河伯	人民群众的杰出代表，正义力量的化身，勇敢的抗争者。

▶ **追问**：这一艺术手法，我们在哪些课文里学过？

预设：

周敦颐《爱莲说》，茅盾《白杨礼赞》，宗璞《紫藤萝瀑布》，彭荆风《驿路梨花》……

出示：

象征手法是根据事物之间的某种联系，借助某人某物的具体形象（象征体），以表现某种抽象的概念、思想和情感。它可以使文章立意高远，含蓄深刻。恰当地运用象征手法，可以将某些比较抽象的精神品质化为具体的、可以感知的形象，从而给读者留下深刻的印象，赋予文章以深意，从而给读者留下咀嚼回味的余地。

按：这一材料的出示，目的是让学生对"象征"这一艺术手法有完整的认识，将感性认识上升到理性认识，将个别认识延伸到一般认识，进而实现知识的迁移。

三、结合背景，探究主旨

> **提问**：作者通过屈原的故事，特别是他的"雷电颂"，表达了自己的某种意念和情绪。那么，你从中读出了作者什么样的意念与情绪呢？请结合下列材料，说说自己的理解。

● 出示：

《屈原》写于1942年1月，此时正值抗日战争的相持阶段，也是国民党统治最为黑暗的时候。郭沫若面对这样的政治现实，创作了《屈原》。他说："全中国进步人民都感受着愤怒，因而我把这时代的愤怒复活到屈原的时代里去了。换句话说，我是借了屈原的时代来象征我们当时的时代。"

——《教师教学用书》

郭沫若创作历史剧的动机，正是出于现实政治斗争的需要。他说："我要借古人的骸骨，另行吹嘘些生命进去。"（郭沫若《历史·史剧·现实》）郭沫若正是持着这样的历史观点，从反对投降、反对独裁的现实政治斗争需要出发，以战国时代联合抗秦的故事作题材，创作了《屈原》以及《棠棣之花》《虎符》《高渐离》等剧作。

——熊依洪《郭沫若等人的历史剧》

在这些人物的剧烈冲突当中，作者一方面深刻地揭露了外来侵略者、本国反动统治者和叛徒汉奸等形形色色丑类的本质，无情地鞭挞了他们专横凶残、卑鄙无耻的灵魂；另一方面深刻发掘了自古以来中华民族英雄义士的高风亮节，热情地赞扬了他们爱国爱民、忠贞刚直的高尚品德。与黑暗反动势力坚持进行顽强、不妥协的斗争，是贯穿这些剧本的一个共同的基本精神。作者展示的这一幕幕历史悲剧，引起了人们强烈的共鸣，大大鼓舞了人们坚持全民族团结抗日的斗争意志，有力地抨击了蒋介石集团的暴政，推动了伟大的民族解放战争。

——熊依洪《郭沫若等人的历史剧》

1941年端午节，举行了第一届诗人节的庆祝活动。郭沫若在重庆《新华日报》发表文章说："抗战以来，由于国家临到了相当危险的关头，屈原的身世和作品又唤起了人们的注意。端午节的意义因而也更被重视了……"

1942年1月，郭沫若完成五幕历史剧《屈原》，自元月二十四日起在当时的国民党机关报上连载十五天，4月2日起公演，场场满座，轰动了整个山城，产生了极大的影响。特别是著名话剧表演艺术家金山出演的屈原这一角色，深受人们喜爱，他在《雷电颂》中的精彩演绎，激荡寰宇、回旋大地，每一次都赢得了观众长时间热烈的掌声。

学生阅读思考，探究，讨论交流。

● 预设：

郭沫若借古喻今，以古讽今，用战国时代屈原坚持正义、反对邪恶，追求光明、反抗黑暗，坚持真理、不屈斗争的光荣事迹，来教育和鼓舞全中国人民，坚持全民族团结，坚持抗日，强烈控诉了国民党反动派压迫人民的罪行，表达了广大人民的愤恨之情。《屈原》不仅是郭沫若影响最大、最震撼人心的剧作，也是呼唤爱国主义、抵抗日本侵略的风云之作。

四、分类概括，全面阅读

剧本中除了人物对话（独白）之外，还有"舞台说明"，请一一找出，并对其内容与作用进行分类概括。

学生阅读思考，分类概括，完成下表。

● 预设：

舞台说明	
内容	作用
东皇太一庙里的景象	描述了剧情发生的时间、地点、环境、布景、道具，有铺陈、渲染之效，既推动情节发展，又有助于刻画人物形象。

续表

舞台说明	
内容	作用
靳尚带卫士二人上下场的情景，郑詹尹上下场的情景	提示人物的动作，刻画人物的外貌特征，展示人物的心理活动，推动故事情节发展。
屈原上场的景象	提示屈原的衣着、容貌、神态及其动作，形象展现人物的状态，为剧情的进一步发展做铺垫。
靳尚、郑詹尹在对话时的神情、动作	推动剧情发展，刻画人物性格，为演员提供动作表演依据。

● 出示：

　　舞台说明也叫舞台提示，是剧作者根据演出需要，提供给导演和演员的说明性文字，是剧本语言不可缺少的一部分。主要有人物说明、场面说明和语言说明。舞台说明一般包括剧中人物表，剧情发生的时间、地点，服装、道具、布景以及人物的表情、动作、上下场等。这些说明对刻画人物性格和推动、展开戏剧情节发展有一定的作用。这部分语言要求写得简练、扼要、明确。这部分内容一般出现在每一幕（场）的开端、结尾和对话中间，一般用括号（方括号或圆括号）括起来。

　　按：此环节的目的是引导学生在阅读剧本时，关注舞台说明文字，了解其在剧本及其演出中的作用，进而能够把握剧本的特点，全面阅读剧本。

五、读写融合，表达交流

　　任务一：课后阅读历史剧《屈原》，运用所学到的赏析方法，写一篇阅读笔记，并在小组内分享交流。

任务二：认真阅读课文，小组合作，进行表演，与同伴交流表演的体会。

任务三："雷电颂"中没有舞台说明文字，如果你是剧作者或导演，将会添加哪些说明性文字，以便于演员更好地表演？请将你的想法写下来与同学交流，交流时要解释为什么这样添加。

要求：

1. 结合剧情；
2. 与屈原形象相一致；
3. 语言简明扼要；
4. 指向明确，能够在舞台上展现出来。

《曹刿论战》：选材精当，形象鲜明

◆ **关键问题**

曹刿对鲁国的统治者有一个著名的判断："肉食者鄙，未能远谋。"这一判断，在全文内容表达上有什么作用？

◆ **设计意图**

从历史背景看，曹刿的这一判断是有事实依据的，也正因如此，才有了他"问战"和"参战""论战"的行为。引导学生抓住关键语句，可以自然带出对文意的理解，并以此带动对人物形象的认识与对刻画艺术的把握，帮助学生明确文章在选材剪裁和语言表达上的特点。

教学过程

学生对照注释，自由朗读课文，并根据所提供的相关资料，自学课文，做基本理解。

一、设置情境，激发兴趣

出示下列对联，让学生阅读思考：这几副对联赞美了曹刿的哪些方面？

1. 曹刿论战，深谋远虑；孔丘讲学，厚积薄发。

2. 曹刿胸有成竹善论战，孔明怀无异志精伐谋。

3. 智曹刿挺身而出献佳计，勇关羽单刀赴会赫东吴。

4. 鲁公敬神灵施衣食皆为小惠，曹刿爱百姓安家邦方是大同。

● 预设：

赞美了他的两个方面：有智谋；爱百姓，爱国家。

> 春秋时候，鲁与齐战，鲁庄公起初不待齐军疲惫就要出战，后来被曹刿阻止了，采取了"敌疲我打"的方针，打胜了齐军，造成了中国战史中弱军战胜强军的有名的战例。
>
> ——毛泽东《中国革命战争的战略问题》

鲁庄公十年（前684年），齐桓公由于鲁国曾经帮助过公子纠和他争夺王位，因此发动了一场攻打鲁国的战争，这就是春秋时代的"长勺之战"。这次战役一改前一年"乾时之战"齐胜鲁败的状况，强大的齐国反而被弱小的鲁国打败了，成为中国历史上有名的以少胜多、以弱胜强的战例。那么鲁国凭什么取得了这次胜利呢？要想知道其中的原因，还是让我们走进《曹刿论战》这篇课文，一探究竟吧。

二、疏通文意，整体感知

（一）自由朗读，疏通文意

学生自由朗读课文，对照注释，尝试理解与翻译。

重点掌握下列文言基础知识：

1. 读准下列字词的读音

（1）刿；（2）间；（3）帛；（4）孚；（5）辙；（6）靡。

2. 重点积累下列实词

（1）伐；（2）肉食者；（3）鄙；（4）间；（5）狱；（6）从；（7）鼓；（8）克。

3. 重点积累下列虚词

（1）何以战；（2）既克；（3）夫战；（4）惧有伏焉。

4. 解释下列古今异义词

（1）牺牲玉帛；（2）可以一战；（3）再而衰。

5. 掌握下列特殊句式（省略句）

（1）乃入见。问："……"

——（曹刿）乃入见（鲁庄公）。（曹刿）问（鲁庄公）："……"

（2）一鼓作气，再而衰，三而竭。

——一鼓作气，再（鼓）而衰，三（鼓）而竭。

6. 翻译重点语句

（1）肉食者鄙，未能远谋。

（2）忠之属也。可以一战。战则请从。

（3）一鼓作气，再而衰，三而竭。

按：可以通过练习检测的方式，了解学生初步掌握的情况，也可随文进行。无论采用哪种方式，都要设置一些语用情境，让学生在情境中理解与运用。

（二）指导朗读，把握停顿

1. 把握下列句子的朗读语气

（1）肉食者谋之，又何间焉？

（2）小惠未遍，民弗从也。

（3）忠之属也。可以一战。

（4）战则请从。

（5）夫战，勇气也。

（6）吾视其辙乱，望其旗靡，故逐之。

学生尝试读，揣摩语气，合作交流，评价。

● 预设：

（1）应读出反问的语气，带点嘲讽意味。

（2）应读出否定的语气，态度要鲜明。

（3）应读出肯定的语气，带有赞赏。

（4）应读出坚定的语气，态度积极主动。

（5）应读出肯定的语气，带有对判断的自信。

（6）应读出舒缓的语气，喜悦之情溢于言表。

2. 划分节奏，把握好停顿

● 预设：

以第3段为例：

　　既克，公／问其故。对曰："夫／战，勇气也。一鼓／作气，再／而衰，三／而竭。彼竭／我盈，故／克之。夫／大国，难测也，惧／有伏焉。吾／视／其辙乱，望／其旗靡，故／逐之。"

（三）**再读课文，整体感知**

1. 学生再读课文，梳理文章的主要内容，对内容进行概括

● 预设：

第1段：战前，曹刿拜见鲁庄公，与鲁庄公交谈，并询问战争准备，表明请战的态度。

第2段：战中，两军交战的实况，曹刿参与指挥战斗的经过。

第3段：战后，曹刿论证战术的选择和克敌制胜的原因。

2. 在梳理主要内容的基础上，要求学生用词语或短语概括故事情节，并说说如此概括的依据

● 预设：

——请见→问战→请战→参战→论战。

——曹刿请见→曹刿问战→曹刿（请从）参战→曹刿论战。

——战前→战中→战后。

——背景→请见→对话→请战→战况→论战。

按：《教师教学用书》中把"问战"概括为"论战"，不尽妥当，值得商榷。

三、研读课文，深入理解

> 🔍 **提问**：曹刿对鲁国的统治者（主要指鲁庄公）做出的判断是"肉食者鄙，未能远谋"。这一判断，在全文内容表达上有什么作用？

学生研读课文，思考交流。

● 预设：

（一）从整体看，全文都是围绕"肉食者鄙，未能远谋"来展开的

请用这样的句式回答：因为"肉食者鄙，未能远谋"，所以才有_____，这是曹刿_____做出的判断。

——因为"肉食者鄙，未能远谋"，所以才有曹刿的请见鲁庄公，这是曹刿针对鲁庄公九年，齐国在"乾时之战"中大败鲁国的情况做出的判断。

——因为"肉食者鄙，未能远谋"，所以才有曹刿与鲁庄公的对话，这是曹刿对鲁庄公的治国方针和军事准备情况做出的判断。

——因为"肉食者鄙，未能远谋"，所以才有鲁庄公在战争中的急躁和鲁莽，这是曹刿对鲁庄公的战争指挥能力做出的判断。

——因为"肉食者鄙，未能远谋"，所以才有鲁庄公对曹刿在战争指挥中的疑惑，这是曹刿对鲁庄公的战争智慧、领导艺术做出的判断。

（二）从局部看，全文或明或隐，不断揭示、强化，反复验证"肉食者鄙，未能远谋"这一判断

前此两年，齐桓公（公子小白）和他的庶兄公子纠进行过激烈的争夺君位的斗争。公元前685年齐国发生内乱，国君公孙无知被杀，避难于鲁国的公子纠和避难于莒国的公子小白，都抢着先赶回齐国，想做国君。鲁庄公支持公子纠，亲自率军护送公子纠返齐，并派人刺杀公子小白。然而鲁国的谋划没有成功，公子小白出乎意料地抢先赶回齐国，做了国君，这就是齐桓公。齐桓公即位后，当即反击鲁军于乾时之地，鲁军大败。齐桓公虽然巩固了政权，但对鲁国一直怨恨难平，因此转年春便再次发兵攻鲁，进行军事报复和武力惩罚。

1. 一开头的背景介绍，隐含了"肉食者鄙，未能远谋"：与齐国的军事冲突，其实是鲁庄公缺乏政治智慧，不识时务，干涉他国内政，不自量力，与强国交恶的结果。

2. 乡人的劝阻与嘲讽，说明了"肉食者"（享受精致饭食的人，指执政贵族）与"藿食者"（享受粗粝饭食的人，指一般平民）之间关系的冷漠。民众对国家大事漠不关心，他们与执政者有着很大的隔阂和矛盾，正好含蓄地说明了"肉食者鄙，未能远谋"，鲁庄公不能取信于民。

3. 鲁庄公对曹刿郑重的启问做不出爽快切要的回答，明显反映出他的心无成算，这是明写他的"鄙"与"未能远谋"。

▶ **追问 1**：鲁庄公的"鄙"与"未能远谋"在对话中是怎么体现的呢？请还原两人的对话过程，并做简要分析。请完成下表。

预设：

对话	鲁庄公		曹刿	
	话语	分析	话语	分析
一	衣食所安，弗敢专也，必以分人。	这是对"衣食"的分配，是对贵族统治阶级来说的；"必"字体现其语气的傲慢与自信。	小惠未遍，民弗从也。	不是普遍施与民众的实惠，无关战事全局。
二	牺牲玉帛，弗敢加也，必以信。	这是对神灵的祭祀，是例行的宗教性仪式；"必"中含有盲目的自傲与得意。	小信未孚，神弗福也。	举行例行的宗教性仪式，神灵不会特地惠顾；只能带来精神上的安慰。并非对民众的真诚许诺，无法获取民心。

续表

对话	鲁庄公		曹刿	
	话语	分析	话语	分析
三	小大之狱，虽不能察，必以情。	这是鲁庄公尽心务实治理国家、管理人民的具体表现；"必"中有自信，更多的是坦然。	忠之属也。可以一战。战则请从。	如果冤案太多，老百姓怨声载道，人民怎么会支持国君？所以民心的向背至关重要，这是取得战争胜利的最重要因素。

——虽然鲁庄公为自己的做法沾沾自喜，但在曹刿的连续两个"未"和"弗"的否定之下，他有点不知所措。

——曹刿的分析，直截了当，毫不客气：贵族高高在上，神灵虚无缥缈，都不能在战争中起到实质性的作用。这是鲁庄公"鄙"与"未能远谋"的具体表现。

——鲁庄公的"鄙"，正衬托出曹刿的"明"，验证着曹刿的判断。

——鲁庄公思想认识的不断深入，正说明了曹刿判断的无比正确。他的请见是多么重要！他把取得战争胜利的决定因素归结到人民的身上，又是多么了不起！

4. 鲁庄公在战场上的表现与曹刿形成了鲜明的对比，正明显地表现了他的"鄙"与"未能远谋"。

▶ **追问2**：鲁庄公的"鄙"与"未能远谋"在战争过程中又是怎么体现的呢？请还原当时的场景，并做简要分析。请完成下表。

预设：

战争态势	鲁庄公		曹刿	
	表现	分析	表现	分析
刚开始	公将鼓之。	急于出兵交战，这是轻举妄动、急躁冒进的行为。	刿曰："未可。"	断然阻止，非常冷静。
进行中	（不明就里，静观态势。）	对曹刿的指挥将信将疑。	齐人三鼓，刿曰："可矣。"	对形势判断准确，善于抓住时机，当机立断。
结束时	公将驰之。	急于求成，希望进一步扩大战果。	刿曰："未可。"下视其辙，登轼而望之，曰："可矣。"	谨慎从事，注重考察调研实际情况，冷静而周密。

5. 鲁庄公在战后"问其故"的懵懂可笑，也正是他"鄙"与"未能远谋"的表现。

▶ **追问3**：从曹刿的阐释中，我们可以看出鲁庄公"鄙"与"未能远谋"的又一种表现是什么？请结合文句做具体分析。

预设：

——在获取意想不到的重大胜利后，一直在现场的主帅竟然不知道仗是怎么打胜的（"公问其故"），确实够"蒙"的。

——"夫战，勇气也。"这是对战争中士气重要性的正确认识，与前面"问战"中的"必以情"形成了巧妙的呼应。这是鲁庄公认识与考虑不到的。

——"一鼓作气，再而衰，三而竭。彼竭我盈，故克之。"齐军三鼓，鲁军不应鼓而动，齐军被激发起来的勇气没有得到相应的呼应，因此很快由昂奋转向衰惫。曹刿抓住了这种士气和心理变化的有利时机，乘"彼竭"之虚，奋"我盈"之威，号令鲁军，克敌制胜。充分利用"彼竭我盈"的有利进攻时机，这也是鲁庄公所不具备的军事才能。

——"夫大国，难测也，惧有伏焉。吾视其辙乱，望其旗靡，故逐之。"曹刿对"大国"的狡诈有清醒的认识，不忘实地侦察，确认齐军是败溃而非诈退，也是他能扩大战果、稳操胜券的重要原因。善于调查研究，善于抓住辙乱旗靡的有利追击时机，同样是鲁庄公所不具备的智慧与能力。

——曹刿对战争和大国的认识，所指向的其实都是一个方向——人性。战争中的士气诚然是"人性"的表现，"难测"（兵不厌诈）的大国，又何尝不是复杂的"人性"？至于辙乱旗靡，说明齐军已经完全军心涣散，斗志丧失，士气全无。能够如此洞察幽邃，整体思考，体察入微，确实不是鲁庄公的长项，正所谓"肉食者不能远谋"。

四、探讨问题，拓展思维

> **提问1**：从全文看，都是在表现鲁庄公的"鄙"与"未能远谋"吗？

● 预设：

从全文看，鲁庄公还是有一些"不鄙"及"能远谋"的表现的：

——在重大战事发生之前，他能够接见一个平民，且能与他平等对话，这说明了他的胸怀与气量。

——对话时，他在连续遭到曹刿的断然否定后，并没有气急败坏，仍然极有耐心地说明自己的想法与做法。

——在曹刿的不断启问之下，他能够想到"小大之狱，虽不能察，必以情"；他终于明白了战争准备与获得胜利的必要条件，在思想认识上从"鄙"走向了"明"与"贤"，由"近忧"而走向了"远谋"。这是他思想认识的新高度，是很不寻常的。

——他不仅同意曹刿的请战,而且在战争过程中,虚心听从曹刿的意见,甚至完全将指挥权交给了曹刿,且是在曹刿没有陈述任何理由(情势紧张)的情况之下。要知道,这时的曹刿只是与鲁庄公同乘一辆车而已,并没有任何的指挥权。

——战争结束后,他没有贪天功为己有,用"高瞻远瞩、英明领导、审时度势"等去粉饰自己,而是虚心地向曹刿请教,完全同意,口服心服,这是他很可爱的一面。

> **提问2**:本文在人物形象刻画上主要运用了什么手法?有什么作用?请结合全文做简要分析。(用"举例+手法运用+作用分析"的方式)

学生阅读思考,分析,合作交流。

● 预设:

1. 烘托与衬托:

——"十年春,齐师伐我。公将战。"一开始就营造了紧张的战争气氛(举例)。这是用重大历史事件来烘托人物(手法运用),把曹刿这一英雄人物放置于宏大的历史背景之中,置于国家兴亡的军事行动当中,突出人物的非凡(作用分析)。

——第2段中曹刿指挥战争时用了两个"未可"和"可矣"(举例)。简短明确的话语,衬托(手法运用)出战事的紧张,说明曹刿无暇论述战争策略,表现出他思维的敏捷和临战时坚定自信的心态(作用分析)。

2. 对比映衬:

——曹刿毅然不顾自己的平民身份,主动求见国君,却遭到乡人的阻止和嘲讽(举例)。两人的态度与思想境界形成了鲜明的对比(手法运用),突出了曹刿抗敌御侮的责任感和护卫国家的政治热忱(作用分析)。

——鲁庄公处处出丑，曹刿处处出彩（举例），两人形成了鲜明的对比（手法运用），以鲁庄公的驽钝、浮躁映衬出曹刿的机敏、持重，形象鲜明，栩栩如生（作用分析）。

——问战时对话的相对自由轻松，战争中行文节奏的短促，战后曹刿的头头是道、娓娓动听（举例），都映衬了说话时的环境与气氛（手法运用），充分体现了人物在不同情境下的心态，显得错落有致、变化多端、跌宕起伏（作用分析）。

按："衬托"与"映衬"，"对比"与"衬托"，"映衬"与"衬托"其实在很多情况下都是有交叉的，有时甚至是重合的，这里将其分开，只是为了分析的方便。

五、读写融合，提升思维

"曹刿论战"这个题目是《古文观止》的编者（清代人吴楚材、吴调侯）加上去的，原来的题目为"齐鲁长勺之战"或"长勺之战"。你认为哪个题目好，为什么？

请根据文意，写一段分析文字，并在课上交流。

《出师表》：至诚之言，志尽文畅

> ◆ **关键问题**
>
> 《古文观止》的编者吴楚材、吴调侯这样评价《出师表》："篇中十三引先帝，勤勤恳恳，皆根极至诚之言，自是至文。"他们为什么这样高度评价呢？对他们的评价，我们如何认识？
>
> ◆ **设计意图**
>
> 这是千古传诵的名篇，作为一篇理周情切、恳切诚挚的进谏献言，它充分体现了诸葛亮的忠纯与智慧。阅读前人的评价，可以带出对文本的理解和欣赏，引导学生品味文本的"至诚之言"，把握这篇"至文"志尽文畅的表达艺术，体会和感悟作者恭敬、恳切、诚挚的"至诚之心"。

教学过程

一、朗读课文，整体感知内容

（一）设置情境

● 出示：

丞相祠堂何处寻，锦官城外柏森森。映阶碧草自春色，隔叶黄鹂空好音。

三顾频烦天下计,两朝开济老臣心。出师未捷身先死,长使英雄泪满襟。

——唐·杜甫《蜀相》

杜甫笔下的"蜀相"是谁呢?为什么对他有这样的评价呢?让我们带着这样的疑问,走进这位蜀相所写的《出师表》。

学生对照注释,自由朗读课文,并根据所提供的相关资料,自学课文,做基本理解。

(二)积累知识

1.古今异义词

(1)开张;(2)异同;(3)痛恨;(4)卑鄙;(5)感激。

按:在学习这些词语时,要设置语言运用情境,适当进行有机勾连(与古代、现代、现实生活勾连),温故而知新。

2.固定短语(成语)

(1)妄自菲薄;(2)引喻失义;(3)陟罚臧否;(4)作奸犯科;(5)裨补阙漏;(6)斟酌损益。

按:要求学生解释这些固定短语,并通过造句的方式尝试运用,进一步理解其意。只有在具体的语言运用情境中,学生才能完全理解、正确把握。

(三)指导诵读

要求:读准字音,读清句读,读出节奏,读出情感,在此基础上背诵课文。

学生试读,全体齐读,教师范读,师生点评。

重点指导下列语句的朗读:

1.先帝/创业未半/而中道崩殂,今/天下三分,益州/疲弊,此诚/危急存亡之秋也。

2.诚宜/开张圣听,以/光先帝遗德,恢弘/志士之气,不宜/妄自菲薄,引喻失义,以/塞忠谏之路也。

3.愚以为/宫中之事,事无大小,悉/以咨之,然后/施行,必能/裨补阙漏,有所广益。

4.先帝/不以臣卑鄙,猥自枉屈,三顾臣/于草庐之中,咨臣/以当世之事，由是／感激，遂／许先帝／以驱驰。

5.先帝／知臣谨慎，故／临崩／寄臣／以大事也。受命以来，夙夜／忧叹，恐／托付不效，以伤／先帝之明，故／五月渡泸，深入／不毛。

6.陛下／亦宜自谋，以／咨诹善道，察纳雅言，深追／先帝遗诏。臣／不胜受恩感激！今当／远离，临表／涕零，不知所云。

（四）梳理思路

> 🔍**提问1**：从题目、课文前的"预习"以及相关注释中，你读出了哪些信息？请据此把文章的题目扩充为一句完整的话。

学生思考，交流。

● 预设：

读出的信息主要有：

1.这是诸葛亮写给后主刘禅的一篇呈文（"表"是古代向帝王陈情言事的一种文体）。

2.公元227年，诸葛亮率军驻汉中（蜀国都城在成都），准备北伐中原。临行前，他感到刘禅暗弱，颇有内顾之忧，故上表劝谏。

题目可以扩充为：诸葛亮在准备北伐之前，给后主刘禅写的一篇呈文。

> 🔍**提问2**：在这篇呈文中，诸葛亮主要对刘禅说了哪些话呢？请完成下表。

学生快速浏览课文，进行内容概括，讨论交流。

● 预设：

部分	内容概括	具体内容
第一部分：第1段	陈述此次呈表的背景，重点是修明内政。	益州疲弊，国家到了危急存亡的关头，修明内政尤为重要； 文臣武将追念先帝恩遇，忠心耿耿为国效力，修明内政可以施行； 修明内政，改良政事势在必行，首要之事是"开张圣听"。
第二部分：第2~5段	提出修明内政的具体措施，核心是"亲贤臣，远小人"。	内外一体，赏罚分明； 亲贤远佞，恢弘士气； 殷鉴不远，需要铭记。
第三部分：第6~8段	表达自己的肺腑真情，集中表现为情词恳切，感人肺腑。	回顾一生行事，感念先帝恩德； 不忘托孤担当，忠于托付使命； 报答知遇之恩，肺腑真情流露。

二、再读课文，了解写作背景

● 出示：

后主建兴五年，诸葛孔明率军北驻汉中，以图中原，临发上此疏。大意只重亲贤远佞，而亲贤尤为远佞之本。故始以开张圣听起，末以咨诹察纳收。篇中十三引先帝，勤勤恳恳，皆根极至诚之言，自是至文。

——《古文观止》

> **提问 1**：这段话有几层意思？分别是从哪些方面说的？

学生阅读思考，交流。

● 预设：

这段话有三层意思：

1. 简略介绍诸葛亮写作此文的背景，可谓合乎时宜；

2. 概括和提炼此文的中心意思，可谓意思明朗；

3. 高度评价其艺术成就，特别是语言表达艺术，可谓表达精准。

> **提问 2**："合乎时宜"的"时宜"其实就是"背景"的代名词，那么本文的内容背景有哪些呢？请结合具体语句说说自己的理解。

学生阅读课文，思考，交流。

● 预设：

1. 背景之一：先帝托孤

刘备即位三年，在永安病危，于是将诸葛亮召回成都，嘱以后事："君才十倍曹丕，必能安邦定国，终成统一大业。若嗣子可辅，则辅之；如其不才，君可自立。"诸葛亮泣拜于地，叩头流血："臣安敢不竭股肱之力，尽忠贞之节，继之以死乎！"先主写下诏书给刘禅："汝与丞相从事，事之如父。"

诸葛亮念念不忘"先帝知臣谨慎，故临崩寄臣以大事"的历史使命，且"受命以来，夙夜忧叹，恐托付不效，以伤先帝之明"；他把"兴复汉室，还于旧都"一直视为"报先帝而忠陛下之职分"。呈上《出师表》，是表达他的初心、忠心和赤诚之心。

2. 背景之二：后主庸碌

诸葛亮"恐托付不效"，是因为他深知后主刘禅天生暗弱，昏庸无能。

为什么开宗明义就告诫后主开张圣听？就是因为看到刘禅会引喻失义、堵塞言路。

为什么进而告诫后主赏罚公平？就是因为看到刘禅忠奸不辨、昏聩懦弱。

为什么再三强调举师北伐、兴复汉室之宏愿？就是因为看到刘禅既无抱负，又无胆识，得过且过。

> 王问禅曰："颇思蜀否？"禅曰："此间乐，不思蜀。"郤正闻之，

> 求见禅曰："若王后问，宜泣而答曰'先人坟墓远在陇、蜀，乃心西悲，无日不思'，因闭其目。"会王复问，对如前，王曰："何乃似郤正语邪！"禅惊视曰："诚如尊命。"左右皆笑。
> ——魏晋·陈寿《三国志》

由此可见，诸葛亮之所虑，果不其然。诸葛亮的超凡智慧，在于所见者远，所思者深，因而所痛者巨。

"临表涕零，不知所言"，实乃不便明言，也不愿言明。

对牛弹琴，马耳东风，说了等于不说，说了等于白说，还不得不说。

3. 背景之三：今当远离

> 必有乘孔明远出而蛊惑其君者，故亟亟荐引贤才，布列庶位以防之。
> ——《古文观止》

这里的蛊惑者指留在蜀国又想迷惑乃至毒害刘禅的人，故（诸葛亮）急忙推荐了多位忠臣义士加以提防。

孔明在后主身边，尚可筑一道堵蛊防谗之高墙；孔明远离都城，伺机进谗言者定有不少。

《出师表》反复提醒后主"亲贤远佞"，"始以开张圣听起，末以咨诹察纳收"，皆是为刘禅"亲贤臣，远小人"提个醒，筑堵墙。

这位既有经世济民之志，又有治国理政之才的宰相，岂会在"今当远离"的间隙，留下让小人佞臣干扰宏图的漏洞！

三、研读课文，理解主要内容

> 🔍 **提问**：你从哪些段落、语句中又读出了"意思明朗"呢？

（一）晓之以至理

以首段为例。

> **追问 1**：文章首段是围绕什么说的？有几层意思？请做具体分析。

预设：

这段文字告诫后主须广开言路，三句话讲了三层意思：第一句讲形势危急，第二句讲士气可用，第三句讲开张圣听。

讲形势危急的道理又有二：一国之君，过早驾崩；一国之民，力不胜任。

讲士气可用的道理也有二：朝中官员，毫不懈怠；在外将士，舍生忘死。

究其渊源亦有二：追念先帝殊遇，甘为陛下效力。

讲开张圣听，亦有两面：积极的一面，发扬志士之气；消极的一面，防止堵塞言路。

三句话，三层意思，句句在理，层层有据，前推后进，前因后果。将道理说得如此透彻，缘于诸葛亮事理通达，识见深邃。

（二）戒之以祖训

> **追问 2**：在文章第 5 段中，诸葛亮援引史实的目的是什么？请做简要分析。

预设：

为提醒阿斗，以祖先为鉴，不可重蹈覆辙，不可亲佞远贤。《出师表》中计有 13 处引先帝，两度谈托孤，反复提醒后主"深追先帝遗诏"。所惜者后主耽于淫乐，醉生梦死，早将祖训丢得七零八落，忘得一干二净。

（三）导之以良方

> **追问 3**：纵观全文，诸葛亮为后主刘禅提供了哪些行之有效的方法呢？

请结合相关语段，做简要分析。

预设：

针对既无大志亦无良谋的阿斗，诸葛亮开出了三剂良方：

一是广开言路，他特别叮嘱后主："不宜妄自菲薄，引喻失义，以塞忠谏之路。"

二是赏罚分明，他特别提醒刘禅："不宜偏私，使内外异法。"

三是亲贤远佞，他特别推荐了一批"贞良死节之臣，愿陛下亲之信之"。

这三剂良方，尤以"亲贤远佞"为重，故用上三段文字，反复叮咛，勤勤恳恳，其良苦用心是想让后主逐步由愚而智、由昏而明。

（四）动之以真情

> 通篇专以君子小人为言。一字一句，都从肺腑流出。不假修饰，而自为文章之胜。
>
> ——清·丘维屏

▶ **追问 4**：这一点又是通过哪些文字表现出来的呢？请做简要分析。

预设：

——表现在追念"三顾草庐"之殊遇。精诚所至，金石为开。诸葛亮愿为先帝奔走效劳，正是为报答知遇之恩。

——表现在回顾白帝托孤之担当。诸葛亮将辅佐后主作为报答先帝、忠于陛下的职分。为践行千金之诺，他夙夜忧叹，寝食难安。如不能完成托付使命，他则心甘情愿接受惩处，用以告慰先帝之灵。

——表现在远离在即，"临表涕零，不知所言"。这一股壮烈之情，溢满全文，高达峰顶，感人至深。"表以陈情"这一特色，在文中得到了最为充分的体现。

出示：

> 伊尹频称先王，武乡频引先帝，其圣贤气象兼骨肉恩情，似老家人出外，丁宁幼主人，言言声泪兼并。
>
> ——清·浦起龙《古文眉诠》（卷三十七）
>
> 读诸葛孔明《出师表》不堕泪者，其人必不忠也；读李密《陈情表》不堕泪者，其人必不孝也；读韩退之《祭十二郎文》不堕泪者，其人必不友。
>
> ——宋·赵与时《宾退录》

四、品味语言，把握表达特色

> 🔍 **提问1**：你从文章结构、遣词造句上又读出了哪些"表达精准"呢？请做简要分析。

一篇《出师表》，仅624字，言辞质朴，析理透辟，真情充溢，感人至深。其所掌握的分寸感，所达到的精确度，非一般人所能望其项背。

（一）谋篇布局

> 凛然出师表，一字不可删。
>
> ——宋·陆游《感状》

▶ **追问1**：从谋篇布局看，这一点是怎样体现的？

学生快速浏览课文，梳理分析。

预设：

第1段讲广开言路，第2段讲赏罚严明，第3、4段推荐忠臣良将，第5段总结成败教训，再推"贞良死节之臣"，顺流而下，一气呵成。确实删一字则晦，增一字则赘。"今当远离，临表涕零，不知所言。"全文结束，三个短语，每句四字，结构短促，表露的是无限依恋之情，蕴含的是万分忧虑之心。这是情感大潮的浪尖与潮头，情感汹涌奔泻激起的滔天波涛，亦为读者情感共鸣共振发出的震天回响。

（二）遣词造句

诸葛亮的遣词造句是非常慎重的，甚至到了苦心孤诣的程度。

以"宜"的运用为例，请学生找出相关语句，逐一分析。

预设：

"宜"这个词出现的频率比较高。运用时，是将其与"不宜"及"诚宜"对比着说的，既有正面的指引，又有反面的规劝，以引起刘禅的阅读注意，并使其能够形成正确的认知，而采取恰当的行动。可谓叮咛周至、不厌其烦。

——"宜开张圣听"，目的在于"光先帝遗德，恢弘志士之气"，与此对举的是"不宜妄自菲薄，引喻失义"，致使忠谏之路堵塞。

——无论是宫中，还是府中，在遇到"陟罚臧否"的情形需要处理时，应"俱为一体"，而"不宜异同"。

——如果遇到有"作奸犯科及为忠善者"，"宜付有司论其赏罚"，使帝王的平明之理得到宣扬，而"不宜偏私"，使得"内外异法"。

——在强调分清属下职责所在的同时，不忘提醒后主"亦宜自谋"，以此而能够"咨诹善道，察纳雅言"，以不负"先帝遗诏"。

宜：合适，应当，是一个表愿望的词语。诸葛亮不能用"须""必"限令后主，"须开张圣听""必付有司"，这不符合为臣的身份。

先帝要求乃至规定刘禅"勿以恶小而为之，勿以善小而不为"，这是一种教诲的态度、教训的口吻，这完全可以，且恰如其分，但刘禅"事之如父"的孔明则不能这样说。

用"宜"恰当，因为这只是一种告诫与引导。诸葛亮不仅针对刘禅的实际，而且深知自家身份。和用兵打仗一样，为求一字妥帖，知彼亦须知己。

🔍 **提问 2**：你能据此归纳出本文最为突出的写作特点吗？

● 预设：

1. 理周情切：

说理与陈情完美结合，理周而又情切，便产生了本文在表情达意上能尽、能畅的功能，形成质朴无华、明白透彻的语言风格。

> 诸葛孔明不以文章自名，而开物成务之姿，综练名实之意，自见于言语。至《出师表》，简而尽，直而不肆，大哉言乎，与《伊训》《说命》相表里，非秦汉以来以事君为悦者所能至也。
>
> ——宋·苏轼《乐全先生文集》叙

2. 志尽文畅：

> 侍于君子有三愆：言未及之而言谓之躁，言及之而不言谓之隐，未见颜色而言谓之瞽。
>
> ——《论语·季氏》

孔子认为，讲话要注意三点：一是不急躁，二是不隐瞒，三是不盲目。以此三点揆诸《出师表》一文，其语言表达艺术正可谓时至不躁、意明不隐、达准不瞽。

再次朗诵杜甫《蜀相》："三顾频烦天下计，两朝开济老臣心。出师未捷身先死，长使英雄泪满襟。"结束本课的学习。

五、读写融合，能力迁移

任务一：虽然我们读到的只是诸葛亮的奏表，但完全可以想象他在写作时的种种景象。请展开想象，以"在一个阴沉而令人烦闷的午夜，诸葛亮坐在案桌旁，给后主写奏表"为开头，写一个片段。写好后在小组内分享交流，并推荐佳作在全班展示。

任务二：后主刘禅读了诸葛亮的这篇奏表之后，会有怎样的表现呢？请展开想象，写一写当时的情景。写好后与同学交流，并根据同学的评价意见，修改完善。

要求：

1. 要通过对人物的语言、动作、神态、心理等描写，写出人物的某一方面；
2. 要与诸葛亮、刘禅的性格特征相吻合。

任务三：诸葛亮忠心耿耿，光照千秋，千百年来他的英名和事业一直为人们所传诵。对此，你是怎么看的？

1. 请查阅与诸葛亮有关的资料，写一则"人物评论"，并在班级主题阅读活动中展示。
2. 请为这次活动制作一份海报。

（本设计部分材料由江苏省兴化中学柳印生先生提供。）

《诗词曲五首〈白雪歌送武判官归京〉》：奇气益出，诗坛独步

◆ **关键问题**

杜甫曾经这样评价岑参的诗歌："岑参兄弟皆好奇。"（《渼陂行》）所谓"好奇"，是指诗人爱好新奇事物，诗作充满奇情妙思。杜甫为什么这样评价呢？你能从《白雪歌送武判官归京》中读出它的"好奇"之处吗？

◆ **设计意图**

岑参的这首诗别具一格，在唐代边塞诗中有很重要的地位，其诗境非常开阔，雄奇瑰丽，充满浪漫色彩，将爱好新奇事物的特点充分发挥了出来。引导学生抓住诗中的奇情妙思，要以对诗句的精细乃至精致阅读品味为基础，以此把握诗歌的形象特点及其刻画艺术，体会诗人的丰富情感。

教学过程

一、情境导入，了解背景

（一）情境导入

出示下列诗文，学生自由朗读，说说自己的朗读体会：

前村深雪里,昨夜一枝开。

——唐·齐己《早梅》

孤舟蓑笠翁,独钓寒江雪。

——唐·柳宗元《江雪》

欲将轻骑逐,大雪满弓刀。

——唐·卢纶《和张仆射塞下曲》

草枯鹰眼疾,雪尽马蹄轻。

——唐·王维《观猎》

千里黄云白日曛,北风吹雁雪纷纷。

——唐·高适《别董大》

夜来城外一尺雪,晓驾炭车辗冰辙。

——唐·白居易《卖炭翁》

怪来诗思清人骨,门对寒流雪满山。

——唐·韦应物《休暇日访王侍御不遇》

正是严冬天气,彤云密布,朔风渐起,却早纷纷扬扬卷下一天大雪来。

——明·施耐庵《水浒传·林教头风雪山神庙》

大雪三日,湖中人鸟声俱绝。……雾凇沆砀,天与云与山与水,上下一白。湖上影子,惟长堤一痕、湖心亭一点、与余舟一芥,舟中人两三粒而已。

——明·张岱《湖心亭看雪》

● 预设:

这些诗文都写到了一种自然景象——雪,或写出雪的大,或写出雪的密,或写出雪的猛,或写出雪的寒,或写出雪的静……

在唐代,有一位诗人,他在一首诗中也写到了雪,又写得雄奇壮阔,非同寻常,画意与诗情兼美,慷慨与悲壮同在。要了解这是一首怎样的诗歌,我们还是一同走进唐代边塞诗代表诗人之一岑参的《白雪歌送武判官归京》吧。

（二）背景介绍

那么，这首诗是在怎样的情况下写出来的呢？

● 出示：

唐天宝年间，李唐王朝国力强大，不断拓展疆域，因而在边境与西北少数民族不断发生战争。许多热血青年投身塞外，立志报国。同时有若干仕途失意的文人把立功塞外视为求取功名的新途径。岑参就是其中的一位。

走马西来欲到天。（岑参《碛中作》）

——满怀报国壮志，两度出塞，想在戎马中开拓前程。

功名只向马上取，真是丈夫一英雄。（岑参《送李副使赴碛西官军》）

——立志誓言，雄心壮志。

古来青史谁不见，今见功名胜古人。（《轮台歌奉送封大夫出师西征》）

——建功立业，人生梦想。

天宝十三载（754年），岑参在安西北庭节度使封常清幕中任判官，这是他第二次出塞，报国立功之情更切，他的边塞诗名作大多成于此时。武判官是他的同僚，要回京述职。行前，主帅在中军帐内摆开酒宴为武判官送行，于是诞生了这首咏雪送人之作。

二、理解题意，整体感知

> 🔍 **提问1**：从诗题"白雪歌送武判官归京"看，你认为诗人会以什么为"题眼"（写作重心）？

学生思考交流。

● 预设：

——以"白雪"为"题眼"：

既是环境景象特点，交代人的活动场景，又是写作的重要对象，说明必然会对"雪"有具体或概括的描写，诗作因而具有了画意。

——以"送"为"题眼"：

说明这是一首送别诗，"送"是诗中人物的主要活动。"送武判官"明确交代了"送"的对象及其身份，也暗中说明了作者与被送者的关系；"归京"则又说明了武判官肩上所负的重任，难怪要设宴送别；既是"送别"，就难免会写到离情别绪，这又使全诗富有情韵。

——以"歌"为"题眼"：

说明这是"歌行体"，是一首古体诗，与杜甫的"茅屋为秋风所破歌"中的"歌"意思一样；既是古体诗，那就可以更自由地表达，而不会像格律诗那样受到束缚，写景与抒情都可以更加充分。"武判官归京"在边塞的将士们看来，是一件大事，所以值得"歌咏"一番；至于边塞雪景更是奇绝，同样值得大"歌"特"歌"。

▶ **追问**：从这一诗题看，你还想知道什么？

学生思考交流。

预设：

——岑参写出了怎样的"白雪"景象？

——诗中是如何写"送别"的？

——诗人是怎么把"白雪"与"送"这两者结合起来的？

——这首"歌"，"好奇"在何处？

🔍 **提问 2**：自由朗读诗歌，对照注释与相关资料，你能尝试用现代白话对全诗进行翻译吗？

● **预设**：

北方席卷大地把白草都刮得折断了，塞北八月就开始漫天飞雪。

忽然好像一夜春风吹来，千树万树洁白的梨花骤然开放。

雪花飘散进入珠帘，沾湿了罗幕，穿上狐狸袍子也感觉不到温暖，盖着织锦的棉被也觉得很单薄。

将军和都护用兽角装饰的铁弓都拉不开了，都觉得铠甲太冰凉难以穿上。

在大沙漠上纵横交错着百丈厚的坚冰，万里长空布满了暗淡烟云。

军中主帅在营帐中摆设酒宴，给回京的人践行，胡琴、琵琶和羌笛一起合奏。

傍晚在辕门外，纷纷扬扬的又下雪了，红旗被冰雪冻硬，凛冽的寒风也不能把它吹动。

在轮台的东门外送您离去，离去的时候大雪铺满了天山的道路。

山路迂回，道路曲折，霎时已看不见您的身影了，雪地上只留下一行马蹄印迹。

或：

北风席卷大地把白草吹折，胡地天气八月就纷扬落雪。

忽然间宛如一夜春风吹来，好像是千树万树梨花盛开。

雪花散入珠帘打湿了罗幕，狐裘穿不暖锦被也嫌单薄。

将军都护手冻得拉不开弓，铁甲冰冷得让人难以穿着。

沙漠结冰百丈纵横有裂纹，万里长空凝聚着惨淡愁云。

主帅帐中摆酒为归客饯行，胡琴琵琶羌笛合奏来助兴。

傍晚辕门前大雪落个不停，红旗冻僵了风也无法吹动。

轮台东门外欢送你回京去，你去时大雪盖满了天山路。

山路迂回曲折已看不见你，雪上只留下一行马蹄印迹。

按：上面两种翻译可以一并呈现，让学生阅读、比较、体会。

🔍 **提问3**：全诗可以划分为几个层次？请尝试划分，并概括诗意。

● 预设：

全诗可以分为三个层次：

第一层：开头八句，写奇丽的雪景和边塞的奇寒。
第二层：中间四句，写壮阔的雪景和饯别宴会。
第三层：最后六句，写傍晚送武判官踏上归程。

▶ **追问**：如果用"奇"来概括每一层的意思，我们怎么去概括诗意？

请用四字短语概括，并说明理由。

预设：

第一层：雪景奇丽。

第二层：天候奇寒。

第三层：送别奇情。

● **归纳：**

诗作以咏雪起，在咏雪中暗寓别情；以送人结，展现了雪中送人的奇景和深情，再现了边地瑰丽的自然风光和戍边将士的精神风貌。

三、研习诗歌，把握特点

> 🔍 **提问**：杜甫曾经这样评价岑参的诗歌："岑参兄弟皆好奇。"（《渼陂行》）所谓"好奇"，是指诗作充满奇情妙思。那么杜甫为什么这样评价呢？你能从《白雪歌送武判官归京》这首诗中读出它的"好奇"之处吗？

所谓"好奇"，也就是说，岑参喜欢从与众不同的角度来观察事物，并且用不同寻常的方式来描写事物，他的这首《白雪歌送武判官归京》，便是从世人想象不到的角度，来描写北国的雪景。

请用这样的句式回答："好奇"体现在"_____"（诗句）中，它们写出了_____（景象），表达了诗人_____（情感）。

303

学生阅读思考，合作交流。

● 预设：

——"好奇"体现在"北风卷地白草折，胡天八月即飞雪"（诗句）中，它们写出了茫茫边塞，强劲的北风呼啸而来，将白草拦腰折断的情景（景象），表达了诗人对塞外北风奇烈，天气突变的惊讶（情感）。

> 轮台九月风夜吼，一川碎石大如斗，随风满地石乱走。
> ——岑参《走马川行奉送出师西征》
> 九月天山风似刀，城南猎马缩寒毛。
> ——岑参《赵将军歌》

——"好奇"体现在"忽如一夜春风来，千树万树梨花开"（诗句）中，它们写出了风起雪至，来势迅疾，雪压枝条，宛如春风送暖，梨花盛开的绮丽风光（景象），表达了诗人对塞外雪景惊叹赞赏的心情与豪爽豁达的襟怀（情感）。

> 春雪满空来，触处似花开。
> ——唐·东方虬《春雪》
> 这一比喻是前所未有的，它赋予风雪奇寒的北国风光以春天的暖意；赋予作者现实军旅生活体验以诗意，看是"妙手偶得"，其实是诗人"经过锤炼的语言的精华"。

——"好奇"体现在"散入珠帘湿罗幕，狐裘不暖锦衾薄。将军角弓不得控，都护铁衣冷难着"（诗句）中，它们写出了狐裘不暖，锦衾嫌薄，角弓难控，铁衣难着等多层次的（景象），表达了诗人对奇寒津津乐道，使人不觉其苦，反觉冷得新鲜、冷得有趣的昂扬精神（情感）。

> 一身能擘两雕弧，虏骑千重只似无。
>
> ——唐·王维《少年行》
>
> 将军金甲夜不脱，半夜军行戈相拨，风头如刀面如割。马毛带雪汗气蒸，五花连钱旋作冰，幕中草檄砚水凝。
>
> ——岑参《走马川行奉送出师西征》
>
> "珠帘""罗幕""锦衾"都是美化了的说法，"一切景语皆情语"，若非诗人心中乐观豪迈，情绪昂扬，又怎么会将寒苦的边塞生活描绘得如此华美？雪花能够顽皮地钻进珠帘，打湿罗幕，也足见诗人心中的惊奇。
>
> ——《唐诗鉴赏辞典》

——"好奇"体现在"<u>瀚海阑干百丈冰，愁云惨淡万里凝</u>"（诗句）中，它们写出了<u>一下一上，一地一天，天空仍是阴云凝聚，而地面却已被坚冰覆盖了的壮阔、奇寒的特点以及萧瑟、凄冷的氛围</u>（景象），表达了诗人<u>对友人即将离别的依依难舍之情</u>（情感）。

——"好奇"体现在"<u>中军置酒饮归客，胡琴琵琶与羌笛</u>"（诗句）中，它们写出了<u>设宴践行，席间鼓乐齐奏，帐中寒意顿消的</u>（景象），表达了诗人<u>送别的情绪之热烈，情感之殷切</u>（情感）。

> 琵琶一曲肠堪断，风萧萧兮夜漫漫。……一生大笑能几回，斗酒相逢须醉倒。
>
> ——岑参《凉州馆中与诸判官夜集》
>
> 更吹羌笛关山月，无那金闺万里愁。琵琶起舞换新声，总是关山旧别情。
>
> ——唐·王昌龄《从军行》

——"好奇"体现在"纷纷暮雪下辕门,风掣红旗冻不翻"(诗句)中,它们写出了尽管风刮得挺猛,辕门上的红旗却一动也不动——它已被冰雪冻结了的(景象),表达了诗人对武氏将行,别一番滋味在心头,既奔涌着豪情,又体现了惜别与祝愿相共的心理(情感)。

> 大漠风尘日色昏,红旗半卷出辕门。
> ——唐·王昌龄《从军行》
> 须晴日,看红装素裹,分外妖娆。
> ——毛泽东《沁园春·雪》

设色巧丽,白中有红,冷中有热,冷色基调画面上的一星暖色,反衬得整个境界更洁白,更寒冷;那雪花乱飞的空中不动的物象,又衬得整个画面更加生动。

——"好奇"体现在"轮台东门送君去,去时雪满天山路。山回路转不见君,雪上空留马行处"(诗句)中,它们写出了伫立不归、深情送别、依依惜别的(景象),表达了诗人对同僚的一往情深和慷慨悲壮的豪情(情感)。

> 人依远戍须看火,马踏深山不见踪。
> ——唐·王昌龄《从军行》
> 故人行役向边州,匹马今朝不少留。长路关山何日尽,满堂丝管为君愁。
> ——唐·张渭《送卢举使河源》

不仅送出辕门,而且一直送出轮台东门;不仅送出轮台东门,而且一直望着行人远去,直至行人被重峦叠嶂隐去了,还默默地看着雪地上留下的马蹄印深思,一颗依依难舍的心仍在送着、念着……末四句写武判官终于在一望无际的雪海中别去。

四、探究问题,提升思维

> 🔍 **提问1**:从刚才的研讨交流中,我们可以看出"好奇"集中体现在对"白雪"奇景的描写上。那么诗中有几处写到了"白雪",它们分别出现在什么时候?这样写有什么作用?

学生阅读思考。

● **预设**:

全诗有四处写到了"白雪",分别是:

1. 送别之时的雪:

紧扣"雪"字写塞外特点,无处不奇。是正面写雪骤然而下。

2. 饯别之时的雪:

先直接写飞雪入幕,接着从人的感觉写天候的奇寒。再从自然景物写寒。这是侧面写雪,让人处处感受到雪的存在。

3. 临别时刻的雪:

直接写大雪纷纷之景:漫天飞雪之中,极目远眺,一派银装素裹、苍茫辽远。

4. 送别之后的雪:

再次直接写雪满天山路、茫茫白雪的壮阔景象,为送别设置了一个壮美的画面。

● **归纳**:

全诗以雪起,以雪终,中间写寒,实则也是写雪。雪贯穿全诗,可谓满篇皆雪,阵阵凉意混合着别绪不禁浸润心田,极大地渲染了送别奇情。

四处描写,巧妙转换了时空,化景为情,无处抒情而处处含情,用塞外如此奇伟壮丽的雪景画面展现了不可直观的别情,并将之有机融为一体。慷慨悲壮,浑然雄劲,抒发了诗人对友人的依依惜别之意和因友人返京而产生的惆怅之情。

如此情意含蓄，又奇恣酣畅、境界雄阔的写作艺术，是岑参创新边塞诗的表现，也正是他获得杜甫激赏的原因。

● 出示：

嘉州边塞诗尤为独步。

——清·沈德潜《唐诗别裁集》（卷十九）

嘉州之奇峭，入唐以来所未有。又加以边塞之作，奇气益出。

——清·翁方纲《石洲诗话》

> 🔍 **提问 2**："将军角弓不得控，都护铁衣冷难着"，诗人这么写仅仅是为了表现天气奇寒的特点吗？

学生思考，交流。

● 预设：

这是为了衬托将士们生活环境的恶劣，生活条件的艰辛。

将士们在如此寒冷的天气下，正在拉冻着的角弓，要穿冻得难以穿上身的铠甲铁衣。他们没有在营帐中避寒，而是处于紧张的备战状态，足以看出他们不惧严寒，有着保家卫国的忠心。诗人以边塞奇寒的天气来反衬将士们保家卫国的炽热的心。可以看出，角弓"不得控"、铁衣"冷难着"与将士们仍然坚持在外备战构成一组矛盾的情境，在鲜明的对比中尽显将士们英勇无畏的精神。

> 🔍 **提问 3**：为什么武判官归京如此牵动人心，诗人要作诗以"歌"，抒发如此奇情呢？

学生思考，交流。

● 预设：

——因为艰苦的边地军旅生活增强了将士、同僚之间的人情味。

——因为此行征程万里，关山阻隔，前路漫漫，困难重重。

——因为诗人想到自己归期未卜而惆怅。

——因为此行不是个人行为：在交通困难的唐代，边地和中央的联系只能靠人员的往返，武判官此行带着戍边将士对家乡亲人的思念、对朝廷的忠诚……责任重大啊！

● 出示：

步出城东门，遥望江南路。前日风雪中，故人从此去。

——汉·佚名

匹马西从天外归，扬鞭只共鸟争飞。送君九月交河北，雪里题诗泪满衣。

——岑参《送崔子还京》

故园东望路漫漫，双袖龙钟泪不干。马上相逢无纸笔，凭君传语报平安。

——岑参《逢入京使》

孤帆远影碧空尽，唯见长江天际流。

——唐·李白《送孟浩然之广陵》

万里奉王事，一身无所求。也知塞垣苦，岂为妻子谋。

——岑参《初过陇山途中呈宇文判官》

五、读写融合，想象重构

请想象一下，诗人伫立在雪地里，凝望着雪地上一行长长的马蹄印伸向远方，不见了友人的背影。曲终人散，寂然无声，可是，诗人的内心难道也是寂然无声的吗？此时他在想些什么呢？写好后在小组内交流，并推荐佳作在班级展示。

附学生习作：

1.宴会结束，我陪着你来到轮台的东门口。一路上，雪还在飘舞，似乎是感觉到了你的离去,纷纷跑出来挽留你。白色的雪覆盖了天山上的小路,像是红毯掉了色。想到这,我停住了脚步,仰头感受雪的洗礼。其实,只是不愿眼泪流下来罢了。平复心情后,留给我的只有你渐渐远去的背影。我伫立在雪中,朝向蜿蜒的山路,默默地望着你,直到消失成为模糊的点。车轮在雪上留下的印记,引着我一步一步走,重复着你来时的路。暮地,奇寒的风刺痛脸颊,我不觉打了一个寒噤。再一次仰起头,我哈了一口气,白雾弥散,纷繁了思绪。我想,归途中的你是否已安全到达?安顿下来的你,是否会得到圣上的召见呢?你还会写信给我吗?身处边塞的我,还要等多少时日呢?雪还在继续下着,天山路上仿佛只剩下了一个移动的雪人……

2.傍晚时分,大雪纷纷而下。北风瑟瑟,如同我的心情般低落。我在轮台东门依依不舍地送你离去,你离开时,茫茫白雪铺满了整个天山的路,壮阔而奇美,你的身影渐渐消失在了大雪之中。山路蜿蜒曲折,当我再次望向你时,你早已不见了踪影,雪地上只留下烈马走过的印记。天地之间仿佛只剩我孤独一人,内心满是对你的思念与不舍。但愿这些白雪能寄去我对你的情思,护你一路平安。

(本设计中部分材料由江苏省兴化市板桥初级中学顾菁华、江苏省昆山市城北中学陈媛捷老师提供。)

《诗词曲五首〈南乡子·登京口北固亭有怀〉》：悠悠往事奔眼底

◆ **关键问题**

这首词作其实是围绕一个词来抒发情感的，是哪一个词？在词作中又是通过哪些表述具体体现出来的？

◆ **设计意图**

古人云，文有文眼，诗有诗眼，词有词眼。所谓"诗眼""词眼"，就是诗人在诗歌中着力表现的那一个词语，它往往是内容的焦点，也是情感的凸显，还是形象的特写。能够充当"诗眼""词眼"的词语，往往是简洁凝练、蕴意丰富的。引导学生对"词眼"做细致理解，可以帮助他们具体感知词人形象，把握作者情感，体会艺术特色。

教学过程

一、温故导入，理解题意

（一）温故导入

出示辛弃疾的词作，让学生朗读或背诵，感受辛弃疾的豪迈之气与郁闷之怀。

醉里挑灯看剑，梦回吹角连营。八百里分麾下炙，五十弦翻塞外声。沙场秋点兵。

马作的卢飞快，弓如霹雳弦惊。了却君王天下事，赢得生前身后名。可怜白发生！

——辛弃疾《破阵子·为陈同甫赋壮词以寄之》

少年不识愁滋味，爱上层楼。爱上层楼，为赋新词强说愁。

而今识尽愁滋味，欲说还休。欲说还休，却道天凉好个秋。

——辛弃疾《丑奴儿·书博山道中壁》

近来愁似天来大，谁解相怜。谁解相怜。又把愁来做个天。

都将今古无穷事，放在愁边。放在愁边。却自移家向酒泉。

——辛弃疾《丑奴儿》

（二）理解题意

联系前面所学过的《十五从军征》和《白雪歌送武判官归京》，看《南乡子·登京口北固亭有怀》的题目与它们有没有什么不同。

学生阅读思考，讨论交流。

● **预设：**

1.《十五从军征》与《乐府诗集》中的大部分诗歌一样，题目与诗歌的主要内容关联并不十分紧密。其所表现的不是那位征夫"十五从军征"的种种情形，而是他"八十始得归"后的所见所感，题目只是一个引子。

它与同为乐府诗的《木兰诗》在题目上也有区别："木兰诗"就是"关于木兰的一首诗"，具有很强的概括性，点明了诗歌中所写的主要人物。

2.以"白雪歌送武判官归京"为题目，既点明了诗作的主要内容是在白雪纷飞的时候"送武判官归京"，揭示了诗作的中心——以叙述事情为主，说明这是一首"送别诗"，又交代了诗作的体裁是"歌行体"，这与杜甫的《茅屋为秋风所破歌》之"歌"一样，暗示其行文特点——篇幅长短、韵脚比较自由，句式以七言为主。

3.《南乡子·登京口北固亭有怀》则与上两首又有区别：

首先这是一首词作，"南乡子"是词牌名，其篇幅长短、句式字数、韵脚等都有严格的规定。

其次"登京口北固亭有怀"是词作的题目，其包括两方面内容：一是"登京口北固亭"，这是交代事情，也说明这是一首"登高"之作；二是"有怀"，这是说明情感，也说明这是一首"怀古"之作。

按：这一环节既是温故又是知新，以本词的学习带动相关知识的复习和巩固，对即将到来的中考复习很有意义。

提问：既然如此，那么这首词作的"词眼"是什么？

● 预设：

词眼是"有怀"。

词人因"登楼（亭）"而"有怀"（有所感怀），而"生怀"，而"心怀"。

那么，词人"怀"什么呢？他又是怎样"怀"的呢？让我们走进词作，体会词人之"怀"吧。

二、研读词作，体悟情感

提问1：作者所"怀"的是什么？

学生反复朗读词作，思考，讨论交流。

● 预设：

——作者所"怀"的是"神州"："何处望神州？"

——作者所"怀"的是"千古兴亡"、悠悠往事："千古兴亡多少事？"

——作者所"怀"的是"年少万兜鍪，坐断东南战未休"的"天下英雄"

孙权。

——作者所"怀"的是"生子当如孙仲谋",即希望自己的儿子也能够像孙权那样建功立业。

> 🔍 **提问2**:作者之"怀"有着怎样的思路?

● 预设:

由眼前的"神州",想到神州的"千古兴亡";由时间的久远与绵长,想到与神州有关的英雄人物;由历史上的英雄人物,想到自己的现实生活理想。

一句话,作者怀故国江山,怀古人业绩,怀自己的抱负。

▶ **追问**:从词作所刻画的自我形象看,其处境、心境是怎样的?可见其有怎样的情怀?请描述一下词人此时此刻的情绪状态。或:你认为此时的词人是意得志满,还是憋屈郁闷?是春风得意、眉飞色舞,还是流年不利、愁眉苦脸?请结合词意给出合理的理由。请描述一下词人此时此刻的情绪状态。

学生朗读思考,讨论交流。

预设:

词人登上北固山上的北固亭,俯瞰滚滚长江,遥望中原大地,而江对岸就是被金人侵占的大宋河山。

> 国破山河在,城春草木深。
> ——唐·杜甫《春望》

词人不免感慨:从古到今,有多少国家兴亡的大事曾在此上演,往事悠悠,历史翻开了一页又一页。

词人心中倒来倒去的不尽愁思和万千感慨，犹如长流不息的江水，而他收复河山、光复中原的雄心壮志也像这滔滔江水一样，永无穷尽之日。

词人不禁想到了孙权，想到了三国争雄的烽烟，想到了孙权不畏强敌，"坐断东南战未休"而建立的伟大功业。

这其实是对南宋朝廷苟且偷安，不敢与金人一决雌雄的强烈不满。

在这样的情境之下，词人的情绪自然是憋屈郁闷的，是不满愤懑的，神情是流年不利、愁眉苦脸的，有的是报国无门、英雄无用武之地的悲愤与无奈。

出示：

> 楚天千里清秋，水随天去秋无际。遥岑远目，献愁供恨，玉簪螺髻。落日楼头，断鸿声里，江南游子。把吴钩看了，栏杆拍遍，无人会，登临意……
> ——辛弃疾《水龙吟》

🔍 **提问 3**：作者为何"有怀"？或者说，作者为何要从"神州"起笔？

学生朗读思考，讨论交流。

● **出示：**

此词约作于宋宁宗嘉泰四年（1204年）或开禧元年（1205年）。嘉泰四年（1204年）三月，辛弃疾到镇江去做知府（治所在京口）。镇江，在历史上曾是英雄用武和建功立业之地，此时成了与金人对垒的第二道防线。每当他登临京口北固亭时，触景生情，不胜感慨系之。这首词就是在这一背景下写成的。

● **预设：**

词人所"望"的神州，是破碎的神州，是被外族铁蹄践踏的神州，虽然"满眼风光"，却是以往"风光不再"的神州。"何处望神州？"看上去问的是："在什么地方望神州？"其实要问的是："神州哪里还望得到？""我眼前所望的神州还是过去的神州吗？"这样的"神州"真令人不堪远望，不敢远眺。

> 四十三年，望中犹记，烽火扬州路。可堪回首，佛狸祠下，一片神鸦社鼓。
> ——辛弃疾《永遇乐·京口北固亭怀古》
>
> 郁孤台下清江水，中间多少行人泪？西北望长安，可怜无数山。青山遮不住，毕竟东流去。江晚正愁余，山深闻鹧鸪。
> ——辛弃疾《菩萨蛮·书江西造口壁》

这样就非常自然了，由对神州的远眺，联想到山河破碎的情景，归结到"千古兴亡"的历史规律，由此想到那些叱咤风云的"风流人物"；再由历史上的英雄人物，想到自己的宏伟理想和艰难处境，显得顺理成章。可见，词人所"怀"不仅是个人的，更是民族的、朝廷的、时代的。词的境界非常阔大。

提问4：词人其"怀"在其他场所如书房、沙场也可以抒发，为什么要选择在"京口北固亭"呢？或者说，从词意推测，词人为什么要登高而"有怀"？

● 预设：

看上去这是"触景生情"，是登上北固亭而自然生发出来的情感，其实是"借景抒情"，是作者有意为之，刻意为之。

京口是三国时吴大帝孙权设置的重镇，并一度被设为都城。这是一个英雄辈出之地，曾经有多少国恨家仇，有多少刀光剑影，有多少让人血脉偾张的故事在这里上演。

面对锦绣江山，缅怀历史上的英雄人物，正是像辛弃疾这样的志士登临此地此亭的应有之情，词正是从这里着笔的。

而在历史上众多的英雄人物中，孙权无疑是杰出的一个。他年纪轻轻就继承父兄之业，不畏强敌，在赤壁之战中完胜不可一世的曹操，在夷陵之战中打败志在必得的刘备，建立不世之业，称雄江东，奠定三国鼎立之基，令世人景仰。

● 出示：

据有关资料记载，曹操有一次与孙权对垒，见孙权仪表堂堂，气度不凡，于是感叹说："生子当如孙仲谋，刘景升之子若豚犬耳。"意思是说，生儿子应该像孙权一样，英雄有为；而刘表的儿子就像猪狗一样，庸碌无能。这样的感慨，其实暗示了词人自己就如孙权一样，有奋发图强、收复失地的伟大理想。（参见《教师教学用书》）

● 归纳：

表达了词人对英雄的仰慕，对屈辱求和的南宋朝廷的失望与愤慨，对自己怀才不遇、英雄无用武之地的无尽感伤和痛苦。

三、拓展延伸，把握手法

提问 1：词人是如何写自己"有怀"的呢？

● 预设：

1. 综合运用表达方式。词中有记叙，有描写，有议论，有抒情。

2. 运用对比的修辞手法。把眼前现实与过去对比，把自己与孙权对比。

3. 恰到好处、巧妙自然地用典。由北固亭联想到三国时代的孙权，想到他的文治武功，想到曹操对孙权的赞赏之语。借景抒情，借古讽今，以古人事迹浇心中之块垒。

提问 2：我们来读一读辛弃疾的《永遇乐·京口北固亭怀古》，你能找出它与《南乡子·登京口北固亭有怀》有哪些相同之处吗？从中你发现了什么？

千古江山，英雄无觅孙仲谋处。舞榭歌台，风流总被，雨打风吹去。斜阳草树，寻常巷陌，人道寄奴曾住。想当年，金戈铁马，气吞万里如虎。

　　元嘉草草，封狼居胥，赢得仓皇北顾。四十三年，望中犹记，烽火扬州路。可堪回首，佛狸祠下，一片神鸦社鼓。凭谁问：廉颇老矣，尚能饭否？

学生阅读思考，讨论交流。

● **预设：**

1. 都是登临京口北固亭之作，也都是借登临而抒发自己情感之作。

2. 都运用了典故，借古喻今，借古讽今，借古抒怀。

由此可见，古人的一些登临（"登高望远"）之作，大多跟所登临之地曾经出现过的人物、所发生的事情有关，其地其景，其事其人，成了诗人情感抒发的触发点、凭借点。

● **归纳：**

古代诗人登高眺望，怀古忆昔，心潮澎湃，感慨万千。所写出的登临作品通常是在睹物兴情时写成的，多属"为情而造文"，往往显得真实、亲切、感人。而作者登临时心中所涌起的时空感和历史感、生命意识，往往使作品具有较为丰富的内涵和深刻的哲理性，可以引起读者的深思和共鸣。

● **出示：**

　　前不见古人，后不见来者。念天地之悠悠，独怆然而涕下！

　　　　　　　　　　　　　　——唐·陈子昂《登幽州台歌》

　　凤凰台上凤凰游，凤去台空江自流。吴宫花草埋幽径，晋代衣冠成古丘。三山半落青天外，二水中分白鹭洲。总为浮云能蔽日，长安不见使人愁。

　　　　　　　　　　　　　　——唐·李白《登金陵凤凰台》

　　昔人已乘黄鹤去，此地空余黄鹤楼。黄鹤一去不复返，白云千载空悠悠。晴川历历汉阳树，芳草萋萋鹦鹉洲。日暮乡关何处是？烟波江上使人愁。

　　　　　　　　　　　　　　——唐·崔颢《黄鹤楼》

学生朗读这些诗歌，进一步体会"怀古之作"的特点。

四、读写融合，表达交流

任务一：课后阅读梁衡的《把栏杆拍遍》，写阅读摘记或笔记，并在阅读课上交流。

任务二：结合词意，展开合理想象，运用第三人称叙述视角对辛弃疾登临北固亭的情景进行具体描写。写好后在小组内分享交流，并推荐佳作在班级展示。

要求：

运用多种描写手法，尽量刻画出"我心目中的辛弃疾"形象。

任务三：搜集并阅读与辛弃疾有关的资料，组织开展一次专题演讲活动，做好演讲准备。

要求：

1. 提前写好演讲稿；
2. 先在小组内演讲，再推荐学生参加班级演讲活动；
3. 小组合作，出一期手抄报；
4. 以班级的名义，制作演讲活动海报。

后记：让好问题活下去

张正耀

2016年春天，我的书稿《在需要的时候说恰当的话》辗转到了华东师范大学出版社资深编辑朱永通先生手上。他问我："能不能取个好懂、好记的书名？"我颇费踌躇。过了几天，他给我发来了信息："语文，究竟怎么教"。我眼睛一亮，以问题为书名，真好！

这便是原书的第一部分，后面的两个部分也都依据内容取了不同的书名（《领悟经典》《让学习发生》）先后出版。可这以后，新的问题来了。经常有老师，特别是一些年轻老师问我："语文，究竟怎么教？""能不能为我们提供一些具体的操作方法？""有没有一些教学设计或教案之类的可以参考？"是啊，一线老师对教学之"术"的关心肯定会远远超过教学之"道"，这是"刚需"。于是我开始了新的尝试，试图解答这些问题。断断续续几年下来，竟又有了这样的书，让我甚是欣喜。

"语文这样教"自然是对"语文，究竟怎么教"的正面回应，而以"关键问题"为抓手，进行教学设计，则是受《布鲁纳教育文化观》中观点的直接启发："能让好问题一直活下去。""好问题"在课堂教学中的突出表现就是好的提问与回答。好的提问是课堂教学的发动机，是课堂进程的推进器，是学习活动的孵化器，是主动思考的驱动力，会在课堂中活力四射，大放光芒。它以学生已经知道了"什么"为前提，以学生想知道"什么"为主要依据，着力解决怎样才能让学生知道那些"什么"，以及让学生明白知道那些"什么"有"什么"

意义的问题，并进一步引导学生能够由已知的"什么"推断、想象、创造出另外的"什么"。无疑，"关键问题"应该就是，也应该成为"好问题"，它能够解决我们在日常教学中经常遇到的"怎么教""怎么学""怎么用"等困惑与疑难。

既然如此，"关键问题"的定位就要能够"活下去"。那么，为每一篇课文的教学设计一个"关键问题"，其实就是要寻觅一个简洁、快速的入口，找到一个抓手、凭借乃至支架，打通"教"与"学"之间的壁垒，为课堂学习走进堂奥、渐入佳境提供纽带和津梁。因此，"关键问题"的设计也就成了本书写作时首先思考的问题，也是最为"关键"的问题。以"关键问题"为导向，以学习任务为驱动，有如一根红线，贯穿全书始终。而60篇课文，60个"关键问题"，则有如红线上的一颗颗珍珠，闪耀着应有的光芒。虽然它们不能做到完全原创，也可能会有所偏颇，但与一些"格式化"的教学设计或教案相比，毕竟在灵活、灵动上有些体现，多少应该能够给人以不同的观感。

"关键问题"要"活下去"，仅有提问方式的灵活与表达的活泼并不够，还要有明确的出发点和最终目的地，要有展开问答的具体路径、方法与策略，要能够回答"我们为什么出发"和"我们怎样到达那里"等关键问题，使课堂一直有无限的活力在生长、在迸发。于是，我确定了这样的设计重点：立足文本语言，精心设计问题；有效开展对话，珍视阅读感受；提倡多维解读，注重理解体验；拓展思维空间，提高学习质量；实现读写融合，有效表达交流。同时，我又考虑了这样一些基本要素：情境性——创设情境，贴近实际；启发性——利于思考，有效启迪；导向性——紧扣文本，突出重点；层次性——铺设阶梯，逐步深入；关联性——文本互涉，丰富理解；整合性——听说读写，方式综合；实践性——聚焦素养，实践运用；发展性——跨界学习，多元评价。

可以想象，当"关键问题"有效串起了生动活泼的课堂对话，激起了主动学习、积极表达的极大热情，牵引了学习活动的开展，荡起了思维品质的涟漪，它自然就能活下去，长起来！

木心在《文学回忆录》中说："《红楼梦》中的诗，如水草。取出水，即不好。

放在水中，好看。"诚哉斯言！借用一下这个比喻，教学设计中的"关键问题"也如水草，要放在整个课堂学习活动中，要放在文化自信、语言运用、思维能力、审美创造等核心素养的全面与全程培育的"水"中，才"好看"，才会有活力、有生机。认为"关键问题"可以单独甚至孤立存在，并能够凭其"毕其功于一役"的想法，并不切合实际，还可能会葬送"关键问题"的生命。

当然，如果有人对教学的主客观因素考虑不够充分，对本设计的内容囫囵吞枣，食而不化，致使"关键问题"中途夭折，或是失常，那么不效之责，好像不应该由我来负。叶圣陶先生早就有言："教亦多术矣，运用在乎人，孰善孰寡效，贵能验诸身。为教纵详密，亦仅一隅陈，贵能令三反，触处自引伸。"（《叶圣陶语文教育论集》）毕竟鸡蛋能不能吃，好不好吃，有无营养，怎样食用，那不是母鸡的事情。

为这本书，要感谢的人有很多。首先要感谢的是语文教育界德高望重的老前辈柳印生先生，是他一如既往的备至呵护和不断勖勉，才使我满怀信心，勉力前行。柳先生非凡的人格、敏锐的思想、严谨的作风和优雅的谈吐，永远是我学习的榜样与楷模！

非常感谢中国当代语文教育研究名家、扬州大学文学院教授、扬州大学中国语文教育研究所所长徐林祥先生，他严谨的治学态度、开阔的学术视野、丰厚的研究成果使我受益良多。他不仅在百忙之中为我审读了全部书稿，还欣然为本书作序，对我给予了充分的肯定，并提出了殷切的希望。

特别要感谢的是我熟悉和不熟悉的一些语文同仁，他们积极而有意义的教学实践探索，为我的设计提供了大量的素材；我的同道好友韩振（《中学语文教学》杂志社）、王小东（江苏省中小学教学研究室）、柳文生（河南省安阳市文峰区教研室）、林秋雁（北师大厦门海沧附属学校）、郭跃辉（广东省中山市教研室）等，倾情相助，联袂推荐，给我以极大的鼓励。

当然，如果没有认真好学、思想前卫的长江文艺出版社编辑施柳柳女士的垂青，如果没有责任编辑李婉莹女士的倾心付出，根本不可能有这本书的出版，谨对施柳柳、李婉莹二位女士的辛勤努力和鼎力支持深表谢忱！

小时候，我有点腻烦母鸡，每次生了蛋，它都要"咯咯咯，咯咯咯"地叫唤不停，唯恐别人不知道它生了蛋。想不到现在的我，竟然如那兴奋的母鸡，也在不断地"咯咯咯"了。还是赶紧打住，听听读者诸君的意见吧。

张正耀

二〇二二年七月于海上寓所